NORBERT F. PÖTZL

CASABLANCA 1943

NORBERT F. PÖTZL

CASABLANCA 1943

DAS GEHEIME TREFFEN, DER FILM UND DIE WENDE DES KRIEGES

Siedler

MIX
Papier aus verantwortungsvollen Quellen
FSC® C014496

Verlagsgruppe Random House FSC® N001967

Erste Auflage
Oktober 2017

Umschlaggestaltung: Rothfos + Gabler, Hamburg
Umschlagabbildung: Premierminister Winston Churchill (stehend)
und Präsident Franklin D. Roosevelt in Marrakesch, 24. Januar 1943,
nach der Casablanca-Konferenz © Alamy/Granger Historical Picture Archive
Lektorat und Satz: Ditta Ahmadi, Berlin
Druck und Bindung: GGP Media GmbH, Pößneck
Printed in Germany 2017
ISBN 978-3-8275-0088-5

www.siedler-verlag.de

Dieses Buch ist auch als E-Book erhältlich.

INHALT

ANHANG

PREMIERE IM WEISSEN HAUS

Mein lieber Rick, wann wird Ihnen endlich klar, dass in der Welt von heute der Isolationismus keine zweckmäßige Politik mehr ist?

Den Silvesterabend 1942 verbringt Präsident Franklin D. Roosevelt wie in jedem Jahr seiner Amtszeit im Weißen Haus. Er und seine Ehefrau Eleanor haben 21 Gäste eingeladen, um mit ihnen den Beginn des neuen Jahres zu feiern.[1]

Es ist der zweite Jahreswechsel, seit sich Amerika im Krieg befindet. Jahrelang hatte das Land versucht, sich aus den Kämpfen in Europa und Asien herauszuhalten. Vom Kongress beschlossene Gesetze verpflichteten die Regierung zur Neutralität, obschon jedem klar war, wer den Frieden verletzt hatte. Den Krieg, den Adolf Hitler im September 1939 mit dem Überfall auf Polen entfesselte, den Feldzug gegen Frankreich im Mai und Juni 1940, die Luftschlacht um England vom Sommer 1940 bis Anfang 1941 sowie den Angriff auf die Sowjetunion im Juni 1941 – all das betrachtete man als Feindseligkeiten unter Staaten der Alten Welt, die Amerika nichts angingen. Noch im Juli 1941 waren, laut einer Gallup-Umfrage, 79 Prozent der Amerikaner dagegen, dass ihr Land in den Krieg zieht.[2]

Auch im Krieg der Japaner gegen China, die das »Reich der Mitte« 1937 überfallen hatten und dort eine grausame Besatzungsherrschaft ausübten, verhielten sich die Vereinigten Staaten anfangs neutral. Erst als bekannt wurde, dass Japaner Hunderttausende von chinesischen Zivilisten und Kriegsgefangenen massakrierten, verhängte die amerikanische Regierung ein Stahl- und Ölembargo gegen Japan. Dies geschah freilich vor allem deshalb, weil die USA ihre Interessen am chinesischen Öl und auf den Philippinen, einer amerikanischen Kolonie, bedroht sahen und auf keinen Fall eine Hegemonie Japans in Ostasien dulden wollten. Der Inselstaat war nun von Rohstofflieferungen abgeschnitten und sah nur einen Ausweg aus dem Dilemma: Krieg gegen die Vereinigten Staaten.

Nachdem japanische Bomber am 7. Dezember 1941 den amerikanischen Marinestützpunkt Pearl Harbor auf Hawaii in Schutt und Asche gelegt hatten, war das kriegsunwillige Amerika gezwungen, sich gegen die Aggressoren zu wehren. 2403 Tote, über 1100 Verwundete, 190 am Boden zerstörte Flugzeuge und 18 versenkte oder schwer beschädigte Kriegsschiffe ließen keine Ausflucht mehr zu: Dieser »Tag der immerwährenden Schande«, wie Roosevelt ihn nannte, erzwang den Kriegseintritt gegen Japan. Die Entscheidung, auch in Europa gegen die Eroberungsfeldzüge Nazi-Deutschlands und des faschistischen Italien militärisch einzugreifen, wurde Roosevelt abgenommen: Adolf Hitler und Benito Mussolini erklärten Amerika vier Tage nach dem Überfall der mit ihnen verbündeten Japaner den Krieg, obwohl sie dazu nicht verpflichtet gewesen wären. Es war schierer Größenwahn.

An diesem Silvestertag schreibt Eleanor Roosevelt, wie jeden Tag seit 1936, eine Kolumne, die landesweit von bis zu 90 Zeitungen veröffentlicht wird. In ihrem Beitrag zum Neujahrstag 1943 stellt sie fest: »Wir sind keine isolierte Nation mehr, sondern Teil einer Familie von Nationen.«[3]

Die meisten Teilnehmer der Feier im Weißen Haus haben den Krieg bisher nur durch die im April 1942 eingeführten Rationierungen zu spüren bekommen. Für Fleisch, Kaffee, Zucker, Butter, Speiseöl, Dosenmilch, Schuhe, Kaminholz, Schreibmaschinen, Fahrräder, Landmaschinen, Benzin und Kautschukprodukte sind Bezugskarten erforderlich.[4]

Doch seit Hitler Amerika den Krieg erklärt hat, greifen die Deutschen mit U-Booten an. Sie kommen in Sichtweite des Lichtschimmers, der vom New Yorker Broadway aufsteigt, und sie versenken Schiffe wenige hundert Meter vor der amerikanischen Ostküste. Der Plan des Luftwaffenchefs Hermann Göring, Langstreckenbomber zu entwickeln, die von den Azoren aus amerikanische Städte zerstören sollten, scheiterte an den Kosten; es wurden nur wenige Prototypen der Messerschmitt Me 264 gebaut, aber

Weihnachten 1942 befanden sich die Vereinigten Staaten seit gut einem Jahr im Krieg. Deutsche U-Boote kamen bis in Sichtweite vor New York und versenkten Schiffe wenige hundert Meter vor der amerikanischen Ostküste. Auf ihrer Weihnachtskarte wünschten Präsident Roosevelt und seine Frau »ein glücklicheres neues Jahr«.

die deutsche Propaganda um den »New York Bomber« jagte vielen Amerikanern Angst ein.[5]

Roosevelt hat in diesem Jahr das übliche Entzünden der Lichter an einem großen Weihnachtsbaum am Lafayette Square in Washington abgesagt.[6] Auch der traditionelle »Ball Drop« auf dem New Yorker Times Square fällt aus, einerseits weil man Strom sparen will, andererseits weil aus Furcht vor Angriffen der Deutschen Verdunkelung angeordnet wurde; statt in den letzten sechzig Sekunden des alten Jahres jubelnd zuzusehen, wie eine bunte Lichtkugel vom Fahnenmast auf einem 110 Meter hohen Wolkenkratzer herabgelassen wird, verharren die Menschen in einer Schweigeminute.[7]

Unter Roosevelts Silvestergästen herrscht eine verhalten optimistische Stimmung. Die jüngsten Nachrichten von den Kriegsfronten sind für die alliierten Gegner der »Achsenmächte« erfreulich. Anfang November sind amerikanische und britische Truppen in Französisch-Nordafrika gelandet, das bis dahin von der mit den Nazis kollaborierenden Regierung in Vichy verwaltet wurde. Das deutsche Afrikakorps unter Generalfeldmarschall Erwin Rommel, der Ägypten und den Nahen Osten erobern wollte, wurde von britischen Truppen geschlagen und zum Rückzug gezwungen. In Stalingrad ist seit dem 22. November die deutsche 6. Armee eingekesselt, ihre Lage wird immer aussichtsloser. Die im Kaukasus stehende deutsche Heeresgruppe wurde am 28. Dezember zurückgezogen, um eine Einschließung durch die vorrückende Rote Armee zu verhindern.

Tagesaktuell gibt es zwei weitere Erfolgsmeldungen: In der Barentssee am Nordkap konnte ein Angriff deutscher Kriegsschiffe auf einen britischen Schiffskonvoi abgewehrt werden, der den sowjetischen Verbündeten Kriegsmaterial brachte. Und in Tokio gab Kaiser Hirohito seine Zustimmung, dass sich die japanischen Truppen von der strategisch wichtigen Insel Guadalcanal im Pazifik zurückziehen, wo ihnen amerikanische Einheiten seit fünf Monaten erbitterte Gefechte lieferten – der erste große Rückschlag für die Japaner in diesem Krieg.

Die *New York Times* ist an diesem Silvestertag mit zwei Schlagzeilen zu Kriegsereignissen erschienen. Die eine handelt davon, dass der von den Amerikanern in Französisch-Nordafrika eingesetzte Hochkommissar Henri Giraud zwölf Personen verhaften ließ, um einen angeblichen Mordanschlag, der ihm selbst galt, zu vereiteln; die zweite lautet: »Russen dringen bei Stalingrad vor«.

Gegen 20 Uhr versammeln sich die von den Roosevelts eingeladenen Freunde im »State Dining Room«, dem Bankettsaal im ersten Stock, zum Festmahl. Natürlich ist Harry Hopkins dabei, der engste Vertraute des Präsidenten. Der ehemalige Sozialfürsorger aus Iowa, der die »New Deal« genannte Wirtschafts- und Sozialpolitik Roosevelts maßgeblich beeinflusst hat, ist nun dessen persönlicher Verbindungsmann zum britischen Premierminister Winston Churchill und zum Sowjetführer Josef Stalin. Hopkins wohnt sogar im Amtssitz des Präsidenten an der Washingtoner Pennsylvania Avenue.

Am 10. Mai 1940, als die Wehrmacht in die Niederlande, in Belgien, Luxemburg und Frankreich einmarschierte, hatte Roosevelt seinen damaligen Handelsminister Hopkins zum Abendessen ins Weiße Haus eingeladen. Der Präsident diskutierte mit ihm bis tief in die Nacht über die Invasion und ihre Konsequenzen und überredete seinen müden Gast schließlich zum Bleiben. Hopkins bezog ein Gästezimmer im zweiten Stock an der Südostecke des Weißen Hauses, gleich neben den Privaträumen des Präsidenten. Der seit 1937 verwitwete Mann wohnte dort zunächst mit seiner Tochter Diana. Nachdem er im Juli 1942 wieder geheiratet hatte, zog auch seine Frau Louise dort ein.[8] Eleanor Roosevelt hatte gehofft, dass Hopkins, der überall seine Zigarettenasche verstreute, das Weiße Haus nach der Hochzeit verlassen würde.[9]

Hopkins' Bleibe, zu der noch ein zweites Zimmer mit einem Bad en suite gehört, war ursprünglich ein einziger Raum und einst Abraham Lincolns Arbeitszimmer. Hier hat der 16. Präsident der Vereinigten Staaten am Neujahrstag 1863 die »Emancipation Proclamation«, die Abschaffung der Sklaverei, verkündet; eine Plakette über dem Kamin erinnert daran. Gleich neben Hopkins' Apartment befindet sich das sogenannte Monroe-Zimmer, in dem Präsident James Monroe 1823 seine berühmte Rede entworfen hat, die zur langfristigen Leitlinie der amerikanischen Außenpolitik wurde. Die nach ihm benannte Doktrin besagt unter anderem, dass sich die Vereinigten Staaten nicht in europäische Konflikte einmischen dürften.[10]

Roosevelt vertrat schon frühzeitig und entgegen der verbreiteten öffentlichen Stimmung die Ansicht, dass es »heute in der Welt nichts Wichtigeres gibt, als Hitler zu schlagen«. Dies sollte der Kernsatz einer Rede sein, die der Präsident am 10. Oktober 1940, dem »Columbus Day«, hielt. Mit diesem Auftrag sandte er Hopkins zu Robert Sherwood, einem für seine Theaterstücke bereits dreimal mit dem Pulitzerpreis ausgezeichneten Schriftsteller, und zu Samuel Rosenman, einem New Yorker Richter am Appellationsgericht, der 1933 als junger Jurist den Begriff »New Deal« erfunden hatte.[11] Das Trio feilte viele Stunden an dieser Rede, und die drei wurden Roosevelts wichtigste Redenschreiber.[12] Wenn Sherwood und Rosenman im Weißen Haus übernachten, wohnen sie auf derselben Etage wie Hopkins in zwei kleinen Schlafzimmern an der Nordseite, direkt gegenüber dem »Yellow Oval Room«, dem privaten Arbeitszimmer des Präsidenten.[13]

Sherwood und Rosenman, der im neuen Jahr die für ihn geschaffene Stelle eines Rechtsberaters des Weißen Hauses antreten wird, nehmen an Roosevelts Silvesterparty ebenso teil wie Finanzminister Henry Morgenthau. Der Enkel eines eingewanderten jüdischen Zigarrenhändlers aus Mannheim hat sich nach abgebrochenem Architekturstudium eine Farm am Hudson gekauft. So wurde er Roosevelts Nachbar, der hier, in der Kleinstadt Hyde Park im Bundesstaat New York, 1882 auf dem Anwesen Springwood geboren wurde. In Hyde Park haben sich viele wohlhabende New Yorker Geschäftsleute angesiedelt. Springwood ist ein stattliches Herrenhaus im Colonial-Revival-Stil. Vater James Roosevelt hatte es 1866 gekauft, nachdem er als Geschäftsmann und Pferdezüchter reich geworden war; der Sohn hat es immer wieder umgebaut und erweitert. Nach seiner Heirat 1905 lebte Roosevelt dort mit seiner Frau Eleanor und seiner verwitweten Mutter Sara, die bis zu ihrem Tod 1941 einen beherrschenden Einfluss auf ihren einzigen Sohn ausübte.

Morgenthau hatte Roosevelt in dessen erstem Präsidentschaftswahlkampf 1932 unterstützt. Aus Dankbarkeit nahm der Präsident den in Fragen des Staatshaushalts unbedarften Landwirt 1934 als Finanzminister in seine Regierung auf. 1944 wird Morgenthau den von Roosevelt und Churchill erst gebilligten und dann verworfenen Plan entwickeln, nach gewonnenem Krieg die gesamte deutsche Industrie zu zerschlagen und ein mehrfach geteiltes Deutschland in eine Agrargesellschaft zu verwandeln. Den Deutschen soll es unmöglich gemacht werden, jemals wieder einen Krieg anzuzetteln.

Unter Roosevelts Gästen sind auch zwei prominente Emigranten aus Europa. Der norwegische Kronprinz Olav und seine Ehefrau Märtha, eine Prinzessin aus dem schwedischen Königshaus Bernadotte, mussten aus ihrer Heimat fliehen, nachdem die Wehrmacht am 9. April 1940 Norwegen okkupiert hatte. Der Thronfolger führt zusammen mit seinem Vater, König Håkon VII., vom Londoner Exil aus den Widerstand gegen die Nazi-Besatzer, während seine Frau mit den drei Kindern auf Einladung Roosevelts in den USA lebt. Der Präsident hatte Märtha und ihre Kinder zunächst im Weißen Haus einquartiert, bis sie in ein Anwesen in Maryland umzogen.[14]

Auf Märtha hatte Roosevelt ein Auge geworfen, seit er ihr zum ersten Mal begegnet war. Sie hatte im Frühjahr 1939 mit ihrem Mann die USA bereist, unter anderem um den norwegischen Pavillon auf der Weltausstellung in New York zu eröffnen. Als sie im August 1940 nach Washington kam, war sie eine hübsche Frau von 39 Jahren. Nun, da sie als Flüchtling unter seiner Obhut lebt, macht ihr der fast zwanzig Jahre ältere Roosevelt den Hof. Das ist so offenkundig, dass Gerüchte über ein intimes Verhältnis entstehen.[15] Roosevelts Sohn James hält es für »sehr gut möglich, dass es eine Liebesbeziehung« mit der norwegischen Kronprinzessin gegeben habe.[16] Ehefrau Eleanor betrachtet die Avancen ihres Mannes kühl. Es gebe immer eine Märtha, sagt sie.[17] Elliott, der älteste Sohn der Roosevelts, erzählt sehr viel später, sein Vater habe zwanzig Jahre lang auch eine Liebschaft mit seiner Sekretärin Marguerite »Missy« LeHand bis zu deren Tod im Sommer 1944 gehabt.[18]

Eine normale Ehe führen Eleanor Roosevelt, eine Nichte des von 1901 bis 1909 amtierenden Präsidenten Theodore Roosevelt, und Franklin Delano Roosevelt, ein Cousin fünften Grades seines Amtsvorgängers, schon seit vielen Jahren nicht mehr. 1918 waren Eleanor Briefe in die Hände gefallen, aus denen unzweideutig hervorging, dass ihr Mann eine leidenschaftliche Affäre mit ihrer Privatsekretärin Lucy Mercer hatte. Eleanor hatte ihm die Scheidung angeboten, doch er hatte abgelehnt, weil es nach damaligem Verständnis das Ende seiner politischen Karriere bedeutet hätte. Mutter Sara hatte ihm mit Enterbung gedroht, und Lucy Mercer wollte ohnehin keinen geschiedenen Mann mit fünf Kindern heiraten.[19] Roosevelt versprach, die Beziehung zu beenden, hielt sein Versprechen jedoch nicht. Eleanor willigte ein, die Ehe auf freundschaftlicher Basis als politische Zweckgemeinschaft weiterzuführen, und entwickelte vielfältige eigene Aktivitäten als Feministin und Sozialreformerin. 1926 zog sie mit zwei Mitstreiterinnen in ein Haus, das sie sich in Hyde Park nahe dem ihres Mannes erbauen ließ.

Eleanor Roosevelt kommt nur noch besuchsweise ins Weiße Haus, und oft erfährt der Präsident nicht einmal davon. Man habe das Paar »niemals zusammen allein in einem Raum gesehen«, erzählt ein Bediensteter.[20] Der seelische Riss zwischen beiden geht tief. Als Roosevelt seine Frau 1942 bat, wegen seiner Erkrankung, die als Polio diagnostiziert wurde und ihn an den Rollstuhl fesselte, dauerhaft ins Weiße Haus zurückzukehren und an seiner Seite zu leben, lehnte sie das Ansinnen ab.[21] Aber nach außen bleibt sie sein Leben lang die zuverlässige Ehefrau-Darstellerin.

Nach dem Dinner bittet der Präsident seine Gäste in den kleinen Kinosaal des Weißen Hauses, das sogenannte Family Theater. Ein schlauchartiger Garderobenraum im ersten Stock des Ostflügels ist vor Kurzem für Filmvorführungen umgebaut worden und bietet auf plüschigen Sesseln 42 Zuschauern Platz. Hier sieht Roosevelts Silvestergesellschaft einen Film, der bislang nur in einem einzigen Kino in New York öffentlich gezeigt wird. Obwohl die Vorstellungen seit Ende November ständig ausverkauft sind, läuft das erfolgreiche Leinwandopus nirgendwo sonst.

Der Film handelt von politisch Verfolgten, die aus Europa nach Amerika fliehen wollen. In Casablanca, der marokkanischen Metropole im Protektorat Französisch-Nordafrika, buhlen und betteln die Emigranten auf dem Schwarzmarkt und bei korrupten Beamten um Ausreisevisa. Das Territorium untersteht politisch und militärisch dem »unbesetzten« Teil Frankreichs, den der greise Marschall Philippe Pétain vom südfranzösischen Kurort Vichy aus als Vasall Hitlers regiert. In Casablanca trifft der amerikanische Nachtclubbesitzer Richard (»Rick«) Blaine die Norwegerin Ilsa Lund wieder, mit der er einst in Paris eine romantische Liebesbeziehung erlebt hat. Ilsa ist jedoch, wie sich herausstellt, verheiratet: Begleitet wird sie von ihrem Ehemann, dem aus einem Konzentrationslager entkommenen tschechischen Widerstandskämpfer Victor Laszlo, den sie damals in Paris für tot hielt. Ihn wollen die Deutschen nicht noch einmal entwischen lassen. Ilsa wäre durchaus bereit, Victor zu verlassen und mit dem Amerikaner zu fliehen. Doch da wird der Zyniker Rick unversehens zum edelmütigen Retter: Er erschießt einen deutschen Offizier und verhilft Victor so zur Flucht, gemeinsam mit Ilsa.

Es ist ein rührseliges Produkt aus der Hollywood-Fabrik, voller Klischees und Ungereimtheiten. Aber es trifft den Nerv des Publikums. Seine Wirkung erzielt es durch den augenfälligen Realitätsbezug, die melodramatische Wandlung des Helden und den trockenen Witz der Dialoge. Vor allem vermittelt der Film eine politische Botschaft: Es gibt Situationen, in denen es moralisch zwingend ist, nicht untätig abseits zu stehen, sondern selbstlos einzugreifen.

Anfangs verhält sich Rick wie die übergroße Mehrheit der Amerikaner, die der Ansicht sind, der europäische Krieg gehe ihr Land nichts an. Als er es ablehnt, sein »Café Américain« dem Konkurrenten Ferrari, Besitzer des »Blauen Papagei«, zu verkaufen, sagt dieser: »Mein lieber Rick, wann wird Ihnen endlich klar, dass in der Welt von heute der Isolationismus keine zweckmäßige Politik mehr ist?« Der Satz steht ziemlich erratisch im Skript, er ergibt im Kontext keinen rechten Sinn. Es handelt sich ersichtlich um eine politische Deklamation.

»Ich halte für niemanden den Kopf hin«, sagt Rick wenig später lapidar, und der opportunistische französische Polizeipräfekt Louis Renault pflichtet ihm bei: »Eine weise Diplomatie.« Allerdings vermutet Louis nicht zu Unrecht, »dass unter dieser zynischen Schale ein recht sentimentales Herz schlägt«. Äußerlich gibt sich Rick herablassend gegenüber politischem Engagement: »Die Probleme dieser Welt gehören nicht zu meinem Ressort. Ich bin Besitzer eines Nachtclubs.« Er kämpfe, sagt er, »für nichts mehr, nur noch für mich selbst. Ich bin die einzige Sache, an der ich interessiert bin.«

Den Widerstandskämpfer Laszlo lässt Rick denn auch zunächst abblitzen. »Fragen Sie sich nicht manchmal, ob es das alles wert ist? Ich meine das, wofür Sie kämpfen?« Laszlo entgegnet mit Pathos: »Dann könnten wir uns auch fragen, warum wir atmen. Wenn wir aufhören zu atmen, sterben wir. Wenn wir aufhören, unsere Feinde zu bekämpfen, stirbt die Welt.« Rick bleibt scheinbar ungerührt: »Na und wenn schon. Dann ist sie von ihrem Elend erlöst.« So kauzig und eigenbrötlerisch war Rick, wie der Zuschauer durch Capitaine Renault erfährt, nicht immer: Er hat Waffen nach Abessinien geliefert, um Kaiser Haile Selassie zu helfen, den Angriff der italienischen Faschisten abzuwehren, und er hat im Spanischen Bürgerkrieg auf der Seite der Sozialisten gegen Franco gekämpft. Rick kommentiert diese Hinweise lapidar: »… und wurde beide Male gut dafür bezahlt.« Worauf der korrupte Renault kontert: »Die Sieger hätten Sie viel besser bezahlt.«

Alkohol löst die Zunge, und so sinniert Rick im Suff über die Naivität der amerikanischen Isolationisten. »Ich wette«, sagt er zu Sam, dem schwarzen Pianisten seines Clubs, »in New York schlafen sie jetzt. Ich wette, sie schlafen jetzt in ganz Amerika.« Es ist ein hintergründiger Weckruf. Immer mehr gelangt Rick zu der »Erkenntnis, dass die Probleme dreier Menschen in dieser verrückten Welt völlig ohne Belang sind«. Um einer höheren Sache willen verzichtet er auf seine Geliebte Ilsa. »Tja, Rick«, staunt Capitaine Renault, »Sie sind nicht nur sentimental, Sie sind auch patriotisch geworden.«

So spielen viele Szenen auf aktuelle politische Ereignisse an. Der Film vermengt auf raffinierte Weise Fiktion und Realität. Seine Urheber bemühten sich um größtmögliche historische Korrektheit. Allerdings hat sich die Kriegssituation verändert, seit der Film im Spätsommer 1942 fertiggestellt wurde, und erst recht gegenüber der Zeit, von der »Casablanca« erzählt.

Rick zeichnet bei seinem ersten Auftritt, deutlich sichtbar, eine auf den 2. Dezember 1941 datierte Zahlungsanweisung an die Casinokasse über 1000 marokkanische Franc ab. Zwei Tage später besteigen Ilsa und Victor das Flugzeug nach Lissabon. Zu diesem Zeitpunkt befand sich Amerika noch nicht im Krieg, Hitler stand im Zenit seiner Macht. Sein Herrschaftsbereich erstreckte sich von der französischen Atlantikküste bis zum Kaukasus, vom Nordkap bis in die nordafrikanische Wüste. Nichts schien ihn aufhalten zu können, die Weltherrschaft an sich zu reißen.

Der bis dahin letzte Akt des Hitler'schen Expansionsstrebens war der Überfall auf die Sowjetunion. Am 22. Juni 1941 war die Wehrmacht trotz des zwei Jahre zuvor geschlossenen Nichtangriffspakts ohne Kriegserklärung einmarschiert und tief ins Land ein-

Dem zwielichtigen Visadieb Ugarte (Zweiter von links) gewährt Rick Einlass in sein Spielcasino. Dem deutschen Bankier hingegen verwehrt er den Zutritt. Damit zeigt der Amerikaner deutlich seine Antipathie gegen den Nazi-Anhänger.

gedrungen. Am 9. Oktober hatte Hitler den Reichspressechef der NSDAP, Otto Dietrich, vor der internationalen Presse erklären lassen, dass »die militärische Entscheidung im Osten gefallen« und die Sowjetunion »erledigt« sei. Anfang Dezember standen deutsche Truppen 40 Kilometer vor Moskau. Mit starken Feldstechern konnten die Vorposten schon die Zwiebeltürme des Kreml erkennen. Leningrad, wie die alte Zarenhauptstadt St. Petersburg nun hieß, wurde seit dem 8. September belagert und sollte ausgehungert werden. In der libyschen Wüste rückten derweil deutsche und italienische Einheiten auf Ägypten und den Suezkanal vor.

Das ist die Situation, in der »Casablanca« spielt. Der Film beginnt mit einem rotierenden Globus und Bildern von Flüchtlingen, die über eine Landkarte Europas laufen. In verschiedenen Grautönen – ein Schwarzweißfilm lässt keine andere grafische Darstellung zu – werden die politischen Verhältnisse im Herbst 1941 gezeigt. Hellgrau ist nur Großbritannien dargestellt, das als einziger Staat in Westeuropa gegen Hitler-Deutschland kämpft; die Sowjetunion, Englands einziger Verbündeter, liegt im Osten außerhalb des

Kartenausschnitts. An einem mittleren Grau sind die neutralen Staaten Schweden, Schweiz, Irland, Spanien und Portugal zu erkennen. Dunkelgrau sind neben den Achsenmächten deren Verbündete Ungarn, Rumänien, Slowakei und Kroatien, die besetzten Länder Belgien, die Niederlande, Norwegen und Dänemark sowie die nicht mehr existierenden Staaten Polen, Luxemburg, Tschechoslowakei und Jugoslawien. Frankreich ist zweigeteilt: Der Norden und Westen ist von den Deutschen okkupiert, der südliche Teil ist das »unbesetzte« Frankreich, eine neutrale Zone. Dazu erklärt eine Stimme aus dem Off: »Bei Ausbruch des Zweiten Weltkriegs wandten sich viele Augen im eingeschlossenen Europa hoffnungsvoll oder verzweifelt der Freiheit Amerikas zu. Lissabon wurde der große Auswanderungshafen, aber nicht jeder konnte direkt nach Lissabon gelangen. Und so entstand plötzlich eine Route, auf der die Flüchtlinge mühsam und auf Umwegen ihr Ziel zu erreichen versuchten: von Paris nach Marseille, über das Mittelmeer nach Oran, dann mit dem Zug, mit dem Auto oder zu Fuß durch das nördliche Randgebiet Afrikas nach Casablanca in Französisch-Marokko. Hier konnten die vom Glück Begünstigten – vielleicht – durch Geld oder Einfluss oder reinen Zufall Ausreisevisa bekommen und nach Lissabon gelangen und von Lissabon in die Neue Welt. Aber die anderen warten in Casablanca und warten und warten und warten.«

Die Fluchtroute von Paris über Marseille nach Casablanca bot sich vor allem deshalb an, weil Flüchtlinge immer auf französischem Territorium blieben und keine Grenze passieren mussten, für die Visa erforderlich gewesen wären. Aber Casablanca war eine Falle, wenn es nicht gelang, eine Ausreiseerlaubnis nach Lissabon zu bekommen. Die portugiesische Hauptstadt war seit Juni 1940 die einzige neutrale Stadt in Westeuropa, von der aus es sichere See- und Luftverbindungen nach Amerika gab. In Lissabon waren alle großen Staaten mit Botschaften vertreten. Wer bis Lissabon gekommen war, hatte das Schlimmste überstanden – oder glaubte es zumindest.[22] Denn auch hier wimmelte es von Nazi-Spitzeln, und die Überfahrt nach Amerika hing davon ab, ob man gültige Einreisedokumente vorweisen konnte.

Große Flugboote vom Typ Boeing 314, die bis zu 90 Passagiere aufnehmen konnten, starteten dreimal wöchentlich in Lissabon nach New York. Es war die einzige kommerzielle Flugverbindung zwischen Europa und Amerika. Leisten konnten sich diese Passage aber nur ganz wenige Flüchtlinge.

In Lissabon konnte man Atlantikpassagen auf amerikanischen Handelsschiffen buchen, und große Flugboote vom Typ Boeing 314 mit einer Spannweite von mehr als 46 Metern, für bis zu 90 Passagiere luxuriös ausgestattet, boten dreimal in der Woche eine komfortable Reise in die Neue Welt; es war die einzige kommerzielle Flugverbindung zwischen Europa und den Vereinigten Staaten.[23] Die Jumbos der damaligen Zeit landeten auf dem neuen New Yorker Flughafen LaGuardia an der Flushing Bay im Stadtteil Queens. Das Einweg-Ticket kostete 425 Dollar.[24] Das war 1941 eine enorme Summe und entspricht nach heutiger Kaufkraft mehr als 7000 Dollar.

Allerdings nahmen die Vereinigten Staaten nur eine strikt begrenzte Zahl von Einwanderern auf. Für jedes Herkunftsland waren jährliche Quoten festgelegt. 1941 wurde 27 370 Deutschen – einschließlich der ans Reich angeschlossenen Österreicher – die Einreise mit ständigem Aufenthalt erlaubt. Aus den von der Wehrmacht besetzten oder mit Hitler verbündeten Ländern wurden unterschiedliche Kontingente aufgenommen: 6524 Polen, 5802 Italiener, 3153 Niederländer, 3086 Franzosen, 2874 Tschechen und Slowaken, 2377 Norweger, 1181 Dänen. Bei Zuzüglern aus befreundeten Nationen war die Immigrationsbehörde großzügiger: 65 721 Briten und 17 853 Iren durften in diesem Jahr einwandern. Einigen Herkunftsländern wurde nur die Minimalquote von 100 Personen im Jahr zugebilligt, so etwa Bulgarien.[25] Das junge bulgarische Ehepaar Jan und Annina in »Casablanca« hätte deshalb kaum Chancen gehabt, in die USA einreisen zu dürfen; umso mehr mussten sie um die Visa pokern, sei es beim Glücksspiel, sei es durch Prostitution.

Anders als der Film suggeriert, sind Flüchtlinge im Einwandererland Amerika nicht willkommen. Immer wieder ereignen sich menschliche Tragödien, weil die USA den Asylsuchenden die Einreise verweigern.

Der Dampfer »St. Louis«, der am 13. Mai 1939 mit 937 jüdischen Flüchtlingen an Bord in Hamburg abgelegt hatte, war schon in Sichtweite der Küste vor Miami und musste trotzdem umkehren. Vergebens baten der Kapitän Gustav Schröder und jüdische Organisationen Präsident Roosevelt persönlich um Hilfe, der sich jedoch dem Druck seines Außenministers Cordell Hull beugte. Am 4. Juni 1939 lehnte Roosevelt das Anlegen des Schiffes ab; die Regierung wollte keine Flüchtlinge »außer der Reihe« aufnehmen, obwohl fast alle Passagiere gültige Einreisepapiere der US-Einwanderungsbehörde besaßen. Auf Anweisung der Reederei HAPAG musste das Schiff nach Europa zurückkehren. Die Menschen an Bord waren verzweifelt, viele drohten mit Selbstmord, weil sie wussten, dass sie in Deutschland in Konzentrationslager kommen würden. Kapitän Schröder erwog, eine Havarie vor der britischen Küste vorzutäuschen, damit die Bedrängten dort an Land gehen dürften. Die belgische Regierung erlaubte schließlich die Landung in Antwerpen; die Passagiere wurden auf Belgien, die Niederlande, Frankreich und Großbritannien verteilt. Mit der Besetzung der westlichen Nachbarländer im Frühjahr 1940 gerieten die meisten jedoch erneut unter die Herrschaft der Nazis; 254 von ihnen sollten den Holocaust nicht überleben.[26]

Der größte Widersacher der Flüchtlingshilfe ist der im State Department für die Visa-Erteilung zuständige Unterstaatssekretär Samuel Breckinridge Long, ein notorischer Antisemit und Kommunistenfresser. Zuvor war er Botschafter in Italien und dort als Bewunderer Mussolinis aufgefallen. Unter dem Vorwand, unter den Geflüchteten befänden sich Nazi-Spione, ordnete er strenge Überprüfungen der Antragsteller an; so erreichte er, dass die ohnehin restriktiven Einwanderungsquoten schließlich nur noch zu einem Viertel ausgeschöpft wurden.[27] Long sei ein Faschist, äußerte Eleanor Roosevelt einmal wütend und aufgebracht gegenüber ihrem Mann. Doch der Präsident hielt an Long fest, mit dem er seit vielen Jahren befreundet war.[28]

Erika Mann, die älteste Tochter des Nobelpreisträgers Thomas Mann, und ihr Bruder Klaus schrieben 1939: »Europa ist eng geworden. Es ist gequält von Sorgen, Ängsten, Wahnvorstellungen. Es ist überfüllt. Für die paar Zehntausende von armen Emigranten scheint nirgends Platz zu sein. Keiner, der noch in der Heimat lebt, sei es unter den bedrängtesten Umständen, kann wohl ganz ermessen, was das bedeutet. Es ist nirgends Platz für dich.«[29] Für diejenigen, die nach 1933 vor der Verfolgung durch die Nazis nach Frankreich geflohen waren, wurde die Lage erneut bedrohlich, als am 22. Juni 1940 das Waffenstillstandsabkommen unterzeichnet wurde. Denn danach war das besiegte Frankreich verpflichtet, den Deutschen alle Personen auszuliefern, die auf den Fahndungslisten der Gestapo standen.

Drei Tage nach der französischen Kapitulation veranstalteten die »American Friends of German Freedom«, ein Verein zur Unterstützung sozialistischer Nazi-Gegner im Untergrund, im New Yorker Hotel »Commodore« einen Wohltätigkeitslunch. Dort berichtete Erika Mann, dass ihr Vater, der seit 1938 in Kalifornien lebte, täglich von berühmten Künstlern und Schriftstellern höre, die als Flüchtlinge in Frankreich gestrandet waren und auf eine Einreiseerlaubnis in die USA hofften. Auf Erika Manns Initiative hin wurde noch am selben Tag das »Emergency Rescue Committee« (ERC) gegründet.[30]

Zwei ERC-Aktivisten – Karl Frank, einst Vorsitzender der sozialistischen deutschen Widerstandsgruppe »Neu Beginnen«, und

Joseph Buttinger, emigrierter Chef der österreichischen »Revolutionären Sozialisten« – suchten bald darauf Eleanor Roosevelt in ihrem New Yorker Apartment am Gramercy Park auf. »Nach kurzer Diskussion«, berichtete Buttinger später, »rief Mrs. Roosevelt ihren Mann im Weißen Haus in unserer Gegenwart an. Frank und ich waren sehr erstaunt und beeindruckt, als Mrs. Roosevelt nach zwanzigminütigen Versuchen, ihren Mann mit Argumenten zu überzeugen, das Gespräch mit einer Drohung beendete: ›Wenn Washington sich weigert, diese Visa unverzüglich auszustellen, werden deutsche und amerikanische Wortführer der Emigranten mit Hilfe amerikanischer Freunde ein Schiff chartern, und dieses Schiff wird so viele Flüchtlinge wie möglich über den Atlantik bringen. Falls nötig, wird dieses Schiff an der Ostküste so lange hin und her fahren, bis das amerikanische Volk aus Scham und Wut den Präsidenten und den Kongress zwingt, diesen politisch Verfolgten zu erlauben, an Land zu gehen.‹«[31]

Umgehend ordnete Roosevelt an, dass für 200 prominente Intellektuelle Visa ausgestellt wurden. Mit deren Namen wollte er sich gern schmücken. Der 32-jährige Varian Fry, ein Altphilologe, der in New York als Lektor bei der Foreign Policy Association arbeitete, wurde vom ERC mit dem Auftrag nach Marseille geschickt, die Betreffenden ausfindig zu machen und ihnen bei der Ausreise zu helfen.

Frys Ankunft in der südfranzösischen Hafenstadt im August 1940 sprach sich rasch herum. Bald standen Hunderte Hilfesuchender vor seinem Hotel. Deshalb scharte er eine kleine Gruppe von Helfern um sich. Als die 200 amerikanischen Visa aufgebraucht waren, versuchte Fry, Einreisedokumente für andere Staaten zu bekommen. Der österreichische Karikaturist Bil Spira stellte gefälschte Pässe und Visa her. Während in »Casablanca« Schwarzmarkthändler und Ganoven die Notlage der Geflüchteten schamlos ausnutzen, sich an ihnen bereichern und sie sogar bestehlen, arbeiteten Fry und seine Leute uneigennützig.

Obwohl Fry von höchster Stelle Unterstützung zugesagt war, warfen ihm amerikanische Regierungsmitglieder und Beamte ständig

Nachdem die Nazis 1940 Frankreich besetzt hatten, suchten viele der dorthin Geflohenen nach Übersee zu gelangen. Um eines der begehrten Einreisevisa für die Vereinigten Staaten zu erhalten, bildeten sich bald lange Warteschlangen vor dem US-Konsulat in Marseille.

Knüppel zwischen die Beine. Sowohl die US-Botschaft in Vichy als auch das Vichy-Regime selbst versuchten, Frys Aktivitäten zu stoppen. Zweimal appellierte Fry schriftlich an Außenminister Hull. »Tausende stecken ohne Hoffnung auf Freilassung in den Gefängnissen und Konzentrationslagern Europas fest, weil sie keine Regierung haben, die bereit ist, sie zu repräsentieren«, schrieb er am 10. November 1940. »Wäre es nicht möglich, dass Amerika und andere westliche Staaten sofortige Schritte einleiten, wie zum Beispiel die Herstellung neuer Nansen-Pässe«, mit denen nach dem Ersten Weltkrieg staatenlosen Flüchtlingen geholfen wurde, »und ihren Inhabern wenigstens in begrenztem Umfang diplomatischen Schutz gewähren?« Weder auf diesen noch auf einen weiteren Brief erhielt Fry eine Antwort.[32] Stattdessen war er ständig Schikanen der Vichy-Regierung ausgesetzt. Im Dezember 1940 wurde er sogar kurzzeitig auf einem Gefängnisschiff im Hafen von Marseille inhaftiert. Ein hoher Vichy-Beamter behauptete: »Herr Fry leitet eine Organisation, die unter dem Vorwand, Migranten zu helfen, Ausländer mit zweifelhafter Moralität oder mit feindseliger politischer Einstellung Frankreich gegenüber schützt.« Wegen solcher Denunziationen gab Fry seinen Schützlingen einen Auftrag mit auf den Weg: »Stellt sie (die Flüchtlinge) dar als das, was sie sind, menschliche Wesen, die durch halb Europa getrieben wurden und jetzt mit dem Rücken zum Meer stehen.«

Am 29. August 1941 wurde Fry von der Vichy-Polizei festgenommen und in die USA abgeschoben. »Die Leute in Washington sitzen in ihren schönen Büros und handeln mit Papieren«, klagte er nach seiner erzwungenen Rückkehr. »Es zerreißt ihnen nicht das Herz. Es berührt ihre Seele nicht im Geringsten.« Auch Roosevelt zeigte keine Empathie.

Rund 4000 Flüchtlingen hat Fry den Weg nach Amerika geebnet. Nur ein einziger amerikanischer Diplomat war ihm dabei behilflich: Hiram Bingham, der Vizekonsul in Marseille. Er setzte sich über die Anweisungen, die Flüchtlinge zurückzudrängen, hinweg. Ihm und Fry verdankten beispielsweise der Schriftsteller Lion Feuchtwanger, der Maler Marc Chagall und die Publizistin Hannah Arendt, dass sie aus Frankreich nach Amerika entkommen konnten.

Bingham hatte zunächst die Befreiung Feuchtwangers aus einem französischen Internierungslager organisiert und ihn in seinem Privathaus am Stadtrand von Marseille aufgenommen. Mit gefälschten amerikanischen Papieren machten der Schriftsteller und seine Frau Marta sich zu Fuß auf den Weg über die Pyrenäen nach Spanien. Als Vorhut hatten Heinrich Mann, seine Frau Nelly und ihr Neffe Golo sowie das Ehepaar Franz Werfel und Alma Mahler-Werfel, ausgestattet mit tschechischen Ausweisen, die Bergkette auf derselben Route überquert. Ein spanisches Zollhäuschen konnten die Feuchtwangers passieren, nachdem Marta die Beamten mit ein paar Stangen amerikanischer Zigaretten bestochen hatte. Vom spanischen Port Bou fuhren sie mit der Bahn nach Lissabon.[33]

Feuchtwanger ging an Bord eines amerikanischen Linienfrachters, der am 5. Oktober 1940 in New York einlief. Nachdem das Schiff in Manhattan vor Anker gegangen war, fragten Journalisten ihn über die näheren Umstände seiner Flucht aus. Der Schriftsteller gab sich wortkarg. Die *New York Times* berichtete, Feuchtwanger habe zwar wiederholt von amerikanischen Freunden gesprochen, die ihm geholfen hätten, den Nazi-Häschern zu entkommen. Er hütete sich aber, Namen zu nennen, um weitere Rettungsbemühungen nicht zu gefährden. Allerdings deutete er, wenn auch vage, seine Flucht aus dem Internierungslager und seinen Fußmarsch über Schmugglerwege nach Spanien an. Dieses Wenige reichte aus, ihm später vorzuwerfen, er habe die weitere Arbeit der amerikanischen Helfer erschwert und gefährdet. Im Magazin *Time* hieß es einen Monat nach Feuchtwangers Ankunft in New York, er hätte genauso gut der Gestapo Mitteilung machen können.[34]

Ein Absatz aus Feuchtwangers Reisebericht »Moskau 1937«, der als Fußnote dem Artikel beigefügt war, offenbarte, was die Kritik eigentlich bezweckte: Der Nazi-Gegner sollte als vermeintlicher Kommunist diffamiert werden, ein Totschlagargument in der innenpolitischen Auseinandersetzung in Amerika. Zitiert wurde Feuchtwanger mit den Sätzen: »Es gibt innerhalb der westlichen Zivilisation keine Klarheit und Entschiedenheit mehr. Man atmet auf, wenn man aus dieser drückenden Atmosphäre einer verfälschten Demokratie und eines heuchlerischen Humanismus in die strenge Luft der Sowjetunion kommt.« Weggelassen wurde ein wichtiger Satz, mit dem Feuchtwanger sein verstörendes Urteil damals begründet hatte: Der Westen wage »nicht, sich gegen den andrängenden Barbarismus mit der Faust zu wehren oder auch nur mit starken Worten, man tut es mit halbem Herzen, mit vagen Gesten, und die Erklärungen der Verantwortlichen gegen den Faschismus sind verzuckert und verklausuliert«.[35]

Bingham und Fry verhalfen auch dem russisch-jüdischen Maler Marc Chagall zur Einreise in die USA. Das New Yorker Museum of Modern Art hatte im Zusammenhang mit einer Ausstellung von Chagall-Bildern ein Visum für den in Frankreich lebenden Künstler beantragt. Aber Chagall wurde Monat um Monat hingehalten, die Vichy-Polizei verhaftete ihn im April 1941. Dank Binghams und Frys Intervention kam er wieder frei und konnte Frankreich im Mai Richtung Amerika verlassen. »Wenn es nach der Roosevelt-Regierung gegangen wäre, wäre er niemals herausgekommen«, sagte Binghams Sohn Bill später.[36]

Auch in der Folgezeit wich die amerikanische Politik von ihrer hartherzigen Haltung nicht ab. Deshalb wandten sich immer wieder Bittsteller an Eleanor Roosevelt. Der aus Deutschland ausgebürgerte Physiknobelpreisträger Albert Einstein, der seit 1935 in Princeton, New Jersey, lebte und lehrte und seit 1940 amerikanischer Staatsbürger war, schrieb im Juli 1941 einen Brief an die Präsidentengattin. Die First Lady, rühmte Einstein, habe sich stets »für Recht und Menschlichkeit« eingesetzt. Deshalb wisse er »niemand sonst, an den er sich mit der Bitte um Hilfe wenden« könne. Die vom State Department verfolgte Politik mache es »Opfern der faschistischen Gräuel in Europa« praktisch unmöglich, in Amerika Zuflucht zu finden. Man habe eine »Mauer an bürokratischen Maßnahmen aufgerichtet«, weil es angeblich notwendig sei, »Amerika vor subversiven, gefährlichen Elementen zu schützen«. Einstein empfahl Eleanor Roosevelt, sich bei einer »gut informierten« Persönlichkeit wie dem Diplomaten und Publizisten Hamilton Fish Armstrong, Chefredakteur der Zeitschrift *Foreign Affairs*, über die Einwanderungspolitik zu erkundigen. Wenn sie danach überzeugt sei, dass »ein wahrhaft schweres Unrecht« geschehe, werde sie gewiss ihren Ehemann zu einer Korrektur der amtlichen Visapraxis veranlassen können.[37] Einsteins Hoffnung erfüllte sich nicht.

Obwohl das schäbige Verhalten der amerikanischen Regierung gegenüber den Flüchtlingen vor Beginn der Dreharbeiten bekannt war, thematisiert »Casablanca« diesen Aspekt nicht. Der Zuschauer muss glauben, Amerika sei ein Hort der Humanität. Politisch propagiert der Film allein Roosevelts Bestreben, den Isolationismus zu überwinden.

Noch schlimmer als Emigranten, die aus politischen, ethnischen oder rassischen Gründen verfolgt wurden, erging es aktiven Widerstandskämpfern, wenn sie sich von Amerika Hilfe erhofften. Einen wie Victor Laszlo hätten sich die Amerikaner vom Hals gehalten.

Schon vor Kriegsbeginn versuchte Adam von Trott zu Solz, ein den Sozialdemokraten nahestehender Diplomat im Auswärtigen Amt, in Washington Unterstützung für den deutschen Widerstand zu gewinnen. Wie seine späteren Mitstreiter im »Kreisauer Kreis«

um Helmuth James Graf von Moltke und Peter Graf Yorck von Wartenburg setzte er sich für den Sturz Hitlers ein. Trott war angelsächsisch geprägt. Er stammte, wie er gelegentlich gern erwähnte, von John Jay ab, einem der »aristokratischen Revolutionäre Amerikas von 1776«:[38] Seine Großmutter mütterlicherseits war eine direkte Nachfahrin Jays, der zu den Gründervätern der Vereinigten Staaten zählte. Als ehemaliger Oxford-Stipendiat hatte Trott mit Hilfe englischer Freunde zunächst in Großbritannien dafür geworben, der Hitler-Opposition bei der Beseitigung der Nazi-Herrschaft zu helfen. Doch viele mochten ihm nicht abnehmen, dass ein deutscher Patriot zugleich Regimegegner sein könne, und verdächtigten ihn eines fiesen Doppelspiels.

Im September 1939 verlegte Trott seine Bemühungen nach Amerika. Dank einer offiziellen Einladung, bei einer Konferenz in Virginia eine Rede zu halten, konnte er in die USA reisen, ohne bei deutschen Behörden Misstrauen zu wecken. Dort hoffte er auf ein Zusammentreffen mit Roosevelt, von dem er annehmen konnte, dass er nicht ungern als Retter des Weltfriedens in die Geschichtsbücher eingehen wollte.

Mit einigen in Amerika lebenden deutschen Emigranten verfasste Trott ein Memorandum, das an die Gedanken des Präsidenten Woodrow Wilson von 1917 anknüpfte, wonach es nach dem Krieg weder Sieger noch Besiegte geben dürfe und die Menschen lernen müssten, die Grundlage eines dauerhaften Friedens nicht im militärischen Erfolg zu sehen. Das Dokument warb für eine Erklärung der Westmächte, Deutschland nach dem Krieg weder vernichten noch aufteilen, sondern in eine neue europäische Ordnung einfügen zu wollen, sobald es von der Tyrannei befreit sei. Es würde die deutsche Opposition ermutigen, das Nazi-Joch abzuschütteln, wenn man die psychologische Voraussetzung dafür schaffe. Das Memorandum wurde Außenminister Hull übergeben, der seinen Staatssekretär Sumner Welles, Roosevelts Vertrauten im State Department, darüber informierte. Auch Heinrich Brüning, der letzte demokratisch legitimierte Reichskanzler der Weimarer Republik, nun Professor für Verwaltungswissenschaft an der Harvard University, wurde deshalb bei Roosevelt vorstellig. Doch der Präsident weigerte sich, Trott anzuhören.[39]

Das war Ende 1939, am Beginn des Krieges. Volk und Wehrmacht gerieten angesichts der folgenden deutschen Blitzsiege in eine Euphorie, die es Oppositionellen noch schwerer machte, den Sturz des »Führers« zu betreiben. 1942 rückte die Frage in den Vordergrund, ob Deutschland nach einer Beseitigung Hitlers mit Schonung rechnen könne. Solche Zusagen hielten die Regimegegner für notwendig, um die militärischen Befehlshaber für einen Staatsstreich zu gewinnen. Die außenpolitischen Köpfe des Widerstands, neben Trott vor allem der Ex-Botschafter Ulrich von Hassell, hegten die Hoffnung, dass trotz der Grausamkeiten und Verbrechen in den unterworfenen Ländern vielleicht noch immer ein »annehmbarer Frieden« möglich sei. Doch die Zeichen dafür standen schlecht. Winston Churchill, der im Mai 1940 den Appeasement-Premier Neville Chamberlain abgelöst hatte, gab die Parole aus, auf alle Friedensangebote aus Deutschland mit »absolutem Schweigen« zu reagieren. Im September 1941 riet er seinem Außenminister Anthony Eden sogar davon ab, Nachrichten von neutralen Mittelsmännern entgegenzunehmen. So misslangen auch Versuche der Pastoren Dietrich Bonhoeffer und Hans Schönfeld, über den Bischof von Chichester, George Bell, Friedensfühler nach London auszustrecken. Eden schrieb dem Bischof, er wolle nicht an der Aufrichtigkeit der beiden Deutschen zweifeln. Er sei jedoch zu der Erkenntnis gekommen, dass eine Antwort »nicht im nationalen Interesse« Großbritanniens liege.

Je mehr die Wehrmacht im Kriegsverlauf in die Defensive geriet, desto weniger waren die Westmächte zum Gespräch mit der deutschen Opposition bereit. Am 8. Mai 1942 machte Eden unmissverständlich klar, dass man Taten sehen wolle: »Je länger das deutsche Volk die Unterstützung und Tolerierung eines Regimes fortsetzt, das es in die Zerstörung führt, desto schwerer wiegt seine eigene Verantwortung für den der Welt zugefügten Schaden. Wenn irgendeine Gruppe im deutschen Volk wirklich zu einem Staatswesen zurückkehren möchte, das auf der Achtung vor dem Gesetz und den Rechten des Einzelnen gegründet ist, dann muss sie verstehen, dass niemand ihr glauben wird, bis sie aktive Schritte unternommen hat, um sich vom derzeitigen Regime zu befreien.«[40]

Dem Ziel, Hitler militärisch niederzuringen, sind die Alliierten im Laufe des Jahres 1942 ein großes Stück nähergekommen. Von der Entwicklung überholt ist schon die Szene am Beginn von »Casablanca«, in der Major Heinrich Strasser nach seiner Landung in der marokkanischen Metropole von Capitaine Renault mit den Worten begrüßt wird: »Das Klima in Casablanca wird Ihnen vielleicht etwas heiß sein, Herr Major.« Worauf Strasser großspurig antwortet: »Wir Deutsche müssen uns an jedes Klima gewöhnen, von Russland bis zur Sahara.«

Die Lage in Casablanca hat sich inzwischen total verändert. Um sich die Kontrolle über den Mittelmeerraum zu sichern und die Deutschen aus Nordafrika zu vertreiben, hatten Roosevelt und Churchill am 20. Juni 1942 eine Invasion amerikanischer und britischer Truppen in Marokko und Algerien beschlossen. Französisch-Nordafrika wurde vom Vichy-Regime verwaltet, das Deutsche Reich besaß jedoch großen Einfluss. Die Franzosen hatten rund 60 000 Soldaten, Küstenartillerie sowie eine Handvoll Panzer und Flugzeuge in Marokko, in Casablanca waren zehn Kriegsschiffe und elf U-Boote stationiert. Da Pétain Hitlers Aufforderung, auf deutscher Seite in den Krieg einzutreten, nicht gefolgt war, glaubten die Alliierten, dass die französischen Kolonialtruppen den Invasoren keinen Widerstand leisten würden.

Am 8. November und in den folgenden vier Tagen landeten bei der Operation unter dem Decknamen »Torch« (»Fackel«) mehr als 100 000 Soldaten trotz starker Brandung an den afrikanischen Küsten des Atlantiks und des Mittelmeers. Die Amerikaner eroberten in Marokko die Straßen nach Casablanca und schließlich die Stadt selbst. Die britischen Angriffe auf Oran und Algier verliefen dramatischer. Die Vichy-Franzosen dort wehrten sich heftiger; britische Kriegsschiffe, die in die Häfen einliefen, wurden rasch zerstört; und an gefährlichen Stränden kam es teilweise zu großen Verwirrungen, weil Einheiten sich gegenseitig behinderten oder am falschen Ort landeten. Solche Fehler, urteilt der britische Historiker Corelli

Barnett, wären »schwer bestraft worden, wenn deutsche Truppen diese Küste verteidigt hätten«.[41]

Die deutschen Geheimdienste hatten jedoch komplett versagt. In Berlin wusste man zwar, dass die Alliierten irgendwo im Westen einen Invasionsversuch unternehmen würden, aber über den möglichen Ort der Landung gab es nur Spekulationen. Einige konspirative Beobachter vermuteten, dass die Invasion in Belgien oder in den Niederlanden stattfinden würde, andere tippten auf Nordfrankreich oder Dänemark, Hitler setzte aus seinem Bauchgefühl heraus auf Norwegen. Nur wenige lagen immerhin bei der Vorhersage des Kontinents richtig. Selbst als Ende Oktober immer mehr Meldungen über alliierte Schiffsbewegungen westlich von Gibraltar eintrafen, blieben die Prognosen der Geheimdienstexperten widersprüchlich. Erst als am 8. November Theodor Auer, der deutsche Generalkonsul in Casablanca, Alarm schlug, begriff man in Berlin den Ernst der Lage.

Hitler erreichte die Nachricht von der Landung der Alliierten in Nordafrika während eines Aufenthalts auf einem Bahnhof in Thüringen.[42] Er war im »Führerzug« unterwegs nach München, wo er – wie in jedem Jahr seit der »Machtergreifung« – zum Gedenken an seinen gescheiterten Putschversuch vom 9. November 1923 eine Rede vor alten Kampfgefährten zu halten beabsichtigte. Die Hiobsbotschaft brachte ihn völlig aus dem Konzept, seine Rede war konfus. Angesichts der prekären Lage in Nordafrika betonte er, wie wichtig es propagandistisch und psychologisch sei, dass Stalingrad gehalten werde. Er versicherte: »Das Deutschland von einst« – gemeint war 1918 – »hat um ¾ 12 die Waffen niedergelegt – ich höre grundsätzlich erst 5 Minuten nach zwölf auf!«[43]

Propagandaminister Joseph Goebbels, der unter den Zuhörern im Münchner Löwenbräukeller saß, schrieb sich in seinem Tagebuch die Lage wieder einmal schön. Hitler, behauptete er, spreche »mit einer bewundernswerten Festigkeit und Sicherheit«. Seine Angriffe gegen Churchill und Roosevelt seien »an Schärfe kaum noch zu überbieten«. Obschon im Saal extreme Nervosität herrschte, weil selbst die alten Kämpfer an der Widerstandskraft und dem Widerstandswillen der Vichy-Franzosen in Nordafrika zweifelten, gab sich

Goebbels zuversichtlich: »Jeder weiß, dass wir, wenn die Dinge in eine gewisse Bahn gedrängt werden können, an einem Wendepunkt des Krieges stehen.« Man werde ihn »siegreich durchfechten, an eine Nachgiebigkeit ist überhaupt nicht zu denken«.[44] Gefährlich sei nur, dass die Engländer »langsam zu ahnen« begännen, »wie es um Rommels Stärke tatsächlich bestellt ist«. Bisher hätten sie ihn »in seiner Streitmacht noch erheblich überschätzt«. Kämen sie aber »einmal dahinter, wie wenig er überhaupt noch zur Verfügung hat«, dann werde »seine Situation noch schwieriger, als sie ohnehin ist«.[45] Umso wichtiger sei ein Erfolg an der Ostfront. »Es wäre jetzt gut, wenn wir den Fall Stalingrads in die Waagschale der psychologischen Entscheidungen werfen könnten.« Goebbels ahnte wohl nicht, wie gefährlich die Lage der deutschen Truppen in Stalingrad war, wo am 19. November die sowjetische Gegenoffensive begann, die bereits drei Tage später zur Einschließung der Stadt führte. Unverdrossen notierte er: »Unter allen Umständen müssen wir dafür sorgen, auf irgendeinem Kriegsschauplatz einen sichtbaren Sieg zu erringen, um unser etwas ramponiertes Prestige wiederherzustellen.«[46]

Der relativ leicht errungene Erfolg der Amerikaner bei der Landung in Marokko hatte bei den US-Militärs einen trügerischen Optimismus zur Folge. Sie glaubten, Rommels Truppen alsbald ganz aus Afrika vertreiben zu können. General Eisenhower sagte zu Roosevelt, er rechne damit, dass man die libysche Hauptstadt Tripolis Ende Januar einnehmen werde.[47] Eisenhower hatte vor, rasch nach Tunis und zur nordtunesischen Hafenstadt Bizerta durchzubrechen, um Rommels Afrikakorps in den Rücken zu fallen. Daraus wurde nichts, weil die Deutschen den Amerikanern zuvorkamen und Tunesien besetzten.

In der deutschen Militärführung kam angesichts des überraschenden Etappensiegs sogleich wieder Euphorie auf. Der Führungsstab im Oberkommando der Wehrmacht schrieb am 10. Dezember, das weitgehende Zurückdrängen der alliierten Truppen aus Nordtunesien berechtige zu der Hoffnung, »dass es uns gelingt, in Tunesien die Basis für spätere Angriffsoperationen zu halten und auszuweiten«. Wegen der geringen Distanz zwischen Sizilien und

Tunesien glaubte das Oberkommando des Heeres, genügend Panzer und Nachschub liefern und unverzüglich »die Reise nach Casablanca ohne große Aufenthalte beginnen« zu können.[48]

Die »Reise nach Casablanca«, den Versuch der Rückeroberung, wird Rommel Mitte Februar 1943 antreten. Er wird die anglo-amerikanischen Truppen in Mitteltunesien angreifen und sie nach Algerien zurücktreiben. Sein Plan sieht vor, zur algerischen Mittelmeerküste durchzubrechen und die östlich davon stehenden alliierten Kräfte einzukreisen und zu vernichten. Doch das Vorhaben scheitert; unter großen Verlusten werden sich Rommels Truppen zurückziehen müssen.[49]

Churchill kommentierte die erfolgreiche Landung der Alliierten am 10. November in London vorsichtig: »Dies ist nicht das Ende. Es ist nicht einmal der Anfang vom Ende. Aber es ist, vielleicht, das Ende des Anfangs.« Roosevelt hingegen sprach schon wenige Tage später von einem »Wendepunkt« dieses Krieges.[50]

Die Landungen an den nordafrikanischen Stränden haben den Alliierten vor Augen geführt, wie schwierig es ist, große Einheiten an offenen Küsten an Land zu setzen, wo es starke Gezeiten und Winde, schlechte Sicht und natürliche Hindernisse wie Sandbänke gibt. Wenn aber schon die ruhigen Mittelmeerstrände Gefahren bergen, wie würde dann erst der Versuch einer viel größeren Operation an der Küste Nordwestfrankreichs mit den heftigen Atlantikwellen sein, über die seit Monaten diskutiert wird? Zudem hatte man es in Afrika nicht mit deutschen Truppen zu tun. Einige Vichy-Einheiten hatten mutig gekämpft, aber im Grunde waren sie sichtlich erleichtert, als Admiral François Darlan, der Oberkommandierende aller Streitkräfte des Vichy-Regimes, sich erst zum Waffenstillstand und dann zur Kapitulation entschloss.[51]

Der Film »Casablanca« dauert eine Stunde und 42 Minuten; die Vorführung endet eine Viertelstunde vor Mitternacht. Als das Licht in dem kleinen Kinosaal wieder angeht, fühlen sich die Zuschauer gut unterhalten und ahnen nicht, warum der Präsident ihnen gerade diesen Film präsentiert hat. Roosevelt gibt keine Erklärung, sondern bittet seine Gäste gleich in den Yellow Oval Room im zweiten Stock.

Der kleine Saal, auch Oval Study genannt, ist Roosevelts privates Arbeitszimmer. Der Präsident, seit jeher der Marine verbunden, hat den Raum mit Schiffsmodellen und Seefahrtbildern ausstaffiert.

Ein Radio wird eingeschaltet. Mit dem traditionellen Eierflip in den Händen, einem Mix aus Milch, Kokosmilch, Rum, Eiern und Zucker, wartet die Silvestergesellschaft auf den Glockenschlag um zwölf. Der Präsident, der wegen seiner gelähmten Beine auf seinem Stuhl sitzen bleibt, erhebt sein Glas und bringt den üblichen Toast auf die Vereinigten Staaten aus. In diesem Jahr fügt er hinzu: »und auf den Sieg der Vereinten Nationen«, womit die Alliierten dieses Krieges gemeint sind.[52]

WASHINGTON GOES TO HOLLYWOOD

Louis, ich glaube, das ist der Beginn einer wunderbaren Freundschaft.

Der Highschool-Lehrer Murray Burnett und die Schriftstellerin Joan Alison lernten sich im Sommer 1937 am Strand von Long Island kennen, der beliebten Ausflugsinsel der New Yorker. Der damals 27-jährige Burnett versuchte sich als Hobbyautor und hoffte, die acht Jahre ältere Alison, die in Künstlerkreisen verkehrte, würde ein autobiografisch gefärbtes Drama, das fertig in seiner Schublade lag, einem Broadway-Produzenten vermitteln können. Gemeinsam überarbeiteten sie das Stück, aber niemand wollte es aufführen.[1]

Im folgenden Jahr traf Burnett auf einer ausgedehnten Europareise mit seiner Ehefrau Frances in Wien jüdische Verwandte seiner Frau, die seit dem »Anschluss« Österreichs an Hitlers Großdeutsches Reich im März 1938 unter den Diskriminierungen und Schikanen der Nazis zu leiden hatten und noch Schlimmeres auf sich zukommen sahen. Deshalb wollten sie so schnell wie möglich das Land verlassen.

Burnett ließ sich berichten, wie Verfemte den Nazis entkamen. Die Flüchtlinge, erfuhr er, reisten quer durch Europa nach Lissabon, um von dort nach Amerika zu gelangen. Auf dem Landweg mussten sie Spanien durchqueren, wo seit 1936 Bürgerkrieg herrschte. Rechtsgerichtete Militärs unter Führung des Generals Francisco Franco hatten gegen die neu gewählte, demokratisch legitimierte Regierung linker Parteien geputscht. Das nationalsozialistische Deutschland und das faschistische Italien unterstützten die Aufrührer mit Waffen und Soldaten, auf Seiten der Republikaner kämpften – mit militärischer Hilfe der Sowjetunion – internationale Brigaden von Freiwilligen. Viele Flüchtlinge mieden daher Spanien und bevorzugten

Schiffspassagen ab Marseille, Genua oder Triest nach Amerika. Andere fuhren übers Mittelmeer nach Marokko und von dort via Lissabon ins gelobte Land.[2]

Einen der letzten Abende in Europa verbrachten die Burnetts in einem Nachtclub in der Nähe von Nizza. »La Belle Aurore« soll er geheißen haben. Die Gäste kamen aus verschiedensten Ländern, es herrschte ein buntes Sprachengewirr, und ein schwarzer Pianist spielte angeblich »As Time Goes By«.[3]

Eine Schellackplatte mit diesem Song hatte Burnett gekauft, als er noch studierte. Der Tonsetzer Herman Hupfeld hatte das Lied 1931 für das Broadway-Musical »Everybody's Welcome« komponiert. Weder dem Song noch der Show war Erfolg beschieden. Aber Burnett war so vernarrt in die Melodie, dass er sie zum Verdruss seiner Kommilitonen auf dem Plattenspieler in seiner Studentenbude ständig dudeln ließ.[4] Daran fühlte er sich erinnert, als er in dem südfranzösischen Lokal saß, und er tuschelte seiner Frau zu: »Was für ein Schauplatz für ein Theaterstück.« Nach New York zurückgekehrt, berichtete er Alison von seinen Erlebnissen in Übersee und bekniete sie, mit ihm ein politisch engagiertes Drama zu schreiben: »Verdammt nochmal, Joan, da kann doch niemand neutral bleiben.«[5] So erzählten es jedenfalls die Beteiligten.

Burnett und Alison erfanden eine Geschichte über Emigranten und deren Traum von der Freiheit. Zwei Jahre lang arbeiteten sie an dem Stück. Sie nannten es »Everybody Comes to Rick's«. Als es 1940 endlich fertig war, hatte die Wehrmacht Frankreich besetzt, der südliche Landesteil unterstand einer von den Nazis abhängigen Regierung. Das Bühnenwerk konnte nun nicht mehr in Marseille spielen. Auch Genua und Triest kamen nach dem Kriegseintritt Italiens nicht mehr als Ausreisehafen in Betracht. Burnett besann sich deshalb auf die alternative Route über Marokko, von der er in Wien gehört hatte. So wurde ein Nachtclub in Casablanca Schauplatz des Geschehens.

Aber kein Theater wagte sich an den Stoff, er galt als zu politisch und zu frivol, denn es ging auch um Ehebruch und sexuelle Libertinage. Joan Alisons Literaturagentin Anne Watkins fand ohnehin, dass das Skript eher für einen Film geeignet wäre. Sie schickte es daher an das Story Department der Filmgesellschaft Warner Brothers in Burbank bei Los Angeles, wo es am 8. Dezember 1941 eintraf – einen Tag nach dem Angriff der Japaner auf Pearl Harbor. Der junge Lektor Stephen Karnot erkannte angesichts der jüngsten Ereignisse und der Kriegserklärung der USA sofort das Potenzial, das in dem Stück steckte.[6] Er schrieb eine 22 Seiten lange Beurteilung für Hal B. Wallis, den Chef von Warners Filmproduktion, deren Kern er in wenigen Worten zusammenfasste: »Ausgezeichnetes Melodram. Farbiger, hochaktueller Hintergrund, dichte Atmosphäre, Spannung, psychologischer und handfester Konfliktstoff, straffe Handlung, sentimental, aber raffiniert. Hat das Zeug zum Kassenschlager.«[7]

Warner Bros. war genau die richtige Adresse für das Sujet. Jedes der großen Hollywood-Studios der 1930er- und 1940er-Jahre zeichnete sich durch einen typischen Stil aus, und Warner war für seine realistische Darstellungsweise bekannt. Das Studio produzierte vorzugsweise melodramatische Unterhaltungs- und Revuefilme, oft mit politisch liberaler Ambition. Die Eigentümer des Familienunternehmens, die Brüder Jack und Harry Warner, hatten schon vor Jahren in ihren Filmen aktuelle Vorgänge aufgegriffen. Vor allem hatten sie früher und beherzter als andere Hollywood-Studios zum Kampf gegen die Nazis geblasen.

Das Motiv lag in ihrer Biografie. Ihre Eltern, orthodoxe Juden, stammten aus jenem Teil Polens, der am Ende des 19. Jahrhunderts zu Russland gehörte. Harry, der älteste von sechs Söhnen und drei Töchtern, war 1881 noch dort geboren. Er war drei Jahre alt, als die Familie vor russischen Pogromen floh und nach Amerika auswanderte. Jack kam 1892 in Kanada, einer Zwischenstation seiner emigrierten Eltern, zur Welt. Zusammen mit zwei weiteren Brüdern, Albert und Sam, erwarben Harry und Jack 1903 in ihrem Wohnort Youngstown, Ohio, einen Filmprojektor und eröffneten ein Nickelodeon, einen Vorführraum, in dem gegen ein Eintrittsgeld von einem »Nickel«, einer Fünf-Cent-Münze, Stummfilme gezeigt wurden. Der Erfolg war so überwältigend, dass sie ihr Geschäft bald auf den gesamten Osten der Vereinigten Staaten ausdehnten.[8]

Nachdem in Hollywood an der amerikanischen Westküste die ersten Filmstudios entstanden waren, übersiedelten Sam und Jack 1912 dorthin und stiegen in den Filmverleih ein. Harry hatte die Idee, dass die Brüder eigene Filme produzieren und vertreiben sollten, statt sie zu pachten. So kauften sie die Filmrechte an dem Bestseller »My Four Years in Germany« des ehemaligen US-Botschafters James W. Gerard.[9]

Die Vereinigten Staaten hatten im Februar 1917 die diplomatischen Beziehungen zu Deutschland abgebrochen und ihren Botschafter Gerard abgezogen, als das Kaiserreich alle Vermittlungsbemühungen des amerikanischen Präsidenten Woodrow Wilson torpedierte und einen totalen U-Boot-Krieg ankündigte. Gerards Erinnerungsbuch erschien noch im selben Jahr. Der Film wurde in kürzester Zeit gedreht und kam schon im März 1918 in die Kinos. Er wurde der erste kommerzielle Erfolg der Warner Brothers.[10] »My Four Years in Germany« hatte dieselbe unvorhergesehene Aktualität im Ersten Weltkrieg, wie sie »Casablanca« im Zweiten bekommen wird.[11]

Offiziell gegründet wurde die Filmgesellschaft »Warner Bros. Pictures, Inc.« 1923. Harry führte sie als Vorsitzender von New York aus, Sam und Jack fungierten als seine Stellvertreter, die sich in Hollywood um die Produktion kümmerten, und Albert übernahm die Finanzen des Unternehmens.[12] Sam starb 1927.

Die Warner-Brüder waren stockkonservativ und zunächst Anhänger der Republikanischen Partei. Aber 1932 wurden sie von Beratern des demokratischen Präsidentschaftsbewerbers Franklin D. Roosevelt gebeten, dessen Nominierung und Wahlkampf zu unterstützen. Harry Warner sah gute Gründe, sich politisch neu auszurichten: »Das Land befindet sich in einem Chaos. Eine Revolution liegt in der Luft, und wir brauchen eine Veränderung.« Jack Warner wurde mit der Leitung der Filmabteilung »Roosevelt for President« betraut, die im Los Angeles Coliseum vor 70 000 Zuschauern eine spektakuläre Drei-Stunden-Show mit populären Unterhaltungskünstlern inszenierte; am selben Ort hatten kurz zuvor die Leichtathletikwettkämpfe der Olympischen Spiele stattgefunden.

Nachdem Roosevelt die Wahl gewonnen hatte, wurde Jack Warner eingeladen, an der Spitze einer Abordnung von Filmstars der Amtseinführung des Präsidenten vor dem Kapitol in Washington beizuwohnen. Bald darauf wurde Warner örtlicher Vorsitzender der »National Recovery Administration« in Los Angeles, einer von Roosevelt geschaffenen Behörde zur Bekämpfung der Weltwirtschaftskrise. In dieser Zeit, erinnert sich Jack Warner später, sei er »praktisch zwischen hier und dem Weißen Haus hin und her gependelt«; er sei ein »Hofnarr« und »stolz darauf« gewesen.[13] Wichtigtuerisch behauptet Jack Warner auch, Roosevelt habe ihm damals einen diplomatischen Posten im Ausland angeboten, was sein Sohn Jack Warner jun. jedoch dementiert.[14] Der Präsident schenkte Jack Warner ein signiertes und mit der Widmung »for my friend« versehenes Porträtfoto von sich, das der Filmmogul neben den Oscars, die ihm verliehen wurden, auf einem Sideboard hinter seinem Schreibtisch aufstellte.[15]

Roosevelt hatte ein Gespür dafür, wie man sich der modernen Medien wirkungsvoll bediente.[16] Acht Tage nach seiner Vereidigung als Präsident am 12. März 1933 wandte er sich erstmals über den noch jungen Rundfunk unmittelbar an seine Mitbürger. Die später berühmt gewordenen »Kamingespräche«, insgesamt 30, wurden stets um 22 Uhr Eastern Time gesendet, so dass auch die Menschen an der Westküste ihren Präsidenten live hören konnten. In seiner ersten Ansprache äußerte sich Roosevelt zur Bankenkrise, am 9. Dezember 1941 gab er auf diesem Weg die amerikanische Kriegserklärung an Japan bekannt.

Roosevelt sprach stets in lockerem Plauderton. Mit einfachen Worten erläuterte er ein Problem und wie die Regierung es lösen wolle. Das Radio nutzte er, um die Zeitungen zu umgehen, die überwiegend kritisch zum New Deal eingestellt waren. Geduldig stimmte der Präsident seine Zuhörer auf politische Veränderungen ein, die er für notwendig hielt. Schritt für Schritt überzeugte er die skeptische Öffentlichkeit, dass eine staatliche Sozialversicherung kein kommunistisches Teufelszeug ist und das amerikanische Ideal der Eigenverantwortung nicht untergräbt. Am effektivsten erwies sich dieses Erfolgsrezept, als Roosevelt durch sorgfältig konzipierte Reden innerhalb von drei Jahren die Stimmung im Land von isolationistischer Abkapselung zu internationaler Interventionsbereitschaft drehte.

Zwischen 1935 und 1937 hatte der Kongress drei Neutralitätsgesetze verabschiedet, die eine Beteiligung an »ausländischen« Kriegen verboten. Die Kriegsgefahr war jedoch bereits in diesen Jahren kein Hirngespinst übergeschnappter Hysteriker, wie die Isolationisten glauben machen wollten. Hitler hatte den Versailler Friedensvertrag von 1919 gebrochen, indem er 1935 mit der Aufrüstung der Wehrmacht begann, um, wie er unverhohlen äußerte, innerhalb von vier Jahren kriegsbereit zu sein. Das von dem faschistischen Diktator Benito Mussolini regierte Italien hatte völkerrechtswidrig das ostafrikanische Kaiserreich Abessinien (das heutige Äthiopien) okkupiert. Japan war in China eingefallen.

Die große Mehrheit der Amerikaner war jedoch mit dem Betrachten des eigenen Nabels beschäftigt. Sie wollte nicht wissen, was draußen in der Welt passiert. Wie schon im 19. Jahrhundert, als James Monroe seine isolationistische Doktrin verkündete, waren die meisten Amerikaner überzeugt, dass die europäischen Händel sie nichts angingen. Sie hatten ihrem Präsidenten Woodrow Wilson übelgenommen, dass er – entgegen seinem Wahlversprechen von 1916 – Amerika zuletzt doch noch am Ersten Weltkrieg beteiligt hatte. Der amerikanische Senat hatte ihn dafür abgestraft, indem er den Versailler Friedensvertrag nicht ratifizierte und damit auch den Beitritt zu dem von Wilson initiierten Völkerbund verweigerte.

Roosevelt begann, seine Landsleute behutsam auf eine Neuorientierung einzuschwören. Auch er wollte die Vereinigten Staaten zunächst nicht in die Kämpfe in Europa und Asien verwickeln. Aber er spürte, dass Amerika stärker gefährdet war, wenn es auf seiner Abkapselung beharrte, als wenn es sich auf eine internationale Solidarität der demokratischen Staaten gegen die totalitären Aggressoren einließ.

In Chicago, der Hochburg der Isolationisten, warb er am 5. Oktober 1937 erstmals für einen Kurswechsel. »Frieden, Freiheit und

Sicherheit von 90 Prozent der Weltbevölkerung«, sagte er, »werden von zehn Prozent in Frage gestellt, die den Zusammenbruch aller internationalen Regeln betreiben.« Eine »Epidemie weltweiter Gesetzlosigkeit« breite sich aus. »Wenn eine physische Krankheit epidemisch wird«, zog Roosevelt daraus die Folgerung, »beschließt die Gemeinschaft normalerweise eine Quarantäne der Patienten, um sich gegen die weitere Verbreitung der Epidemie zu schützen.«

Solche banal erscheinenden Vergleiche waren typisch für Roosevelt. Das Beispiel der Seuchenprävention klang harmlos, war aber in Wirklichkeit starker Tobak. Der Präsident forderte ja nicht weniger, als dass Hitler, Mussolini und die Japaner von Amerika geächtet und aus der Gemeinschaft der zivilisierten Völker ausgeschlossen werden sollten. Deutlicher wollte er sich noch nicht äußern. Vergebens drängten seine Redenschreiber Hopkins und Rosenman den Präsidenten, klar zu sagen, was er mit »Quarantäne« meine; Roosevelt aber »bestand darauf, es vage zu lassen«, berichtete Rosenman. Seinen Finanzminister Morgenthau, der ebenfalls eine präzisere Aussage wünschte, beschied Roosevelt, es bedürfe »langjähriger Erziehung« der Öffentlichkeit, um das erstrebte Ziel zu erreichen; er werde jedenfalls einstweilen »nichts tun, was eine definitive Antwort oder Aktion von irgendwem erfordern würde«.[17]

Spätestens seit dem Münchner Abkommen vom September 1938 war Roosevelt jedoch überzeugt, dass Amerika eine Entscheidung treffen musste. Hitler hatte mit wüsten Kriegsdrohungen durchgesetzt, dass die Regierungschefs Großbritanniens und Frankreichs, Neville Chamberlain und Édouard Daladier, dem ersten Schritt zur Zerschlagung der Tschechoslowakei zugestimmt hatten. Das überwiegend deutschsprachige Sudetenland wurde in das Deutsche Reich eingegliedert. Der Präsident hatte das Abkommen zunächst begrüßt und Chamberlain telegrafisch gratuliert: »Good man!« Er war erleichtert, dass der Frieden erhalten blieb. Aber schon wenige Wochen später sah er ein, dass es nichts nutzte, Hitler entgegenzukommen. Nach den antijüdischen Pogromen am 9. November 1938 war Appeasement für Roosevelt erledigt. Er habe »kaum glauben können, dass so etwas in der Zivilisation des 20. Jahrhunderts geschehen« würde. »Buchen Sie auf dem ersten nichtdeutschen Schiff«, beorderte der Präsident seinen erst seit März amtierenden Botschafter Hugh Wilson aus Berlin nach Washington zurück; daraufhin berief auch Hitler den deutschen Botschafter Hans-Heinrich Dieckhoff ab. Fortan erledigten Geschäftsträger die Arbeit der diplomatischen Vertretungen.[18]

Bald danach, in seiner jährlichen Botschaft an den Kongress am 4. Januar 1939, deutete Roosevelt an, dass er die Wirkung der Neutralitätsgesetze für widersinnig hielt: Sie »gewähren einem Aggressor Unterstützung und verweigern sie dem Opfer«. Dabei ließ er es jedoch bewenden. Konkrete Vorschläge, die Gesetze zu ändern, waren Roosevelt, der gerade in einem Popularitätstief steckte, politisch zu riskant.[19] Er versuchte aber seinen Landsleuten klarzumachen, dass man trotz gesetzlich verordneter Neutralität durchaus Partei ergreifen könne. Am 3. September 1939 erklärte er in einem Kamingespräch: »Dieses Land wird neutral bleiben, aber ich kann nicht verlangen, dass jeder Amerikaner auch in seinem Denken neutral bleibt. Auch ein Neutraler hat das Recht, sich über die Tatsachen eine Meinung zu bilden. Auch von jemandem, der sich neutral verhalten will, ist nicht zu verlangen, dass er seinen Verstand oder sein Gewissen verschließt.«[20]

Selbst wenn Roosevelt ein militärisches Eingreifen gewollt hätte, waren dem waffentechnische Grenzen gesetzt. 1940 waren die Vereinigten Staaten weit davon entfernt, eine Weltmacht zu sein. Ihre Streitkräfte waren nicht der Rede wert. Bisher hatte man sich darauf verlassen, dass die Ozeane genügend Schutz böten. Es gab deshalb so gut wie keine Rüstungsindustrie. Die US Army stand im Mai 1940 im internationalen Ranking an 18. Stelle, noch hinter Belgien, Portugal, Spanien und der Schweiz.

Am 10. Mai 1940 erteilte Roosevelt dem Generalstabschef des Heeres, George Marshall, den Auftrag, die amerikanischen Streitkräfte auf das Niveau der deutschen Wehrmacht zu heben. Es war ein ereignisreicher Tag: Deutsche Truppen waren in Belgien, in den Niederlanden und in Frankreich einmarschiert; in England wurde Chamberlain, dessen Beschwichtigungskurs gegenüber Hitler ersichtlich gescheitert war, durch den kämpferischen Winston Churchill als Premierminister abgelöst. Und nebenbei war es auch der Tag, an dem Harry Hopkins als Dauergast ins Weiße Haus einzog.

Am Abend hielt Roosevelt auf einem wissenschaftlichen Kongress in Washington eine Rede, die sich an alle Amerikaner richtete: »Am heutigen Tag sind drei weitere unabhängige Nationen brutal mit Waffengewalt überfallen worden. Ich bin froh darüber, dass diese tragischen Nachrichten uns schockieren und erzürnen.« Angesichts der Hiobsbotschaft Freude zu empfinden war ein seltsamer Zungenschlag, aber gewiss kein Versprecher.

Harry und Jack Warner verstanden die Präsidentenworte als Aufforderung, Position zu beziehen. Sie versicherten Roosevelt am 20. Mai 1940 in einem Telegramm, dass sie »persönlich alles tun« wollten, »was in der Filmindustrie und mit den Mitteln des Tonfilms in unserer Macht steht, um den Menschen in Amerika die Bedeutung des Kampfes aufzuzeigen, für den die freien Völker Europas so ungeheure Opfer bringen«.[21] Die Filmproduzenten dienten sich der Politik als Propagandisten an.

Die Warner-Brüder waren, abgesehen von ihrem zwanghaften Geiz, grundverschiedene Charaktere. Harry war ernst und fleißig, fromm und ein Familienmensch; Jack war ein Luftikus und eitler Pfau, er machte ungeniert Seitensprünge und hatte sich von seiner jüdischen Frau scheiden lassen, um eine nichtjüdische Geliebte zu heiraten, was Harry ihm nie verzieh.[22] Sie hassten sich schließlich bis aufs Blut. Doch in ihrer politischen Haltung waren sie sich einig. Ihr Firmenmotto lautete: »Der Ort, an dem sich die Tugenden des Filmemachers und die des Staatsbürgers verbinden.«

Die Unterstützung der Warner-Brüder für Roosevelt war so penetrant, dass der einflussreiche Filmkritiker James Agee von »Heiligenverehrung« sprach.[23] Das Magazin *Time* warf den Warners eine »fortwährende öffentliche Anbiederung« vor.[24] Sie aber ertrugen es gelassen, dass man über ihre Firma als »Roosevelts Studio« spottete. Sie erledigten sogar Auftragsarbeiten der Regierung. 1941 erfüllte Jack Warner eine Bitte von General Henry Arnold, dem Oberbefehlshaber des United States Army Air Forces, Kurzfilme über die einzelnen Waffengattungen der Streitkräfte zu drehen. Zum Dank wurde der 50-Jährige im April 1942 als Lieutenant Colonel (Oberstleutnant) in die Army Air Force aufgenommen.[25] Eine Zeitlang ging er in einer Offiziersuniform, die er sich von der Kostümabteilung seines Studios hatte schneidern lassen, ins Büro und ließ sich als »Colonel Warner« anreden.[26]

Warner Bros. war eines der fünf großen Hollywood-Studios, das erste und lange Zeit das einzige, das gegen die deutschen Nazis Position bezog. Schon im September 1933 hatte Warners Zeichentrickabteilung einen Cartoon veröffentlicht, der als Wochenschau-Parodie »Pretzel, Germany« zeigte: ein Land, das von einem Hanswurst in Lederhosen und mit Hakenkreuz-Armbinde grausam regiert wird. In diesem Cartoon erschien Hitler, abgesehen von echten Wochenschauen, zum ersten Mal in einem amerikanischen Film.[27] Als erstes Hollywood-Studio brach Warner Bros. im Juli 1934 die Geschäftsbeziehungen mit Deutschland ab.[28] Jack Warner war auch der erste Hollywood-Boss, der sich öffentlich als Nazi-Gegner bekannte, indem er im März 1938 in seinem Haus ein Wohltätigkeitsbankett für die »Hollywood Anti-Nazi League« veranstaltete, bei dem Thomas Mann eine Lesung hielt.[29]

Ansonsten blieb die Filmfabrik lange Zeit stumm. Unabhängige Beobachter warfen ihr zu große Ängstlichkeit vor. Die Studios, forderten sie, sollten die reale Welt abbilden und die Zuschauer weniger dazu verleiten, der Wirklichkeit zu entfliehen. Frank Nugent, der angesehene Filmkritiker der *New York Times*, beklagte 1938, dass Hollywood seine Möglichkeiten mit seichter Unterhaltung verschwende, während »die dunklen Wolken des Krieges« über den Globus heraufzögen. Er appellierte an die Filmemacher, ihr Augenmerk weniger auf »Gangster, Winkeladvokaten, Viehdiebe und Opiumschmuggler« zu richten, als vielmehr einen »mündigen Blick auf die Welt zu werfen, in der wir leben«.[30]

Die Abstinenz hatte einen banalen Grund. Die großen Hollywood-Firmen trauten sich nicht, weil sie jüdische Besitzer oder Manager hatten, die antisemitische Ressentiments fürchteten, wenn sie sich zu sehr aus der Deckung wagten. Louis B. Mayer war Chef von

Metro-Goldwyn-Mayer (MGM), Carl Laemmle hatte Universal Pictures aufgebaut, Harry und Jack Cohn waren die Mitbegründer des Filmstudios Columbia Pictures, William Fox hatte die Vorgängerin der 20th Century-Fox gegründet, und Nicholas Schenck war Vorstandsvorsitzender von Loew's Inc., der Muttergesellschaft von MGM. Sie hielten ihr Judentum verborgen und versuchten, sich zu assimilieren. Sie waren nicht erpicht darauf, dass Harry Warner auf das Jüdische der Filmgemeinschaft hinwies. Sein Eifer, die hässliche Fratze des Nationalsozialismus vorzuführen, stieß bei ihnen auf Unverständnis.[31]

In den Jahren um 1940 waren in Meinungsumfragen zwischen 30 und 50 Prozent der Amerikaner der Ansicht, die Juden hätten in den USA zu viel Macht. Deshalb wagten amerikanische Juden kaum, darauf aufmerksam zu machen, was in Deutschland und in den eroberten Ländern Osteuropas geschah, aus Angst, dass ihre Mitbürger den Kampf gegen Hitler als »jüdischen Krieg« ansehen und Hilfe verweigern würden.[32] Anders Harry und Jack Warner. Sie unterstützten mit großem Engagement alle Versuche, ihren von den Nazis verfolgten Glaubensgenossen zu helfen. 1939 produzierten sie den Kurzfilm »The Nine Million«, der sich mit der Lage der zumeist jüdischen Flüchtlinge befasste. In dem Dokudrama aus Wochenschau-Sequenzen und Spielszenen wurde an das amerikanische Publikum appelliert, sich für eine Erhöhung der Einwanderungsquoten einzusetzen und damit den Verfolgten Zuflucht zu gewähren. Denn während ein paar Zehntausend einreisen durften, blieben 600 000 europäische Juden ausgesperrt.[33]

Als im August 1939 der Luftkampf um England begann, starteten die Warners eine Kampagne zur Unterstützung der Royal Air Force. Sie sammelten so viel Geld, dass die Regierung zwei Spitfire-Abfangjäger des britischen Herstellers Supermarine Aviation Works kaufen konnte; die Flugzeuge erhielten die Namen »The President Roosevelt« und »Cordell Hull«.[34] Jedes kostete voll ausgerüstet rund 13 000 Pfund, was einem heutigen Wert von knapp 700 000 Euro entspricht. Doch selbst Harry Warner, der seinen jüdischen Glauben offen bekannte, zögerte, explizite Anti-Nazi-Spielfilme zu drehen.

»Machen wir das, weil wir Juden sind oder weil wir damit gute Filme machen können?«, fragte er selbstkritisch.[35]

Ein Meilenstein der amerikanischen Filmgeschichte war der von Warner produzierte Agententhriller »Confessions of a Nazi Spy« (deutscher Titel: »Ich war ein Nazi-Spion«), der im April 1939 in die Kinos kam. Es war die erste große Studioproduktion, in der Position zur amerikanischen Außenpolitik bezogen wurde.[36] Die Spielhandlung beruhte auf einer wahren Begebenheit: Im Februar 1938 hatte das FBI konspirative Verbindungen des nationalsozialistischen »German-American Bund« zum »Dritten Reich« aufgedeckt.[37] Der Film löste vielerorts Tumulte aus, Nazi-Sympathisanten in Milwaukee setzten ein Warner-Kino in Brand. Der »Führer« des Bundes, Fritz Kuhn, drohte Warner eine 5-Millionen-Dollar-Klage wegen »Schädigung des deutschen Ansehens« an, zog sie aber zurück, als er wegen krimineller Delikte ins Gefängnis kam. Isolationisten im Kongress zeterten, der Film rufe »eine Hysterie in der amerikanischen Öffentlichkeit hervor und stachle sie zum Krieg auf«.

In der *New York Times* würdigte Frank Nugent den Mut der Warner-Brüder; der Film könne jedoch kaum mehr ausrichten, als »Hitler Grimassen zu schneiden«. Zudem kreidete er ihnen an, ihre Sensationslust habe sie zu »kindischen Extremen« verführt. Er hielt es für überzeichnet, dass »die Nazipropagandisten stets verächtlich mit den Mundwinkeln zucken, wenn sie unsere Verfassung oder die [britische] Bill of Rights erwähnen«.[38]

Immer wieder gab es Einschüchterungsversuche durch Politiker wie Joseph P. Kennedy. Der soeben wegen politischer Divergenzen mit Roosevelt zurückgetretene amerikanische Botschafter in London, Vater des späteren Präsidenten John F. Kennedy, besuchte Ende 1940 Hollywood und sprach mit führenden Repräsentanten der Filmwirtschaft. Wie der Schauspieler Douglas Fairbanks jun. anschließend Roosevelt berichtete, sagte der mit den Nazis sympathisierende Kennedy, die Juden »sollten aufhören, Antinazifilme zu produzieren und den Film als Mittel zu benutzen, um Sympathien mit den Demokratien in ihrem Kampf gegen Diktaturen zu zeigen und zu befördern«. Weiter habe Kennedy betont, »dass die Filmwirtschaft einen gefährlichen Einfluss auf die Öffentlichkeit ausübe und dass es für uns alle und insbesondere für die Juden riskant sei, diese Macht weiterhin zu missbrauchen«.[39]

Lob für das politische Engagement Hollywoods zollte hingegen Roosevelt. Bei der Oscar-Verleihung am 27. Februar 1941 im Hotel »Biltmore« in Los Angeles wurde direkt aus dem Weißen Haus eine sechsminütige Ansprache des Präsidenten übertragen, in der er der Filmindustrie für ihre Unterstützung dankte. Der amerikanische Film spiegele »unsere Zivilisation in der übrigen Welt« wider, »die Ziele und Hoffnungen und Ideale freier Menschen und der Freiheit selbst«. Dies sei »der wahre Grund, warum einige Regierungen unsere amerikanischen Filme in ihren Ländern nicht zeigen wollen«. Diktatoren glaubten, dass solche Filme »ihren unglücklichen Völkern gefährlich werden könnten«.[40]

Einer der schärfsten Interventionsgegner, der republikanische Senator Gerald P. Nye, wetterte gegen die Kinoindustrie, die amerikanischen Filme seien »kein Instrument der Unterhaltung mehr«. Ihre Funktion bestehe vielmehr darin, »den Verstand der amerikanischen Öffentlichkeit zu vernebeln, ihre Leidenschaften zu entfachen, ihren Hass ins Unermessliche zu steigern und in ihnen die Angst zu schüren, Hitler werde den Atlantik überqueren, um Amerika zu knechten«. Nye glaubte, eine »Handvoll jüdischer Filmmoguln, die Roosevelt-Regierung sowie die Bedeutung Großbritanniens als Markt für Hollywood« seien für die interventionistischen Filme verantwortlich.[41] Nye und Gleichgesinnte setzten durch, dass im Kongress ein »Unterausschuss zur Untersuchung von Kriegspropaganda« eingesetzt wurde. Kaum hatte das Gremium seine Arbeit aufgenommen, richtete sich sein Zorn gegen das jüngste Warner-Produkt. Der Film »Sergeant York« hatte am 2. Juli 1941, zehn Tage nach dem Einmarsch der Wehrmacht in die Sowjetunion, am Broadway in New York Premiere gehabt. In Washington gab es zwei Wochen später eine Sondervorstellung für Präsident Roosevelt und geladene Gäste aus Regierung und Militär.[42]

Der Film zeichnete die Fronterfahrungen eines amerikanischen Soldaten während des Ersten Weltkriegs nach. Zusammen mit acht

Kameraden hatte Corporal Alvin York 1918 in Frankreich nach einem Feuergefecht 132 deutsche Soldaten gefangen genommen, die den kleinen amerikanischen Trupp für eine überlegene Einheit hielten und sich ergaben. Dadurch wurde York zum berühmtesten amerikanischen Helden des Ersten Weltkriegs.[43] Der hochdekorierte Soldat aus Tennessee, Mitglied einer christlichen Sekte und Pazifist, hatte zunächst eine Verfilmung seiner Erlebnisse abgelehnt, denn er stand auf der Seite der Isolationisten. Noch im August 1937 hatte er in einem Interview gesagt, Amerika solle sich nie wieder in einen »ausländischen« Krieg einmischen.[44] Zwischen 1937 und 1939 hielt York zahlreiche Reden für die »Emergency Peace Campaign«, in denen er behauptete, der letzte Krieg habe den Vereinigten Staaten nichts als Kummer, politische Instabilität und eine globale Depression eingebracht.[45] Nach Ausbruch des Zweiten Weltkriegs wandelte sich York jedoch zum Interventionisten und erklärte sich bereit, sein Leben verfilmen zu lassen. Vorausgegangen waren zähe Verhandlungen, weil der fundamentalistische Christ Filme für »ein Werkzeug des Teufels« hielt und ihm die geschäftliche Verbindung mit den Hollywood-Juden suspekt war. York bestand darauf, dass er von Gary Cooper verkörpert werden sollte – wahrscheinlich, weil das der einzige Schauspieler war, den er kannte.[46]

Gary Cooper war der Filmstar schlechthin in diesen Jahren, und er war als Darsteller geradliniger, schweigsamer Heldenfiguren für diese Rolle prädestiniert: ein friedfertiger Mensch, der erst durch eine moralische Verpflichtung zum Handeln bewegt wird und den es Überwindung kostet, sich der Gewalt zu stellen. »Sergeant York« lief zwei Jahre in den Kinos und wurde ein Kassenschlager. Cooper erhielt 1942 den Oscar als bester Hauptdarsteller.

Der echte York trat nach dem Kinostart auch öffentlich auf, um für den Kriegseintritt Amerikas zu werben. Er wurde zum bedeutendsten Gegenspieler des populären Flugpioniers Charles Lindbergh, eines Rassisten und Antisemiten, der sich für Hitler begeisterte und von Hermann Görings Luftwaffe fasziniert war. Unter dem Slogan »America first!« focht Lindbergh vehement dagegen, Nazi-Deutschland militärisch zu bekämpfen. Roosevelt bemerkte zu seinem Verteidigungsminister Henry Stimson über Lindbergh: »Wie schade, dass dieser Bursche nicht mehr an unsere Regierungsform glaubt und sich den Nazimethoden zugewandt hat, die ihm effizienter erscheinen.«[47]

Zwei Monate nach der Premiere von »Sergeant York« zitierte der »Unterausschuss zur Untersuchung von Kriegspropaganda« prominente Filmproduzenten, darunter Harry Warner, zu einer Anhörung nach Washington. Die Vorwürfe, die dem Studio zur Last gelegt wurden, bezeichnete Warner als bösartigen Klatsch. Die Nationalsozialisten, sagte er, planten eine totalitäre Weltrevolution, um alle demokratischen Prinzipien außer Kraft zu setzen. Er verteidigte die Roosevelt-Administration und lobte das Bemühen des Präsidenten, England in seinem Existenzkampf beizustehen.[48] Harry Warner bestritt jedoch, dass die von Warner Bros. produzierten Filme »Propaganda« seien. Seine Firma stelle seit mehr als 20 Jahren Filme über aktuelle Vorgänge her, und ihre derzeitige Politik sei »nicht anders, als sie vor der Hitler-Gefahr war«. Nachdrücklich betonte er: »Wir erhalten keine Befehle und keine Empfehlungen, weder direkt noch indirekt, von der Regierung.«[49] So musste sich Warner noch knapp drei Monate vor dem Kriegseintritt der Vereinigten Staaten für Filme rechtfertigen, die Demokratie und Menschenrechte hochhielten. Zweifellos hätte Warner sich auch wegen »Casablanca« vor dem Ausschuss verantworten müssen, wäre der Film vor Pearl Harbor gedreht worden und nicht danach.

Die hinterhältige Attacke der Japaner – zum Schein hatte eine Delegation aus Tokio noch tags zuvor in Washington verhandelt – veränderte über Nacht die öffentliche Stimmung. Nun waren die obenauf, die schon immer gefordert hatten, Amerika müsse in den Krieg eingreifen.[50]

Mit dem Tag des Kriegseintritts ist ein Spielfilm verknüpft, in dem Roosevelt als erster amtierender Präsident vor der Kamera mitwirkte. Das Filmmusical »Yankee Doodle Dandy«, laut *Time* »die vielleicht beste Filmbiografie aller Zeiten«, zeichnete die Karriere des populären Entertainers George M. Cohan nach. Der Künstler, Sohn irischer Einwanderer, war zufällig für den 8. Dezember 1941 ins

Weiße Haus eingeladen worden, um Roosevelt aus seinem Leben als Broadway-Star und amerikanischer Patriot zu erzählen. Der Besuch beim Präsidenten bildete die Rahmenhandlung für den Film. In jungen Jahren war Cohan ein erfolgloser Songwriter. Erst in der Zusammenarbeit mit dem Broadway-Produzenten Sam Harris gelang es ihm, sein Musical »Yankee Doodle Dandy« über einen amerikanischen Jockey auf die Bühne zu bringen. Das Stück wurde ein spektakulärer Erfolg und machte seinen Urheber zu einem gefeierten Star. Im Ersten Weltkrieg meldete sich Cohan freiwillig zur Army, wurde aber abgelehnt, weil er mit fast 40 Jahren zu alt sei; stattdessen sang er vor Soldaten und schrieb den Song »Over There«, der zur Siegeshymne der Vereinigten Staaten wurde. In den 1920er-Jahren trennte er sich von seinem Partner Harris und zog sich auf eine Farm zurück. Doch als Harris, in Finanznöten steckend, ihn bat, in einem Musical über Franklin D. Roosevelt die Hauptrolle zu übernehmen, willigte Cohan ohne Zögern ein.

Als Cohan die Erzählung über sein Leben beendet hatte, zeichnete ihn der Präsident mit der Ehrenmedaille des Kongresses aus. Gerührt verabschiedete sich Cohan von Roosevelt mit einem Kommentar zur aktuellen Lage: »Sie müssen sich keine Sorgen um das Land machen. Wir werden das Ding schon schaukeln.« Auf der Straße vor dem Weißen Haus marschierten derweil Soldaten zu den Klängen von »Over There« in den Kampf gegen den neuen Feind.

Die Dreharbeiten zu »Yankee Doodle Dandy« begannen an jenem 8. Dezember 1941 mit dem Gespräch zwischen Roosevelt und Cohan. Es war, natürlich, ebenfalls ein Film von Warner Bros.; einige der maßgeblich Beteiligten fanden sich kurz darauf bei »Casablanca« wieder: der Produzent Hal B. Wallis, die Drehbuchautoren Julius und Philip Epstein, der Regisseur Michael Curtiz. Der aus Ungarn stammende Schauspieler S. Z. Sakall, der in »Casablanca« den dicken Oberkellner Carl spielt, wirkte auch hier in einer Nebenrolle mit. Die Premiere fand am »Memorial Day«, dem 29. Mai 1942, in New York statt. Im folgenden Jahr erhält der Film drei Oscars, einer geht an den Hauptdarsteller James Cagney.

Der Filmmogul Jack Warner, Regisseur Michael Curtiz und Produzent Hal Wallis lasen gemeinsam das Drehbuch zu »Casablanca«. Auf einem Sideboard hinter seinem Schreibtisch hatte Warner ein von Präsident Roosevelt signiertes und mit der Widmung »for my friend« versehenes Foto neben seinen Oscars aufgestellt.

Während »Yankee Doodle Dandy« gedreht wurde, sicherte sich Warner Bros. die Rechte an dem Theaterstück »Everybody Comes to Rick's«. Die Autoren Murray Burnett und Joan Alison merkten nicht, wie sie über den Tisch gezogen wurden. Glücklich, einen Abnehmer für ihr Opus gefunden zu haben, unterschrieben sie zwei Tage nach Weihnachten 1941 im New Yorker Büro des Filmriesen einen Vertrag, der ihnen ein Honorar von 20 000 Dollar einbrachte. Das war, einerseits, ein guter Preis für ein bislang nicht aufgeführtes Bühnenwerk, zumal er einer heutigen Kaufkraft von fast 350 000 Dollar entsprach; andererseits übersahen die Verfasser, dass sie sämtliche Rechte, auch beispielsweise an Theateraufführungen, weggaben. Irene Lee, die Leiterin des Story Departments, die den Vertrag ausgehandelt hatte, forderte daher für sich noch einen Bonus, weil sie »den Stoff für so wenig Geld gekauft« habe, doch Produzent Wallis schlug ihr die Bitte ab.[51]

Howard Koch, einer der von Wallis engagierten Drehbuchautoren, wird später behaupten, die Filmhandlung habe sehr wenig mit der Bühnenvorlage zu tun – eine Darstellung, gegen die Burnett erfolglos klagt, und die Koch, einsichtig geworden, Jahrzehnte später widerruft. Obwohl Koch und die beiden anderen im Vorspann des Films genannten Drehbuchautoren Julius und Philip Epstein – es schrieben noch vier ungenannte mit – viele Figuren veränderten und eine komplexere Geschichte konstruierten, blieb der Plot erhalten. Wie im Theaterstück ermordet ein Dieb namens Ugarte zwei deutsche Kuriere, um in den Besitz von Ausreisevisa zu gelangen, die eine sichere Fahrt in die Freiheit garantieren. Und ein rätselhafter amerikanischer Nachtclubbesitzer, der, wie schon im Titel des Bühnenwerks, Rick heißt, wettet mit einem weibstollen französischen Polizisten, dass ein tschechischer Zeitungsverleger und Widerstandskämpfer den Nazi-Schergen entkommen wird.[52]

Den Titel änderte Wallis, einer spontanen Eingebung folgend, am Silvestertag 1941 in »Casablanca«. Damit hoffte er an den Erfolg eines United-Artist-Films aus dem Jahr 1938 anknüpfen zu können, der ebenfalls schlicht nach einer nordafrikanischen Stadt benannt war: »Algier«. Wallis war überzeugt, »Casablanca« könne ein zweites »Algier« werden, »eine romantische Geschichte an einem exotischen Schauplatz«.

Warners Pressestelle verlautbarte am 8. Januar 1942, Ann Sheridan und Ronald Reagan würden die Hauptrollen in »Casablanca« übernehmen. Tatsächlich war Reagan, der spätere US-Präsident, nie ernsthaft dafür vorgesehen; das kleine Verwirrspiel diente lediglich dazu, das Filmprojekt frühzeitig bekannt zu machen, die Titelrechte an »Casablanca« anzumelden und zugleich Wallis Zeit für das Casting zu verschaffen. Dem Engagement des 30-jährigen Reserveleutnants Reagan stand keineswegs nur die Einberufung im Wege; bei Warner war man sich auch klar darüber, dass Reagan nicht die Idealbesetzung wäre. Ricks Charakter war der eines verbitterten Romantikers; Reagan, der bisher nur als Schönling in Nebenrollen aufgetreten war, traute man nicht zu, dieses Hintergründige glaubhaft zu verkörpern.

Der tatsächliche Rick-Darsteller war am 14. Februar 1942 gefunden: Humphrey Bogart.[53] Der 42-jährige Bogart hatte bis dahin vor allem als Darsteller von Kriminellen reüssiert. Zuletzt, in »Die Spur des Falken«, hatte er einen Detektiv mit Gangsterattitüde gespielt – er beherrschte grandios die Fähigkeit, übergangslos zwischen Bösewicht und Held zu changieren. Nun sollte er zum ersten Mal die Rolle des romantischen Liebhabers übernehmen. Er fühlte sich unsicher. Einem Journalisten sagte er: »Wenn ich vor der Kamera in der Klemme war, habe ich mich bislang immer mit einem kleinen schwarzen Revolver aus der Affäre gezogen. Diesem Liebeszeug bin ich nicht gewachsen. Ich weiß überhaupt nicht, was tun.«[54] Vor allem durch »Casablanca« wird Bogart schließlich zu einem der größten romantischen Filmhelden der Kinogeschichte.

Ebenso wenig wie Reagan als Rick war Ann Sheridan für die Rolle der Ilsa Lund in Betracht gezogen worden. Die junge Schauspielerin hatte 1933 einen Schönheitswettbewerb gewonnen und war so zu ihrem ersten Filmvertrag gekommen. Sie hielt vor allem ihr hübsches Gesicht in die Kameras, als Charakterdarstellerin war sie noch nicht aufgefallen. Aber Wallis bemühte sich ohnehin um eine andere Aktrice, einen aufgehenden Stern am Filmhimmel: die Schwedin Ingrid Bergman. Die 1915 in Stockholm geborene Schauspielerin war in ihrer Heimat bereits ein Star, als sie 1938 in der deutschen Liebeskomödie »Die 4 Gesellen« in fast akzentfreiem Deutsch die Hauptrolle spielte. Nach eigenem Bekunden konnte sie sich in der Heimat ihrer Mutter, die aus Kiel stammte, aber nicht überwinden, wie alle anderen den Arm zu heben und »Heil Hitler« zu rufen. Eine Einladung von Goebbels, der für seine Affären mit jungen Schauspielerinnen bekannt war, blieb ihr erspart. »Ich war wohl nicht sein Typ«, sagte sie.[55] Auf Betreiben von Paramount-Produzent David O. Selznick ging sie nach Abschluss der Dreharbeiten nach Amerika.[56]

Warner machte mit Selznick einen Deal: Er lieh sich die bei dessen Produktionsfirma unter Vertrag stehende Ingrid Bergman für die Rolle der Ilsa Lund im Tausch gegen Olivia de Havilland aus.[57] Am 22. April 1942, nachdem sie die Rolle bekommen hatte, schrieb Ingrid Bergman einer Freundin: »Mir war warm und kalt zugleich

… Der Film heißt Casablanca, und ich habe wirklich keine Ahnung, worum es geht.«[58] Das konnte nicht verwundern: Das Drehbuch, unter erheblichem Produktionsdruck entwickelt, war ein Flickenteppich aus unzähligen Entwürfen und Einzelbeiträgen von insgesamt sieben Autoren, die teils gleichzeitig, teils nacheinander an dem Skript arbeiteten. Casey Robinson nimmt später für sich in Anspruch, seinen Freund und Produktionschef Wallis auf das seiner Meinung nach »ziemlich lausige« Theaterstück aufmerksam gemacht zu haben, was nicht stimmt. Sicher aber hat er das Verdienst, die weibliche Hauptrolle entscheidend verändert zu haben: Aus einem amerikanischen Flittchen im Bühnenstück wurde im Film eine sittsame Europäerin. Dafür hatte Robinson ein persönliches Motiv: Er war in die aus Russland stammende Ballerina Tamara Toumanowa verliebt, der er die Rolle zuschanzen wollte, was Wallis verhinderte. Indem Robinson jedoch dem Amerikaner Rick eine heldenhafte Norwegerin zur Seite stellte, verdeutlichte er den Bezug zum Zweiten Weltkrieg.[59] Robinson, der höchstbezahlte Autor im Team, wollte aus Stolz auf seine erfolgreich verfilmten Solodrehbücher nicht neben anderen Drehbuchschreibern erwähnt werden, was er später angesichts des gigantischen Erfolgs und der Oscar-Prämierung bitter bereute: Er sei damals ein »ziemlicher Klugscheißer« gewesen.[60]

Die Zwillingsbrüder Julius und Philip Epstein bestanden angeblich nur auf Drängen ihrer Kinder und Freunde darauf, im Vorspann genannt zu werden. Sie distanzieren sich im Nachhinein geradezu von dem Film; Philip Epstein bezeichnet ihn als »slick shit«, was etwa »geschniegelter Scheiß« bedeutet. Dennoch versteift er sich darauf, dass er und sein Bruder den größten Anteil am Drehbuch gehabt hätten – und dies, obwohl sie trotz Anfrage durch Warner im Februar 1942 erst einmal einen Monat verschwanden, um in Washington für den Regisseur Frank Capra an einer den Krieg erklärenden Serie (»Why We Fight«) zu arbeiten.[61] Da die Epstein-Brüder eine Auszeit nahmen, wurde Howard Koch als weiterer Autor verpflichtet. An ihm lässt Julius Epstein kein gutes Haar: Was Koch während ihrer Abwesenheit geschrieben habe, »vielleicht dreißig oder vierzig Seiten«, sei »nicht brauchbar« gewesen. Und: Koch habe die Namensnennung gar nicht verdient, weil er nicht einmal dreißig Prozent des Skripts verfasst habe (wie es die in den 1950er-Jahren gegründete Autorengewerkschaft »Writers Guild of America« als höchste Instanz für Vergütungs- und Nennungsfragen verlangt).[62] Koch sieht das in seiner Autobiografie, die 1973, zum 30. Jubiläum des Films, erscheint, natürlich ganz anders: Er habe als Letzter in der Autorenfolge das vorgefundene Gerippe konsequent ausgeschmückt.[63]

Es ist ein Streit eitler Autoren um des Kaisers Bart. Objektiv lässt sich nicht rekonstruieren, wer wie viel zum Drehbuch beigetragen hat, das, nicht unüblich in diesem Metier, aus vielen Versatzstücken entstanden ist. Viele Köche verderben den Brei, heißt es für gewöhnlich. Hier aber wurde die Not der Arbeitsteilung zum Erfolgsgeheimnis des Films. Koch lieferte den politischen Hintergrund und zeigte das ethische Dilemma auf, Robinson hatte die Idee zur Paris-Rückblende und gestaltete die romantische Beziehung zwischen Rick und Ilsa; aber erst der jüdische Witz der Epstein-Brüder und die scharfe Ironie ihrer Dialoge setzten ein lakonisches Gegengewicht zu dem melodramatischen Liebesglamour und der moralisierenden Politpropaganda.

Als Regisseur wurde Michael Curtiz verpflichtet, ein ungarischer Jude, der ursprünglich Mihály Kertész Kaminer hieß. Ihn hatte Harry Warner schon 1926 angeworben. Er blieb über ein Vierteljahrhundert bei Warner Bros. und inszenierte Filme am Fließband, insgesamt mehr als 160 in seiner über 50-jährigen Karriere. Er galt als der profilierteste Regisseur des Filmstudios.

Von den 75 Schauspielern, die in »Casablanca« mitwirkten, waren nahezu alle in irgendeiner Weise Emigranten. Von den 14, die im Vorspann namentlich aufgeführt werden, waren nur Bogart, Dooley Wilson als Pianospieler Sam und Joy Page, Jack Warners 17-jährige Stieftochter,[64] die als junge Bulgarin agiert, gebürtige Amerikaner. Die Schwedin Bergman sowie die Engländer Claude Rains als Capitaine Renault und Sydney Greenstreet als Signor Ferrari waren der Karriere wegen nach Amerika gekommen. Mindestens zwei Dutzend der Akteure waren jedoch vor der braunen Pest geflohen, die sich in Europa ausgebreitet hatte.

Paul Henreid, der im makellos weißen Anzug und sorgfältig frisiert den Widerstandskämpfer Victor Laszlo verkörperte, wurde 1908 als Paul Georg Julius Hernried Ritter von Wasel-Waldingau im damals österreichischen Triest geboren. Wegen eines unzureichenden Nachweises, »arischer« Abstammung zu sein, hatte er nicht Mitglied der Reichsfilmkammer werden dürfen und daher eine ihm angebotene Rolle in einem Ufa-Film nicht annehmen können. Deshalb hatte er zunächst in London, später am Broadway Theater gespielt.[65] Henreid setzte durch, dass sein Name auf den Filmplakaten in gleicher Größe neben Bogart und Bergman gedruckt wurde.

Den Nazi-Schurken Major Strasser gab der Deutsche Conrad Veidt. Er hatte 1920 in dem Stummfilmklassiker »Das Cabinet des Doktor Caligari« eine der beiden Hauptrollen. Der Erfolg machte Veidt zu einem der bestbezahlten Ufa-Stars und verhalf dem deutschen Film nach dem Ersten Weltkrieg weltweit zu hohem künstlerischen Ansehen; den Nazis galt der Film als »entartete Kunst«. Weil Veidts Frau Jüdin war, verließ das Paar Deutschland 1933, siedelte nach London um und bekam 1938 die britische Staatsbürgerschaft. In England spielte Veidt unter anderem die Titelrolle in »Jud Süß« nach dem Roman von Lion Feuchtwanger. Nach Ausbruch des Zweiten Weltkriegs ging Veidt nach Amerika und warb für den Kriegseintritt gegen die Nazis.

Der Darsteller des Visadiebs Ugarte, Peter Lorre, ein Jude slowakischer Herkunft, hatte 1931 in Fritz Langs Filmklassiker »M – Eine Stadt sucht einen Mörder« eindrucksvoll einen psychopathischen Killer gespielt. Mit den Worten »für zwei Mörder wie Hitler und mich ist in Deutschland kein Platz« war er nach der Machtübernahme der Nazis ins Exil gegangen, erst nach Paris und London, dann 1935 in die USA.

Viele, die in kleinen Nebenrollen auftraten, waren vor dem Krieg renommierte Bühnenkünstler und Filmschauspieler gewesen. Curt Bois, der abgefeimte Taschendieb, hatte unter Max Reinhardt bedeutende komische Rollen gespielt; im Wiener Theater in der Josefstadt hatte er als »Charleys Tante« Triumphe gefeiert. 1934 ging er nach

In »Casablanca« sind die Emigranten den Häschern der Nazis noch keineswegs entkommen. Im Film wird das deutlich, als französische Polizisten einen Flüchtling, dessen Papiere abgelaufen sind, vor einem Plakat des mit Nazi-Deutschland kollaborierenden Präsidenten Philippe Pétain erschießen.

New York. Albert Einstein schrieb ihm nach seiner Ankunft: »Ich habe in Berlin Gelegenheit gehabt, Ihre Kunst zu genießen und zu bewundern, und freue mich, dass Sie in diesem glücklichen Lande eine Zukunft gefunden haben.«[66]

Wolfgang Zilzer, der Mann mit den abgelaufenen Papieren, der in einer der Anfangsszenen vor einem riesigen Plakat des Marschalls Pétain erschossen wird, hatte schon als Kind auf der Bühne gestanden und mit 14 seine erste Filmrolle bekommen. Er wurde als Sohn deutsch-jüdischer Eltern in Amerika geboren, weil sein Vater dort gerade ein Theaterengagement hatte, und so erhielt er automatisch auch die amerikanische Staatsbürgerschaft.

Helmut Dantine, der Darsteller des Bulgaren Jan, geboren 1917 in Wien, war nach dem »Anschluss« Österreichs einer der Ersten, die in ein KZ eingeliefert wurden. Mit Hilfe eines Onkels, der Vizepräsident des amerikanischen Flugzeugbauers Consolidated Aircraft war, wurde Dantine nach drei Monaten Haft in Dachau entlassen.

Er ging nach Los Angeles, wurde Mitglied einer Truppe von Theaterschauspielern und von Warner Bros. für den Film entdeckt.[67] Hans Heinrich von Twardowski, der deutsche Offizier, der die Französin Yvonne abschleppt, hatte wegen seiner Homosexualität Deutschland verlassen.

Dem ungarischen Juden Szöke Szakall, der auch in deutschen Filmen als Komiker Erfolge gefeiert hatte, war es 1939 in letzter Minute gelungen, seine von Faschisten regierte Heimat zu verlassen. In Amerika bekam er sofort Engagements in Filmkomödien und nannte sich wegen seines für amerikanische Zungen unaussprechlichen Namens S.Z. Sakall. Jack Warner gab ihm ob seines gutmütigen Lächelns und seiner rundlichen Gestalt den Spitznamen »Cuddles« (»Knuddel«).[68]

Eine ruhmreiche Theatervergangenheit hatten die gebürtigen Österreicher Ilka Grüning und Ludwig Stössel. Grüning hatte in Berlin zudem eine renommierte Schauspielschule geleitet, wo unter anderen Lilli Palmer, Brigitte Horney und Inge Meysel Unterricht genommen hatten. In »Casablanca« üben Grüning und Stössel als altes Ehepaar auf dem Weg nach Amerika in einem Kurzdialog die Sprache ihrer künftigen Heimat: »Liebchen, äh, sweetness heart, what watch?« – »Ten watch.« – »Such much?« Mit liebevollem Spott kommentiert Ober Carl das verkorkste Englisch: »Sie kommen bestimmt wunderbar in Amerika zurecht.« Der Satz passt auch auf die Lage der emigrierten deutschen Schauspieler. Sie hatten im amerikanischen Exil das Problem, dass sie trotz heftigen Bemühens ihren Akzent nicht loswurden. Sie mussten froh sein, überhaupt Angebote zu bekommen. Es war eine bittere Ironie des Schicksals, dass die vor den Nazis Geflüchteten meist ausgerechnet Nazis mimen mussten.

Vielen Deutschen hilft der 1938 von dem Filmagenten Paul Kohner, dem Regisseur Ernst Lubitsch und dem Universal-Pictures-Chef Carl Laemmle gegründete »European Film Fund«. Bereits erfolgreich in Hollywood wirkende Filmschaffende aus Europa unterstützen notleidende Kollegen. Zu den eifrigsten Spendern gehört Michael Curtiz. Filmstudios stellen Arbeitsverträge und Bürgschaften aus,

Die französischen Schauspieler Marcel Dalio und Madeleine LeBeau, die in »Casablanca« mitwirkten, waren – wie das Filmpaar Ilsa und Rick – 1940 in letzter Minute vor der anrückenden Wehrmacht aus Paris geflohen. Sie gelangten über Lissabon nach Übersee. 1942, kurz nach Beendigung der Dreharbeiten, ließen sie sich scheiden.

damit zur Emigration gezwungene Schauspieler oder Autoren Einreisevisa bekommen. So erhielten Schriftsteller wie Heinrich Mann, Alfred Döblin oder Alfred Polgar Einjahresverträge. Freilich war ihnen bald bewusst, dass die Löhne, die ihnen Hollywood zahlte, lächerlich gering waren: Sie bekamen 100 oder 200 Dollar die Woche für zumeist unnütze Arbeit, während ein erfolgreicher Drehbuchautor in derselben Zeit 3500 Dollar verdiente.[69]

Auch französische Verfolgte des Nazi-Regimes wirkten in »Casablanca« mit. Madeleine LeBeau (Yvonne)[70] und ihr jüdischer Ehemann Marcel Dalio (der Croupier Emile) hatten Paris Hals über Kopf verlassen, als die deutschen Truppen näher rückten – wie Ilsa und Rick im Film. Im Juni 1940, als sich die Deutschen Paris näherten, floh die 17-jährige Madeleine LeBeau allein in den Süden, der 40 Jahre alte Dalio war zu dieser Zeit in der französischen Armee. Nach drei Wochen erreichte sie die spanische Grenze, in den folgenden sechs Wochen treckte sie durch Spanien nach Lissabon. Dort fand Dalio sie wieder. Nach zwei Monaten in Lissabon erhielten sie Einreisevisa für Chile und eine Passage auf einem portugiesischen Frachter. Als der Dampfer in Mexiko ankam, entdeckten sie, dass sie gefälschte Visa besaßen. Sie blieben auf dem Schiff, das schließlich in Norfolk, Virginia, landete. Dort griffen amerikanische Zeitungen ihre Geschichte auf, berichteten über ihre Notlage, worauf ihnen kanadische Pässe ausgestellt wurden und sie nach Montreal fahren konnten. LeBeau arbeitete kurze Zeit im Theater, bis sie und ihr Mann nach dem amerikanischen Quotensystem in die USA einreisen durften. Während des Krieges benutzten die Nazis in einem Propagandastück einmal ein Foto von Dalio, um zu zeigen, wie ein typischer Jude aussehe.[71]

Von all den Flüchtlingen, die an der Produktion von »Casablanca« beteiligt waren, hatte als Einziger der »Technische Berater« Robert Aisner wie im Film den Weg über Casablanca genommen.[72] Aisner war Offizier in der französischen Armee gewesen und aus einem deutschen Konzentrationslager entkommen.[73]

Es ist eine der ergreifendsten Szenen in »Casablanca«, wenn die deutschen Uniformträger in Ricks Café die »Wacht am Rhein« schmettern und die Kapelle, von Victor Laszlo dazu animiert, die »Marseillaise« intoniert. Die anwesenden Gäste stimmen in die Hymne ein, erst zitternd, dann mit zorniger Entschlossenheit und Tränen in den Augen. Sie singen mit bebender Stimme, bis die Wehrmachtsoffiziere verstummen. Sie singen die Nazis nieder. Der amerikanische Schauspieler Dan Seymour war am Set, als die Szene gedreht wurde. Er hatte eine kleine Rolle als Türsteher Abdul. Als er in die Gesichter seiner Kollegen blickte, sah er, dass viele von ihnen wirklich weinten. »Mir wurde plötzlich klar, dass sie alle echte Flüchtlinge waren.«[74] Insgesamt, gab Warners Werbeabteilung an, hätten die Menschen, die in »Casablanca« mitwirkten, 34 verschiedenen Nationalitäten angehört.[75] Für den Kulturhistoriker Anthony Heilbut ist es »eine aufregende Vorstellung, dass ›Casablanca‹ dazu beigetragen haben könnte, dem amerikanischen Publikum die Befindlichkeiten der Emigranten näherzubringen«.[76]

An keiner Stelle des Films wird freilich erwähnt, dass es sich bei den vor den Nazis Geflüchteten zumeist um Juden handelt. Die Worte »Juden« oder »jüdisch« kommen nirgends vor. Warner wollte keinen Vorwand für die Behauptung seiner Gegner liefern, Präsident

Als die deutschen Offiziere in Ricks Café die »Wacht am Rhein« schmettern, lässt Victor Laszlo die »Marseillaise« anstimmen; die Gäste singen mit bebenden Stimmen die Nazis nieder. Viele der Schauspieler sind auch in Wirklichkeit Flüchtlinge.

Roosevelt sei von den Juden in den Krieg gegen Hitler getrieben worden.[77]

Victor Laszlo, der Mann mit dem ungarischen Namen, ist ein tschechischer Publizist; es gibt keinen Hinweis, dass er aus rassischen Gründen verfolgt worden wäre. Was ihm die Nazis vorwerfen, erklärt Major Strasser gegenüber Rick: »Victor Laszlo hat in den Prager Zeitungen die gemeinsten Lügen verbreitet, bis zu dem Tag, an dem wir einmarschiert sind. Und auch danach hat er weiterhin Schmähschriften in einem Keller gedruckt.«

Der Satz Laszlos, »selbst Nazis können so schnell nicht töten«, konnte sich Anfang Dezember 1941 – zu der Zeit, in der »Casablanca« spielt – noch nicht auf den Holocaust in seinem gigantischen Ausmaß beziehen. Zwar wurden seit dem deutschen Angriff auf die Sowjetunion am 22. Juni 1941 systematisch vor allem jüdische Menschen in den eroberten Gebieten ermordet. Den britischen Geheimdiensten war es bald gelungen, den Code des deutschen Polizeifunks zu knacken und viele der Polizeiberichte über Massenerschießungen zu dechiffrieren. Aber die Regierung in London machte von ihrem geheimen Wissen keinen Gebrauch, weil sie fürchtete, die Deutschen würden bemerken, dass ihr Funkverkehr nicht sicher ist, und entsprechende Vorkehrungen treffen. Um die eigene Kriegführung nicht zu behindern, ordnete Churchill an, die Informationen über die Massenmorde geheim zu halten. Nur ein einziges Mal, in einer Rede vor dem Unterhaus am 24. August 1941, machte er eine Bemerkung über die Massaker der Deutschen: »Hunderttausende, wirklich Hunderttausende von Exekutionen werden durchgeführt.«[78]

Bereits im Juli 1941 erschienen in jiddischsprachigen Zeitungen der USA erste Berichte von den Verbrechen im europäischen Osten, aber die Leserschaft dieser Blätter war klein. Im Spätherbst 1941 konnte man auch in auflagenstarken Presseorganen von Massenerschießungen in Ostgalizien oder Odessa lesen. Doch die Berichte waren bruchstückhaft, Roosevelt und Churchill übergingen sie mit Schweigen.[79]

Die fabrikmäßige Ermordung von Juden in Gaswagen begann am 8. Dezember 1941 bei Chełmno in Polen.[80] Die ersten Vernichtungslager, Sobibor, Belzec und Treblinka, wurden im Frühjahr 1942 von den Nazis »in Betrieb genommen«. Victor Laszlos Satz über Tötungen durch die Nazis kann sich demnach, Anfang Dezember 1941, nur auf politische Regimegegner beziehen, die von Hitlers Schergen verfolgt werden. Die Geschichte des Filmhelden Laszlo lehnt sich an das reale, vielen Amerikanern bekannte Schicksal des tschechischen Grafikers und Malers Vojtěch Preissig an, der seinen Häschern allerdings nicht entkam. Preissig, 1910 in die USA ausgewandert und 1931 nach Prag zurückgekehrt, hatte nach der Zerschlagung der Tschechoslowakei die illegale Zeitschrift *V boj* mitbegründet. Er wurde 1940 zu einer mehrjährigen Zuchthausstrafe verurteilt und starb 1944 im KZ Dachau an Typhus.[81]

Laszlo weist Strasser darauf hin, dass er Tschechoslowake sei; der Major widerspricht ihm: »Sie waren Tschechoslowake. Jetzt gehören Sie zum Großdeutschen Reich.« Laszlo erwidert, er habe »dieses Privileg nie akzeptiert«, zudem befinde er sich in Casablanca

»auf französischem Boden«. Strasser holt nun zu einer längeren Erklärung aus: »Wir wollen nichts beschönigen. Sie sind ein entflohener Häftling des Reiches. Bis jetzt hatten Sie das Glück, sich unserer Fahndung entziehen zu können. Sie sind nach Casablanca gekommen. Es ist unsere Pflicht, dass Sie in Casablanca bleiben.« Dies ist freilich einer der wenigen historischen Fehler des Films, und es ist einer, den die Autoren wohl wissentlich in Kauf genommen haben. In Wirklichkeit hätte Strasser, gemäß dem deutsch-französischen Waffenstillstandsvertrag, die Auslieferung Laszlos verlangen können. Aber dann wäre die Geschichte schnell zu Ende gewesen.[82]

Kurz vor Beginn der Dreharbeiten zu »Casablanca«, am 25. Mai 1942, häuften sich die schlechten Nachrichten für die Alliierten. Der auf Druck Hitlers von Pétain zum Ministerpräsidenten der Vichy-Regierung berufene Pierre Laval kündigte am 20. April eine noch engere Zusammenarbeit mit Deutschland an. Dies nährte die Sorge, dass sich das unbesetzte Frankreich dem Krieg der Achsenmächte anschließen könnte.

Am 21. April bot der spanische »Caudillo« Franco dem deutschen »Führer« eine Million Freiwillige für den Kampf der Achsenmächte gegen die Sowjetunion an; Hitler akzeptierte die Offerte zumindest teilweise, indem eine spanische »Blaue Division« mit rund 20 000 Soldaten aufgestellt wurde. Die westlichen Alliierten fürchteten nun, Spanien, das einen breiten Küstenstreifen an Atlantik und Mittelmeer im nördlichen Marokko besaß, könnte auch in Nordafrika auf Eroberungen aus sein. Am 25. April nahm General Rommel seine Offensive gegen die britische 8. Armee in Ostlibyen wieder auf und drängte die Briten noch weiter zur ägyptischen Grenze zurück.[83]

Casablanca, die reale Stadt, drohte just zu dieser Zeit in Feindeshand zu fallen. Doch »Casablanca«, der Film, wurde ja nicht am Originalschauplatz, sondern in einem Warner-Studio in Hollywood gedreht. Mit einer einzigen Ausnahme: Die Ankunft von Major Strasser konnte das Team auf dem nahegelegenen Metropolitain Airport in Van Nuys filmen. Eine Stellwand täuschte ein orientalisches Tor vor, der Tower im Hintergrund war echt. Die Schlussszene, die auf demselben Flughafen spielt, wo Strasser gelandet ist, wurde im Atelier in einem nachgebauten Hangar aufgenommen, das Flugzeug im Hintergrund war ein Holzmodell. Da es nicht die Originalgröße hatte, wurden kleinwüchsige Komparsen engagiert, die sich als Mechaniker an der Maschine zu schaffen machten. Um die optische Täuschung zu verschleiern, wurde reichlich künstlicher Nebel in das Bühnenbild gepustet.

Daneben war Ricks Café eine der wenigen Kulissen, die eigens für »Casablanca« hergestellt wurden; die meisten anderen wurden aus früheren Warner-Filmen wiederverwendet. Dreharbeiten im Studio hatten den Vorteil, dass man nicht von Wetter und Tageszeit abhängig war; es konnte also schneller gearbeitet werden. Gedreht wurde an 59 Tagen, stets pünktlich von 9 bis 18 Uhr. Zuerst wurden die Szenen aufgenommen, die als Rückblende in einem Pariser Bistro spielen. Dieser Teil des Skripts war bereits fertig, und außerdem wurden dafür nur Humphrey Bogart, Ingrid Bergman und Dooley Wilson gebraucht, während weitere Schauspieler noch mit anderen Filmen beschäftigt waren.

Da am Drehbuch noch gearbeitet wurde, als die Filmaufnahmen bereits liefen, konnten die Autoren aktuelle Vorgänge einflechten. Vier Tage nach Drehbeginn, am 29. Mai, kam der sowjetische Außenminister Wjatscheslaw Molotow als erster hochrangiger Moskauer Politiker nach Washington. Höchste Priorität hatte für ihn, den westlichen Alliierten die Zusage abzuringen, eine »zweite Front« in Westeuropa zu errichten, um die Rote Armee zu entlasten. Die Forderung nach einer zweiten Front erhob Molotow in fast jedem seiner Gespräche. Dieser Begriff war nun häufig in den Nachrichten zu hören oder in den Zeitungen zu lesen und wurde deshalb von den »Casablanca«-Autoren aufgegriffen und etwas plump in das Drehbuch hineingeschrieben.[84] Als die Französin Yvonne, die am eindringlichsten die »Marseillaise« singen wird, am Arm eines deutschen Offiziers den Nachtclub betritt, raunt Rick über seine Gelegenheitsgeliebte: »Yvonne ist also zum Feind übergelaufen?« Renault erwidert: »Wer weiß, vielleicht gründet sie auf ihre Weise eine neue zweite Front.«

Auch die Furcht vor einem deutschen Angriff im eigenen Land schlägt sich im Drehbuch nieder. Eine Invasion Englands, wie sie mit der Operation »Seelöwe« geplant war, ist seit dem Russlandfeldzug, der im Juni 1941 begann, nicht mehr akut. Dennoch fragt im Film »Herr Heinze«, das Filmpendant des deutschen Generalkonsuls Auer, den Amerikaner Rick: »Können Sie sich uns in London vorstellen?« Schlau weicht Rick aus: »Fragen Sie mich, wenn Sie hinkommen.« Major Strasser geht noch einen Schritt weiter und fragt zu einem Zeitpunkt, da Amerika noch nicht in den Krieg eingetreten ist: »Und wie steht's mit New York?« Worauf Rick lakonisch erwidert: »Na ja, es gibt gewisse Viertel in New York, Herr Major, da würde ich Ihnen nicht empfehlen einzumarschieren.«

Das war nicht so aberwitzig, wie es klingt. Tatsächlich träumten die Nazis davon, die amerikanische Metropole mit Terroranschlägen zu erschüttern und Industrieanlagen zu sprengen. Gleich nach der Kriegserklärung an die USA hatte Hitler seinem Abwehrchef Wilhelm Canaris aufgetragen, »endlich in Amerika etwas zu tun«. So wurde, neben anderen Angriffsplänen, die Operation »Pastorius« ausgeheckt, benannt nach einem deutschen Siedler aus dem 17. Jahrhundert. Im Juni 1942 setzten zwei U-Boote aus Hitlers Kriegsmarine auf Long Island und in Florida acht Männer ab, die zuvor geheimdienstliche Sabotage-Schnellkurse absolviert und für den Einsatz mit Sprengstoff und Handgranaten ausgebildet worden waren. Doch die Agenten stellten sich so dämlich an, dass sie alsbald aufflogen. Zwei meldeten sich nach kurzer Zeit als Überläufer beim FBI. Präsident Roosevelt wollte ein abschreckendes Exempel statuieren, die Todesstrafe war für ihn »beinahe zwingend«, seine einzige Frage war: »Sollen wir sie erschießen oder erhängen?« Sechs starben am 8. August 1942 auf dem elektrischen Stuhl, die beiden Überläufer kamen mit hohen Haftstrafen davon.[85]

Im Frühjahr und Sommer 1942, als »Casablanca« gedreht wurde, war der Ausgang des Krieges höchst ungewiss. Die Deutschen erzielten Erfolge im U-Boot-Krieg, Rommel rückte in Ägypten vor, die Wehrmacht drang tief nach Russland ein. Würde die Sowjetunion fallen, konnte sich Hitler ganz auf die Eroberung Englands konzentrieren. Die Sorge um den Sieg der Alliierten schlug sich auch auf die Gemüter am Set nieder. Dies seien die dunkelsten Tage des Krieges, schrieb die *Los Angeles Times* am 27. Juli 1942, Tage, die »eine außergewöhnliche Portion Mut« erforderten.

Jetzt kam es darauf an, welche Botschaft »Casablanca« vermittelte. Wie die Geschichte von Rick, Ilsa und Victor ausgehen würde, sei fast bis zum Ende der Dreharbeiten offengeblieben, wird später kolportiert. Das ungewisse Ende, sagt Ingrid Bergman, habe ihr geholfen, ihre unentschlossene Rolle, ob sie sich für Laszlo oder für Rick entscheiden sollte, überzeugend zu spielen. Sollte die Geschichte konventionell-romantisch enden, indem Ilsa bei Rick bleibt? Einmütig entschieden sich die Autoren und Produzenten für den »Opferschluss«, wie Howard Koch die Variante nannte und wie die Dreiecksbeziehung schon im Theaterstück »Everybody Comes to Rick's« gelöst worden war.[86]

Rick verzichtet auf Ilsa. Er gibt seine Neutralität auf und ergreift Partei für die gute Sache. Damit setzt er ein Zeichen und kommt der politischen Wirklichkeit zuvor. Denn Rick entscheidet sich aus freien Stücken, am 4. Dezember 1941, vier Tage vor dem durch den japanischen Angriff erzwungenen Kriegseintritt Amerikas. Victor Laszlo, der europäische Widerstandskämpfer, würdigt die weltpolitisch-symbolische Bedeutung dieses Schrittes: »Gut, dass Sie wieder in unseren Reihen sind. Ich weiß, dass wir diesmal gewinnen.«[87]

Am 3. August 1942 war die letzte Einstellung im Kasten: die Szene mit Ilsa und Victor im »Blauen Papagei«. Nur Humphrey Bogart und Claude Rains mussten am 21. August noch einmal antreten, um die von Produzent Wallis persönlich geänderte Schlussszene aufzunehmen.

Am Ende des Films schlägt Capitaine Renault Rick vor, »eine Weile aus Casablanca (zu) verschwinden«. Es gebe da »eine freie französische Garnison in Brazzaville«, sagt er, ein Transitvisum könne er für ihn »arrangieren«. Brazzaville, die am Kongo gelegene Hauptstadt von Französisch-Äquatorialafrika, ist zu dieser Zeit noch Regierungssitz von Charles de Gaulle, dem Führer der Freien Franzosen (im März 1943 wird das Hauptquartier nach Algier verlegt). »Ich könnte eine Luftveränderung gebrauchen«, sagt Rick und deutet damit an, dass er sich dem Kampf der Freien Franzosen gegen die Nazis anschließen wird. Das tut am Ende auch Renault, denn beide verlassen gemeinsam den Flugplatz, Seite an Seite im Nebel schlendernd, als könnten sie das 5000 Kilometer entfernte Brazzaville zu Fuß erreichen.

Zuvor erinnert Rick Renault jedoch an die Wette, dass es Laszlo gelingen werde, Casablanca zu verlassen: »Sie schulden mir noch zehntausend Franc.« Renault kontert, der Betrag könne »unsere Spesen decken«. Rick fragt zurück: »*Unsere* Spesen?«, worauf Renault nur »Hm« brummelt. Und dann spricht Rick den berühmten allerletzten Satz: »Louis, ich glaube, das ist der Beginn einer wunderbaren Freundschaft.«

Während »Casablanca« gedreht wurde, gründete Roosevelt am 13. Juni 1942 das »Office of War Information« (OWI), Amerikas wichtigste Propagandabehörde im Zweiten Weltkrieg. Das OWI hatte die Aufgabe, dem amerikanischen Volk und seinen Verbündeten den Krieg begreifbar zu machen, ihren Siegeswillen zu stärken und als Verbindungsglied zwischen den staatlichen Behörden einerseits sowie Radio, Film und Presse andererseits zu dienen. Im Laufe der Zeit übt das OWI zunehmend größeren Druck auf die Filmindustrie aus.[88]

Leiter des bald 3000 Mitarbeiter zählenden OWI ist der vom Weißen Haus ernannte ehemalige CBS-Radiokommentator Elmer Davis. Sein Leitspruch lautet: »Der einfachste Weg, einen propagandistischen Gedanken in die Köpfe der Leute einzupflanzen, geht über Unterhaltungsfilme, bei denen sie gar nicht merken, dass sie agitiert werden.«[89] Roosevelts Redenschreiber Robert Sherwood leitet die Übersee-Abteilung (»Overseas Branch«) des OWI.

Dem OWI nachgeordnet sind verschiedene Unterabteilungen, neben anderen das »Office of Censorship«, das den Export von Filmen zu genehmigen hat, und das »Bureau of Motion Pictures«. Zu dessen Chef ernannte Roosevelt seinen engen Vertrauten Lowell Mellett, einen ehemaligen Zeitungsredakteur, der seit 1939 das »Office of Government Reports« geleitet hatte. Ihm hatte der Marketingchef von Warner Bros., Charles Einfeld, im Februar 1942 pflichtgemäß die laufenden Filmprojekte des Studios mitgeteilt, darunter »Yankee Doodle Dandy«; dieser Film, meinte Einfeld, könne »Sergeant York« an »patriotischer Leidenschaft« noch übertreffen. Einfeld kündigte in demselben Schreiben auch die Produktion von »Casablanca« an, »eine Geschichte aus Französisch-Marokko«, mit »amerikanischen und französischen Rollen, Spionage usw. und auf der antifaschistischen Seite«.[90]

Im Bureau of Motion Pictures werden die Drehbücher für 1652 Spielfilme geprüft, die zwischen 1942 und 1945 in Hollywood entstehen, darunter etwas mehr als 400 Kriegsfilme, davon wiederum weit über 200 Anti-Nazi-Propaganda-Filme. Bei fast drei Vierteln setzen die Zensoren Änderungen durch.[91]

Gleich nach seiner Gründung verschickte das Bureau of Motion Pictures im Juli 1942 ein 42 Seiten starkes »Handbuch für die Filmindustrie« an die Studios.[92] Danach sollten sich die Filmemacher sieben Fragen stellen. Die erste lautete: »Wird dieser Film helfen, den Krieg zu gewinnen?«[93] Anhand dieses Leitfadens verfasste Warner Bros. auf acht eng beschriebenen Seiten eine ausführliche Rechtfertigung von »Casablanca«. Darin hieß es, der Film stelle die Taktik des Feindes dar, indem er den Einfluss der Nazis in Französisch-Nordafrika dramatisiere, und er fördere die internationale Verständigung, denn er bringe dem Publikum Menschen verschiedener Nationalitäten nahe.[94]

Als das Bureau of Motion Pictures seine Arbeit aufnahm, war »Casablanca« jedoch schon fast abgedreht. Die Macher des Films hatten Glück, dass die Zensurbehörde zu spät kam, um das Drehbuch zu prüfen. Es gibt deutliche Hinweise darauf, dass die Bürokraten sonst über Wallis und Warner darauf gedrängt hätten, die Darstellung des opportunistischen französischen Polizeichefs abzumildern. Zwar gefiel dem OWI, wie »Casablanca« den Widerstand gegen die Nazis rühmte, aber es störte sich an dem negativen Bild, das der Film von Vichy-Frankreich zeichnete.[95]

Um befreundete Staaten nicht zu verprellen, änderte das Warner-Studio in vorauseilendem Gehorsam die Nationalitäten einiger

Personen. So wurden zwei unsympathische Figuren, der namenlose Taschendieb und der Visahändler Ugarte, zu Italienern gemacht, ebenso der Schwarzmarktchef Signor Ferrari, der im »Casablanca«-Drehbuch – wie in der Theatervorlage – bis zuletzt als Spanier namens Martinez figurierte. Zudem bauten die Drehbuchautoren weitere kleine Bosheiten gegen die großspurigen, im Krieg aber weithin erfolglosen faschistischen Verbündeten der Nazis ein: Bei der Begrüßung Major Strassers durch Polizeipräfekt Renault drängelt sich wichtigtuerisch in seiner geschniegelten weißen Uniform »Capitano Tonelli von der italienischen Militärmission« dazwischen, doch der deutsche Offizier ignoriert den Achsenpartner. Später feixt Renault, wie sein Stellvertreter Casselle den Italiener niederredet: »Wenn Tonelli zu Wort kommt, kann Italien einen großen Sieg verbuchen.«

Neben der staatlichen Unbedenklichkeitsprüfung gibt es eine freiwillige Selbstkontrolle der Filmwirtschaft, die »Production Code Administration«, die über die Einhaltung der guten Sitten wacht. Sie empfand es als anstößig, dass Capitaine Renault »gewohnheitsmäßig Frauen verführt, denen er Ausreisevisa gewährt«, oder dass Ilsa verheiratet war, als sie sich Rick in Paris hingab. Deshalb wurden einige anzügliche Textstellen gestrichen. Dass Ilsa ihren Mann für tot hielt, als sie Rick kennenlernte, genügte schließlich als Rechtfertigung für die außereheliche Affäre.[96]

Fast parallel zu den »Casablanca«-Dreharbeiten entstand in den Warner-Studios ein anderer, noch stärker propagandistisch aufgeladener Film: »Mission to Moscow«. Amerika kämpfte, nachdem es in den Krieg eingetreten war, ja nicht nur an der Seite der befreundeten Briten, sondern es befand sich plötzlich auch im Bündnis mit den sowjetischen Bolschewisten. Roosevelt musste bei seinen hochgradig antikommunistischen Landsleuten für diese Allianz werben. Als er im Frühjahr 1942 um Rüstungsgüterhilfe für die Sowjetunion ersuchte, lehnte der Kongress das Ansinnen erst einmal ab.

Aber es gab auch schon eine Gegenströmung. Ein Buch warb um Sympathien für die Sowjets. Der Diplomat Joseph E. Davies, der von 1936 bis 1938 amerikanischer Botschafter in Moskau gewesen war, hatte seine Erinnerungen an die dortige Dienstzeit veröffentlicht. Davies war mit Roosevelt befreundet und hatte dessen Wahlkampagnen unterstützt; dafür hatte ihn der Präsident mit dem Botschafterposten belohnt. Die Rückschau auf seine Moskauer Zeit hatte Davies veröffentlicht, um, wie er bekannte, eine »bessere Akzeptanz der Hilfe für Russland zu erzielen«. In einem Brief an Roosevelts Pressesprecher Stephen Early betonte Davies, es sei »lebensnotwendig«, die Sowjets »zu verstehen« und »Vertrauen zu haben in die Integrität und Ehrlichkeit ihres Wunsches, künftig Frieden zu wahren«.[97] Selbst Stalins Schauprozesse gegen innerparteiliche Gegner und deren Exekutionen rechtfertigte er und behauptete, die Schuldbekenntnisse seien nicht erpresst worden. Das Buch erschien im November 1941 und wurde überraschend ein Bestseller.

Das weckte bei den Warner-Brüdern den Wunsch, den Stoff zu verfilmen. Roosevelt gab ausdrücklich seine Zustimmung. Der Film rückte die Sowjetunion in ein derart günstiges Licht, dass er Jahre später vom »Komitee für unamerikanische Umtriebe« als wichtiger Beleg für die kommunistische Unterwanderung Hollywoods herangezogen wird. Drehbuchautor Howard Koch kommt deswegen auf die Schwarze Liste und verliert jede Chance, in der amerikanischen Unterhaltungsindustrie beschäftigt zu werden.

Koch hatte das Skript zunächst gar nicht schreiben wollen. Aber dann hatten ihn die Warner-Brüder zu sich zitiert und sich auf Roosevelt berufen, der ihnen bei einem gemeinsamen Mittagessen gesagt habe, dass es »sehr wichtig« sei, »ein besseres Verständnis für die Sowjetunion zu entwickeln«. Dies werde helfen, den Krieg zu gewinnen – worauf sich Koch geschlagen gab: »Wenn das so ist, mach ich's.«[98] Regie führte, wie bei »Casablanca«, Michael Curtiz. Noch während der Dreharbeiten zu »Casablanca« wurde die Produktion von »Mission to Moscow« vorbereitet. Über den Fortgang ließ sich Roosevelt laufend informieren. Mehrfach trafen sich der Präsident und sein Ex-Botschafter im Juli, Oktober und November 1942 im Weißen Haus. Als die Moskauer Erinnerungen des Diplomaten zwischen November 1942 und Mitte Januar 1943 verfilmt wurden, waren Davies und seine Frau fast täglich am Set in Hollywood. Sie gaben den Filmemachern politische Ratschläge und berichteten dem Präsidenten, was im Studio gerade ablief.[99] Es liegt nahe, dass dabei auch über »Casablanca« gesprochen wurde.

Nach Warners Plänen sollte »Casablanca« erst im Frühjahr 1943 in die Kinos kommen. Der Cutter Owen Marks hatte daher keine Eile, den Film zu schneiden. Aber Produzent Wallis bat darum, das Werk einmal komplett sehen zu können, um über mögliche Nachbearbeitungen und veränderte Szenen zu entscheiden. Außerdem wollte der aus Wien stammende Komponist Max Steiner, der für viele Hollywood-Klassiker sinfonische Partituren schrieb, Anschauungsmaterial für seine Musik zu »Casablanca« haben. Deshalb fertigte Marks eine Rohfassung an.[100] Diese Version wurde ausgesuchten Zuschauern am 22. September in Huntington Park und Pasadena, Kalifornien, gezeigt, um deren Meinungen einzuholen. Die Reaktionen waren ziemlich lau. Julius Epstein fürchtete schon, dass der Film ein Flop würde, und schrieb dies Wallis in einem Memo. Ein leitender Angestellter des Studios regte sogar an, zum ursprünglichen Titel zurückzukehren, weil die Leute denken könnten, bei »Casablanca« handle es sich um ein mexikanisches Bier.[101] Weder die Testseher noch die Mitarbeiter konnten freilich ahnen, welche Rolle die Stadt Casablanca in naher Zukunft spielen würde. Das Publikumsecho veranlasste Wallis, über eine nochmalige Änderung der Schlussszene nachzudenken. Bevor diese Absicht jedoch verwirklicht werden konnte, landeten die Alliierten in Nordafrika.[102] Die Amerikaner eroberten Casablanca; der Name der Stadt war nun ständig in den Nachrichten.

Wallis erkannte sofort seine Chance: »Casablanca« musste umgehend in den Filmtheatern starten. Er ließ die Warner-Presseabteilung verkünden: »Das Warner-Brothers-Studio hat auf schnellstem Wege eine Kopie von ›Casablanca‹ nach New York geschickt. Sie wird unverzüglich an die amerikanischen Streitkräfte weitergeleitet, die nun selbst die Stadt und die Situation sehen können, die den Film mit Humphrey Bogart, Ingrid Bergman und Paul Henreid inspiriert haben. Die Hal B. Wallis-Produktion, unter der Regie von Michael Curtiz, geht Hand in Hand mit dem Verlauf der Geschichte. Durch

Die Premiere von »Casablanca« im New Yorker Hollywood Theatre am 26. November 1942 geriet zu einer Demonstration der Freien Franzosen. Vor dem Kino mitten in Manhattan marschierten französische Soldaten in ihren Uniformen auf.

den unverzüglichen Versand des Films nach Casablanca werden die Soldaten dort vor allen anderen eine Geschichte sehen, die sie gerade selbst erleben.«[103]

Die Zensurbehörde machte Warner einen Strich durch die Rechnung. Die Roosevelt-Administration wollte es sich nicht mit Vichy verderben. »Ich habe ›Casablanca‹ gesehen«, schrieb Robert Riskin, der Leiter des Bereichs Film in der Auslandsabteilung des Office of War Information, einem anderen OWI-Beamten, »und obwohl der Film eigentlich nichts enthält, was dem allgemeinen Vertrieb in Übersee entgegenstünde, werde ich den Versand nach Nordafrika nicht genehmigen.« Damit folge er dem »Rat einiger Franzosen in unserer Organisation, die der Ansicht sind, der Film werde die Einheimischen verärgern«. Riskin fügte hinzu: »Wir haben die Situation in Nordafrika vollständig unter Kontrolle, so dass die Filmgesellschaften ohne unsere Unterstützung nichts in diese Region verschicken können.«[104]

Am 26. Oktober 1942, also noch vor der Invasion, begutachteten vier Mitarbeiter des Bureau of Motion Pictures den Film. »Vom Standpunkt des OWI-Programms« erschien ihnen der Film höchst gelungen. »Casablanca« zeige, »dass persönliche Bedürfnisse hinter der Aufgabe, den Faschismus zu besiegen, zurückstehen müssen«, und habe »anschaulich das Chaos und das Elend dargestellt, das Faschismus und Krieg herbeigeführt haben«. Amerika erscheine als »rettender Hafen für die Unterdrückten und Heimatlosen«. Indem der Film auf Ricks Vergangenheit als Kämpfer gegen den Faschismus in Abessinien und Spanien verweise, helfe er dem Publikum »zu verstehen, dass unser Krieg nicht erst mit Pearl Harbor begonnen hat, sondern dass die Wurzeln der Aggression weit zurückreichen«.[105]

Nach der Landung in Nordafrika regte das New Yorker Warner-Büro an, dem Film einen aktuellen Schluss zu verpassen. Der Filmproduzent David O. Selznick, der »Casablanca« am 11. November in einer Rohfassung gesehen hatte, riet dringend davon ab. Er sagte Jack Warner »so deutlich ich konnte, dass es in meinen Augen ein schrecklicher Fehler wäre, das Ende abzuwandeln, und dass der Film schnellstens gezeigt werden sollte«.[106] Warner war leicht zu überzeugen, dass der Film von der Aktualität profitieren würde. Er schrieb den Direktoren seines New Yorker Büros: »Dieser Film lässt sich unmöglich so verändern, dass die ursprünglich erzählte Story noch einen Sinn ergibt ... Die gesamte Konkurrenz beneidet uns, dass wir einen Film mit Titel ›Casablanca‹ startbereit haben, und ich finde, wir sollten diesen Knüller nutzen. Je länger wir mit dem Start warten, desto unwichtiger wird der Titel.«[107]

In den USA war kurzfristig nur das zum Warner-Imperium gehörende Hollywood Theatre in New York verfügbar. Dort feierte der Film am 26. November Premiere.[108]

Organisationen der Freien Franzosen wie »France Forever« und das »Fighting French Relief Committee« nutzten die Gelegenheit, auf sich aufmerksam zu machen. Vor dem Kino in der 51st Street und auf der Fifth Avenue mitten in Manhattan marschierten jüngst von der Front zurückgekehrte Piloten, Fremdenlegionäre und Veteranen in französischen Uniformen und mit Trikoloren und Sternenbannern auf.[109] In der Lobby des Kinos waren Stände aufgebaut, wo die Fighting French Souvenirs verkauften und Freiwillige sich registrieren lassen konnten. Im Kinosaal wurde die »Marseillaise« gesungen und die Fahne der Freien Franzosen gehisst. »Das Ereignis wirkte eher wie eine patriotische Kundgebung als wie die Premiere eines aktuellen Films«, berichtete *The Hollywood Reporter*.[110]

Gleich nach der Erstaufführung meldete sich General Charles de Gaulle, der Führer der französischen Widerstandsbewegung, aus seinem Londoner Exil bei Warner Bros. und bat um Kopien des Films, die er seinen Mitstreitern und seinen Landsleuten in den unbesetzten französischen Territorien zeigen wollte. Die hintergründige Kritik an Vichy gefiel ihm natürlich, und er lobte den Film überschwänglich. Gern erfüllte Warner Bros. die Bitte und nutzte de Gaulles Interesse an dem Film auch für seine Werbung.[111]

Die Rezension im *Hollywood Reporter* begann mit den Sätzen: »Hier wird ein Drama gezeigt, das einen glatt aus dem Sessel hebt.« Warner Bros. habe »einen Glückstreffer gelandet ..., weil der Name Casablanca aufgrund der weltpolitischen Ereignisse« – gemeint war die Landung der Alliierten – »in jedermanns Munde ist«.[112] Auch *Daily Variety* hob die »günstige Fügung« hervor, »dass die geschichtlichen Ereignisse die Handlung dieses Films vor dem Hintergrund von Französisch-Marokko eingeholt« hätten.[113] Warner Bros. habe einen Film vorgestellt, »der einem kalte Schauer den Rücken hinunterjagt und das Herz höherschlagen lässt«, urteilte Bosley Crowther in der *New York Times*. Ihnen sei »der entscheidende Trick gelungen, eine ergreifende Liebesgeschichte in das Netz eines packenden politischen Plots zu weben«.[114]

David Lardner vom *New Yorker* war möglicherweise der einzige Kritiker, der die Aktualität des Films als Nachteil empfand: »Auch wenn man sagen kann, dass die Streitkräfte Warner Bros. einen Teil der Show gestohlen haben, hat das die Filmgesellschaft nicht davon abgehalten, einen Film mit dem Titel ›Casablanca‹ herauszubringen.«[115]

Der *Aufbau*, die wöchentlich erscheinende deutsch-jüdische Exilzeitung, wichtigste Informationsquelle für deutschsprachige

Emigranten in Amerika, betonte den aufklärerischen Charakter des Films und die Stimmigkeit der Handlung: »Heute wie je sind Zufall, Schicksal, Intrige und Politik die Ursachen, die den Knoten einer Filmhandlung schürzen. Dabei werden immer einige Momente, die dem Wissenden gefühlsmäßig klar sind, schwer logisch zu begründen sein … Die Wissenden – Du und ich – Menschen eines aus den Fugen gegangenen Europa, haben … die Pflicht, … aufklärend zu wirken. Kann sich der durchschnittliche amerikanische Kinobesucher eine Vorstellung von der Wichtigkeit eines Exitvisums machen? Auch wenn dieses für einen von der Gestapo bis nach Nordafrika verfolgten Tschechen und seine Frau, zwei prominente Mitglieder der antinazistischen Untergrundbewegung, bestimmt ist?«[116]

Der *Aufbau* wies auch darauf hin, dass »viele frühere deutsche und österreichische Schauspieler« in »Casablanca« mitwirken, und prophezeite: »Wenn dereinst wieder freie Filme in einem nazireinen Deutschland gezeigt werden können, so werden diese in Hollywood gedreht werden. Denn Hollywood verfügt heute über die Elite deutschsprachiger Schauspieler (und Filmautoren und Regisseure).«[117]

»Casablanca« wurde ein Riesenerfolg. Allein in der ersten Woche hatten 31 000 Zuschauer in einem Kinosaal mit 1500 Sitzplätzen den Film gesehen. Das waren 21 ausverkaufte Vorstellungen. Nach zehn Wochen hatte »Casablanca« bereits 255 000 Dollar eingespielt.[118]

Trotz des großen Zuspruchs startete der Film nirgendwo sonst im Land. Das Zögern war erstaunlich angesichts der Eile, mit der Warner Bros. nach der Landung der Alliierten in Nordafrika den Film fertiggestellt hatte, um von der Aktualität zu profitieren.

ROOSEVELT

Weil ich, mein lieber Rick, den Verdacht hege, dass unter dieser zynischen Schale ein recht sentimentales Herz schlägt.

Am 9. Januar 1943 kurz vor 22 Uhr verlassen Präsident Roosevelt und sein Vertrauter Harry Hopkins das Weiße Haus heimlich durch einen Hinterausgang. An der Union Station nahe dem Capitol steht ein Zug zur Abfahrt bereit, unauffällig geparkt auf einem Nebengleis beim »Bureau of Printing and Engraving«, wo Banknoten und Dienstausweise hergestellt werden. Der Zug besteht aus dem gepanzerten, mit zwei Rollstuhlaufzügen ausgestatteten Salonwagen des Präsidenten, einem Abteil- und einem Schlafwagen für die Begleiter, einem Gepäckwagen sowie einem mit Funktechnik vollgestopften Spezialwaggon der Armee. Gepäck und Lebensmittel sind schon eine Stunde zuvor verstaut worden. Um 22.20 Uhr setzt sich der Zug in Bewegung.[1]

Um mögliche Späher zu täuschen, wurde der Lokführer angewiesen, erst 40 Kilometer nordwärts zu fahren, als gehe die Reise in Roosevelts Heimatstadt Hyde Park. Bei Fort Meade, einer Militärbasis, wechselt der Zug auf einem Rangiergleis die Richtung.[2] Aus Geheimhaltungsgründen wurde sogar das Servicepersonal ausgewechselt. Statt der üblichen Eisenbahnangestellten bedienen philippinische Matrosen, die sonst am Feriensitz des Präsidenten im Catoctin Mountain Park Dienst tun. Roosevelt hatte diesen Ort, rund 100 Kilometer nördlich von Washington D. C. im Bundesstaat Maryland, im Frühjahr 1942 als Refugium gewählt, wo er sich ungestört erholen kann. Ursprünglich war der Park ein Vorzeigeobjekt, an dem die »Works Progress Administration« im Rahmen eines Arbeitsbeschaffungsprogramms des New Deal nachweisen sollte, wie unwegsames Gelände mit erodiertem Erdreich wieder in fruchtbares

Land verwandelt werden kann. Weil der für den Personenschutz zuständige Secret Service nach dem japanischen Angriff auf Pearl Harbor und wegen der deutschen U-Boote im nahen Atlantik darauf gedrängt hatte, dass der Präsident seine Sommer- und Wochenendausflüge nicht mehr auf der Präsidentenyacht »Potomac« oder in Hyde Park verbringt, hatte man ein sicheres Quartier gesucht und im Catoctin Mountain Park gefunden. Der bietet zudem den Vorteil, dass es dort im Sommer durchschnittlich zehn Grad kühler ist als in der meist schwül-heißen Hauptstadt, was dem Wohlbefinden des asthmakranken Präsidenten zuträglich ist. Roosevelt taufte den Ort »Shangri-La« nach dem mystischen Berg in dem Roman »Der verlorene Horizont« von James Hilton. Der Weltkriegsgeneral Dwight D. Eisenhower, Roosevelts Nach-Nachfolger als Präsident, wird der Anlage den Namen »Camp David« geben, benannt nach seinem Enkel.[3]

Um die Öffentlichkeit glauben zu machen, der Präsident befinde sich in Washington, weht auch in den nächsten Wochen das Sternenbanner über dem Weißen Haus.[4] Doch trotz aller Vorsichtsmaßnahmen verbreitet sich rasch das Gerücht, dass sich Roosevelt auf eine wichtige Reise begeben habe. Man rätselt über das Ziel, die Spekulationen reichen von Sibirien bis Bagdad.[5]

Roosevelt hatte sich schon im Voraus diebisch über den Coup gefreut. »Man wird sich hierzulande aufregen, wenn man draufkommt, dass ich das große Wasser überflogen habe«, schrieb er Churchill am 11. Dezember 1942. Deshalb, meinte er, käme Afrika als Konferenzort eigentlich nicht in Frage. »Aber unter der Voraussetzung, dass ich in aller Stille von hier wegkomme und meine Eskapade bis zu meiner Rückkehr geheim halten kann, habe ich mich eben entschlossen, den Gedanken an Afrika weiterzuverfolgen – wobei ich davon ausgehe, dass die Öffentlichkeit zwar sprachlos, aber doch beschwichtigt sein wird, wenn sie erst von der Geschichte hört, nachdem sie vorüber ist.«[6]

Der Präsident hatte am 25. November in einem Telegramm an Churchill angeregt, dass »wir eine militärisch-strategische Konferenz zwischen Russland, Großbritannien und den Vereinigten Staaten anberaumen« sollten, »sobald wir die Deutschen [aus Afrika] hinausgeworfen« haben. »Ich hoffe sehr, dass die militärische Situation in Nordafrika sich so gestalten wird, dass wir diese Konferenz in einem Monat oder in sechs Wochen abhalten können.« Er habe, schrieb Roosevelt, »sehr stark das Gefühl, dass wir uns mit den Russen an einen Tisch setzen müssten«. Das Treffen der Stabschefs könne nach seiner Meinung »in Kairo oder in Moskau« stattfinden.[7]

Churchill stimmte »im Prinzip« zu, meldete aber Zweifel an, »ob eine Konferenz der Militärs über allgemeinpolitische Fragen großen Wert« habe. Außerdem wisse er schon im Voraus, was Stalin wolle: eine zweite Front im Westen, um die Rote Armee im Osten von den deutschen Angriffen zu entlasten. Stalin habe ihm bei seinem letzten Besuch in Moskau im August ein Dreiergipfeltreffen »irgendwo in diesem Winter« vorgeschlagen, beispielsweise in Island; britische Truppen hatten die Insel, um einer deutschen Invasion vorzubeugen, im Mai 1940 besetzt, waren aber inzwischen weitgehend von amerikanischen Einheiten abgelöst worden. Nur wenn sich die verantwortlichen Politiker träfen, meinte Churchill, würden »echte Ergebnisse erzielt werden können«, und schlug vor: »Wie wäre es im Januar? Bis dahin sollte Afrika geklärt und die große Schlacht in Südrussland« – damit meinte er Stalingrad – »entschieden sein.«[8]

Island sei um diese Jahreszeit nicht so günstig, fand Roosevelt und brachte zwei Orte »südlich von Algier« im soeben besetzten Französisch-Nordafrika oder »bei Khartum« in der britischen Kolonie Sudan ins Spiel. Recht habe Churchill aber, dass die großen strategischen Probleme nicht von den Stabschefs, sondern nur in einer persönlichen Aussprache der drei Staats- beziehungsweise Regierungschefs gelöst werden könnten.[9] Amerikanisch-britische Vorbesprechungen vor einem Treffen mit Stalin hielt Roosevelt für überflüssig: »Ich denke, dass wir beide uns so gut verstehen, dass vorausgehende Konferenzen zwischen uns unnötig sind, und wenn die Zeit kommt, können wir die Dinge von Tag zu Tag ausarbeiten.«[10] Entsprechend unbekümmert ging er dann auch in die Gespräche mit Churchill.

Wegen der Russen mussten sich Amerikaner und Briten gar nicht mehr abstimmen. Der sowjetische Diktator sagte seine Teilnahme ab und schickte auch keinen Vertreter. Aufgrund der Situation in Stalingrad könne er Moskau »nicht einen Tag verlassen«.[11] Das war ein Vorwand. In Wahrheit sah er keinen Anlass, sich persönlich eine Abfuhr in Sachen zweite Front zu holen; dazu musste er nicht eigens anreisen, wohin auch immer.

Am 21. Dezember nannte Roosevelt erstmals einen konkreten Treffpunkt: Er glaube, »dass es im Norden von Casablanca einen geeigneten und sicheren Ort gibt«. Churchill griff den Vorschlag sofort auf und telegrafierte zurück: »Je früher, desto besser.« Als Decknamen für die Konferenz schlug er »Symbol« vor.[12] Auch die Teilnehmer des Treffens sollten sich mit Phantasienamen tarnen, empfahl Churchill; er wolle als »Air Commodore Frankland« figurieren. Roosevelt wählte selbstironisch für sich und Hopkins die Namen »Don Quijote« und »Sancho Panza«. Das war Churchill nicht konspirativ genug, und er riet dazu, nur Initialen zu verwenden, »Admiral Q« und »Mr. P.«, um es »dem Feind noch schwerer zu machen und jeder neugierigen Raterei die Spitze abzubrechen«.[13]

General Eisenhower, der Kommandeur der alliierten Streitkräfte in Nordafrika, wurde gefragt, welchen sicheren Ort in dem kürzlich besetzten Territorium er empfehlen könne. Eisenhower unterbreitete George Marshall, dem Generalstabschef des Heeres, am 29. Dezember seinen Vorschlag: »Ein Hotel, umgeben von einer Gruppe ausgezeichneter Villen, fünf Meilen südlich von Casablanca und eine Meile landeinwärts. Das Gebiet liegt abseits, eignet sich zur Abschottung und kann leicht bewacht werden. Ein Flugplatz liegt zwei Meilen entfernt und ist auch für schwere B-24-Bomber außer bei sehr starkem Regen tauglich.«[14] Damit beschrieb er Anfa, einen mondänen Vorort der marokkanischen Hafenstadt.

Noch nie hat einer von Roosevelts Amtsvorgängern während eines Krieges den amerikanischen Kontinent verlassen; Woodrow Wilson war erst im Dezember 1918, drei Wochen nach dem Waffenstillstand, per Schiff nach Europa gefahren. Auch ist noch niemals ein amtierender Präsident mit einem Flugzeug gereist, der Secret Service betrachtet dieses Transportmittel als zu riskant. Roosevelt ist zuletzt 1932 geflogen, als er von Albany, der Hauptstadt des Bundesstaats New York, nach Chicago zum Nominierungsparteitag der Demokraten reiste. Hopkins notiert in seinem Tagebuch, er habe »das Gefühl«, der Präsident wolle Churchill »nur deshalb in Afrika treffen, weil er Lust hatte, eine Reise zu machen«. Roosevelt habe es »satt, andere Leute, mich besonders, an seiner Stelle um die Welt reisen und sprechen zu lassen«. Und er sei es überdrüssig, »sich von den Leuten erzählen zu lassen, es sei gefährlich, in einem Flugzeug zu reisen«. Im Gegenteil, er freue sich geradezu darauf.[15]

Fest steht: Die Alliierten müssen sich nach der Landung in Nordafrika darüber einig werden, wie es nun weitergehen soll. »Irgendwo«, weiß Hopkins, müssen sie ja »losschlagen – über den Kanal, auf Sardinien, Sizilien oder quer durch die Türkei. Aber wo?«

Die Amerikaner wollen so schnell wie möglich über den Ärmelkanal nach Frankreich übersetzen und ihre britischen Verbündeten auf dieses Vorgehen verpflichten; damit würde Stalins Forderung nach einer zweiten Front in Westeuropa erfüllt. Die Briten hingegen wollen Hitlers »Festung Europa« von Süden her aufrollen. Die Landung in Nordafrika hielten die Amerikaner für einen zeitraubenden Umweg. Vor allem Generalstabschef George Marshall hatte gegen die Operation »Torch« opponiert, und nachdem sie dennoch erfolgt ist, sträubt er sich gegen die weiteren britischen Absichten.

Churchill hat bereits am zweiten Tag der Invasion zu seinem Generalstabschef Alan Brooke gesagt, dass Nordafrika kein »Sofa« sein dürfe, sondern ein »Sprungbrett« sein müsse. Erst sollten die Truppen der Achsenmächte ganz aus Afrika vertrieben und dann solle das von faschistischen Diktatoren beherrschte Europa vom Mittelmeer her erobert werden. Deshalb müsse der Angriff in Nordfrankreich vom Frühjahr 1943 mindestens auf den Spätsommer vertagt werden.[16]

Churchill will möglichst schnell von Afrika her ins Zentrum Europas vorstoßen, einerseits. Andererseits möchte er die Amerikaner nicht verärgern; deshalb sinnt er immer weiter darüber nach, ob nicht parallel auch eine Invasion über den Ärmelkanal noch im Jahr 1943 möglich wäre. Brooke ärgert sich über Churchills Wankelmütigkeit. »Nie sieht der Premierminister der Wirklichkeit ins

Auge«, schreibt der General in sein Tagebuch. Man müsse sich für eins von beiden entscheiden. Brooke plädiert nachdrücklich dafür, die Landung in Frankreich in das Jahr 1944 zu verschieben. Für eine erfolgreiche Invasion, davon ist er überzeugt, würden auch im August 1943 noch nicht genügend amerikanische Truppen zur Verfügung stehen; diese müssten ja erst noch über den Atlantik transportiert werden. Churchill leuchtet das Argument ein, doch ist er besorgt, weil die unterschiedlichen strategischen Ansätze das Bündnis belasten, auch sein persönliches Verhältnis zu Roosevelt.[17]

Aber nicht nur das weitere militärische Vorgehen in naher Zukunft soll bei dem Treffen in Casablanca besprochen werden. Roosevelt will auch die Neuordnung der Welt nach dem Krieg auf die Agenda setzen.

Mit seiner Vertrauten Margaret Suckley, die alle »Daisy« nennen, hielt er am Thanksgiving Day – dem Tag, an dem »Casablanca« in New York Premiere hatte – ein Picknick beim »Top Cottage« ab. Das Haus, etwa drei Meilen von Roosevelts Anwesen Springwood entfernt, wurde 1938 nach Plänen des Präsidenten im holländischen Kolonialstil behindertengerecht gebaut, damit er im Rollstuhl nicht auf fremde Hilfe angewiesen ist. Hierhin hatte er sich nach Ablauf seiner zweiten Amtszeit ins Privatleben zurückziehen wollen, sich dann aber doch fürs Weitermachen entschieden. Im Top Cottage trifft er sich oft mit Daisy, die in der Nähe wohnt. Sie ist eine Cousine sechsten Grades, verwaltet als Bibliothekarin sein Archiv. Sie ist aber auch eine enge Freundin. Sie tauschen, wie die Welt erst nach ihrem Tod erfährt, romantische handgeschriebene Briefe aus. Die beiden einzigen je veröffentlichten Fotos, die Roosevelt im Rollstuhl zeigen, hat Daisy am Top Cottage aufgenommen.[18]

»Unser Gespräch war von großer Tragweite«, notierte Daisy nach dem Treffen. Roosevelt habe ihr verraten, dass er auf ein weiteres »hochrangiges Treffen in naher Zukunft« hoffe, denn es gebe »ein großes Bedürfnis nach einer endgültigen Aussage über unsere Ansichten nach dem Krieg«. Churchills Imperialismus mache ihm Sorgen – so sehr, dass Roosevelt vorhersagte, man werde mit den Sowjets in den kommenden Jahren leichter verhandeln können als mit den Briten. »Er denkt, Stalin werde seinen Plan besser verstehen als Churchill«, schrieb sie. »Im Prinzip« bestehe das Konzept darin, »eine internationale Polizeitruppe zu schaffen, angeführt von den vier Großmächten«. Dazu zählte Roosevelt neben den USA, Großbritannien und der Sowjetunion auch China, damals regiert von Chiang Kai-shek, dem Chef der nationalistischen Kuomintang-Bewegung, die vor und nach dem Befreiungskampf gegen Japan einen Bürgerkrieg gegen Mao Zedongs Kommunisten führt und am Ende verliert.

Für alle Kolonien, stellte sich Roosevelt vor, solle über einen Zeitraum von mehreren Jahren der Übergang zur Selbstbestimmung ausgearbeitet werden nach dem Vorbild der Philippinen; die Inselgruppe, seit Ende des 19. Jahrhunderts eine amerikanische Kolonie, hatte 1935 eine Teilautonomie erhalten mit dem Versprechen, 1945 in die Unabhängigkeit entlassen zu werden.[19] Daisy war »gespannt, wie sich die Herren des Empire daran gewöhnen würden«.[20] Churchill ist für Roosevelt ein Teil des Problems, das einer globalen friedlichen Nachkriegslösung im Wege steht. So denkt auch Roosevelts Frau. »Ich mag Mr. Churchill«, schrieb Eleanor Roosevelt 1942 ihrer Tochter Anna, »er ist liebenswürdig & gefühlvoll & sehr menschlich.« Aber sie wolle nicht, »dass er die Friedensordnung bestimmt«. Für sie – wie für ihren Mann – ist und bleibt der britische Premier ein erzreaktionärer Imperialist.[21]

So nebensächlich, wie Roosevelt es nach außen hin darstellt, ist ihm die Landung in Afrika durchaus nicht gewesen. Jedenfalls berichtet dies sein Sohn Elliott, der zweitälteste des Präsidentenpaares. Elliott Roosevelt, geboren 1910, war in den 1930er-Jahren an Rundfunkgesellschaften beteiligt und Redakteur für Luftfahrtthemen bei der Hearst-Presse, einem einflussreichen Medienimperium. 1940 meldete er sich freiwillig zur Armee und wäre gern Pilot geworden, doch bei der ärztlichen Untersuchung zum Kampfflieger wurde er für untauglich erklärt. So wurde er schließlich Nachrichtenoffizier.[22]

Im Frühjahr 1942 wurde er nach Afrika geschickt, um aus der Luft die Topographie des nördlichen Teils des Kontinents zu erkunden und Fotos aufzunehmen, die als Grundlage für Landkarten dienten. Den Sinn seiner Mission verstand er nicht recht und mäkelte über deren scheinbare Unwichtigkeit. Sein Vater klärte ihn auf: »Du glaubst, dass du nur deswegen da hinübergeschickt wirst, damit du eine Menge Bilder vom Wüstensand machst, und bist der Ansicht, dass das höchstens eine große Verschwendung von Zeit und Filmmaterial ist. Aber das ist es eben nicht.«[23]

Der Kontinent sei geostrategisch von Bedeutung, erläuterte Roosevelt seinem Sohn. Der ungehinderte Landweg durch Afrika ermögliche Amerika, den Opfern der japanischen und deutschen Aggression Kriegsmaterial zu liefern: den Chinesen über Indien und die Burmastraße, beides in britischer Hand, der Sowjetunion über den Persischen Golf. Afrika sei aber auch wichtig für die Vereinigten Staaten selbst. »Die Nazis sind ja nicht gerade in der Sahara, um sich einen Sonnenbrand zu holen. Warum wollen sie Ägypten? Warum wollen sie Zentralafrika? Es ist kein großer Sprung von dort nach Brasilien. Die Pennsylvania Avenue könnte leicht in Adolf-Hitler-Straße umbenannt werden – und glaube ja nicht, dass das ein Ding der Unmöglichkeit ist.«[24]

Die Nachricht von der bevorstehenden Landung der Alliierten in Nordafrika erhielt Elliott Roosevelt, inzwischen zum Oberstleutnant befördert, Ende Oktober 1942 während eines Besuchs in England. Sofort flog er nach Algier. Am 11. Januar 1943 bekommt er den Befehl, sich nach Casablanca zu begeben. Dort erfährt er vom befehlshabenden Oberst, dass sein Vater hier mit Churchill konferieren werde. Elliott müsse bis zu dessen Ankunft unter Hausarrest gestellt werden, damit ihn nicht jemand erkennen und vermuten könne, dass er hier sei, um seinen Vater zu treffen.[25]

Freude am Fliegen, wie der sonst so feinfühlige Roosevelt-Intimus Hopkins glaubt, empfindet der Präsident wohl eher nicht. Seiner Frau hat er seine Ängste vor dem Flug und den körperlichen Strapazen offenbart. Sie hatte gehofft, dass er an seinem ersten Ozeanflug Gefallen finden würde, aber stattdessen ist, wie sie erkennt, »seine Abneigung größer denn je«.[26] Roosevelt ist seit seinen jungen Jahren ein Mann der Marine und hätte eine Schiffspassage allemal vorgezogen. Eleanor Roosevelt versuchte ihn zu überzeugen,

»dass die Wolken genauso interessant sein könnten wie Wellen«, doch er sagte nur: »Du kannst deine Wolken behalten. Sie öden mich nach einer gewissen Zeit an.«[27]

Aber das Risiko einer Seereise ist zu hoch, deutsche U-Boote machen den Atlantik unsicher. 1942 haben die »Wolfsrudel«, wie die Deutschen ihre in Gruppen eingesetzten U-Boote nennen, mehr als 1100 Schiffe versenkt.[28] Betroffen waren vor allem Frachter mit militärischen Hilfsgütern, die für Großbritannien und Russland bestimmt waren. Insgesamt ging in diesem Jahr im Atlantik ein Frachtraum von 5,4 Millionen Bruttoregistertonnen samt Mannschaften und Ladung verloren.[29] Auch direkt vor der nordafrikanischen Küste tummelten sich die Unterwasserjäger; während der Operation »Torch« wurden sechs Schiffe der amerikanischen Landungsflotte vor Casablanca durch zwei deutsche U-Boote versenkt.[30]

Gewiss, der Schwere Kreuzer »Augusta«, das Flaggschiff des Präsidenten, ausgerüstet mit den neuesten Radaranlagen, zusätzlichen Flakgeschützen und einem Aufzug für den an den Beinen gelähmten Roosevelt, hätte mit einer Marschgeschwindigkeit von bis zu 29 Knoten die Strecke vom Navy-Hauptquartier Norfolk nach Casablanca in fünfeinhalb Tagen bewältigen und den deutschen U-Booten ausweichen können. Allerdings gelang es Kryptographen des britischen Geheimdienstes erst am 12. Dezember 1942, das seit einem Dreivierteljahr verwendete neue Verschlüsselungsverfahren der deutschen Marine zu knacken und die von der Chiffriermaschine »Enigma-M4« codierten Funksprüche zu entziffern.[31] Routen und Ziele der U-Boote blieben den Alliierten nun nicht mehr verborgen. Aber da hatte sich Roosevelt bereits entschieden, den afrikanischen Konferenzort aus der Luft anzusteuern und dafür einen komplizierten Umweg über Südamerika in Kauf zu nehmen.

Die Navy hat 1942 von der Fluggesellschaft PanAm zwölf Flugboote vom Typ Boeing 314 gechartert. Bei den viermotorigen Propellermaschinen handelt sich um denselben Flugzeugtyp, der sonst zahlende Passagiere wie die Emigranten von Lissabon nach Amerika befördert. Bei einer Reichweite von 5600 Kilometern können sie die Distanz nach Casablanca dennoch nicht nonstop bewältigen. Dies ist ohnehin nicht beabsichtigt, denn die Gefahr ist zu groß, dass die relativ langsamen Fluggeräte – sie erreichen maximal 320 Kilometer in der Stunde – von deutschen Jagdfliegern angegriffen und abgeschossen werden.

Der Zug, der am Abend des 9. Januar in Washington gestartet ist, kommt nach 27-stündiger Fahrt in der Navy Air Base in Miami, Florida, an. Roosevelt wird gegen 4.30 Uhr morgens geweckt und zu einem Flugboot, dem »Dixie Clipper«, übergesetzt, das um 6 Uhr mit neun Passagieren an Bord Richtung Trinidad abhebt, unter ihnen drei Beamte des Secret Service. Acht weitere Mitreisende fliegen im »Cape Town Clipper«, vor allem Funk- und Nachrichtenexperten der Navy und zwei weitere Personenschützer.[32] Nach zehneinhalb Stunden, in denen sie 2650 Kilometer zurücklegen, landen die beiden Flugzeuge auf der Karibikinsel. Roosevelt und sein Stab übernachten im Marinestützpunkt und fliegen am nächsten Morgen weiter nach Belem im Nordosten Brasiliens. Für die 1950 Kilometer benötigen die Clipper neuneinhalb Stunden. Diesmal bleibt der Präsident nicht über Nacht am Boden, sondern lässt die beiden Maschinen nur auftanken und gleich wieder starten. Der 3900 Kilometer lange Flug nach Bathurst in der britischen Kolonie Gambia dauert 19 Stunden. Der Präsident wird an Deck des amerikanischen Kreuzers »Memphis« getragen, der im Hafen liegt, und übernachtet in der Admiralskabine.[33]

Am nächsten Morgen stehen Autos bereit, um die Delegation zum Flughafen zu bringen. Die halbstündige Anreise führt den Präsidenten durch mehrere Stadtteile der nach einem britischen Gouverneur der Kolonie benannten Hauptstadt, die heute Banjul heißt. Roosevelt ist schockiert, was er zu sehen bekommt. Seinem Sohn Elliott berichtet er später in Casablanca, noch ganz unter dem Eindruck seiner Erlebnisse, dass die ausgemergelten, zerlumpten Gambier für ihre harte Arbeit gerade mal zwei Dollar am Tag erhielten und dass ihre durchschnittliche Lebenserwartung 26 Jahre betrage. »Diese Menschen werden schlechter als ihr eigenes Vieh behandelt. Und ihr Vieh lebt länger!«[34] Auch in einem Brief an Daisy beschreibt er das Menschengewühl, die halbnackten Eingeborenen und die strohgedeckten Hütten, die große Armut und Auszehrung der Menschen, und er fügt hinzu, Bathurst sei ein »Drecksloch«.[35]

Auf dem Flugplatz von Bathurst warten zwei moderne Transportflugzeuge vom Typ Douglas C-54. Mit ihnen legt Roosevelt die letzten 2450 Kilometer nach Casablanca zurück, in neuneinhalb Stunden. Am 14. Januar landet er gegen 18.20 Uhr Ortszeit auf dem Flughafen Medouina, erschöpft von der fünftägigen Reise.[36]

Elliott Roosevelt ist gekommen, seinen Vater und dessen Begleiter zu begrüßen. Hastig werden Vater und Sohn mit Hopkins, wie der Vertraute notiert, »in einen Wagen gebracht, dessen Fenster mit Lehm verblendet« sind. Der Secret Service will kein Risiko eingehen. Sie fahren nach Anfa, wo sie innerhalb eines Hotelkomplexes in einem »hübschen modernen Bungalow wie in Kalifornien« wohnen.[37] Das Hotel und 14 dazugehörige Bungalows sind von der Army nach der Landung als Hauptquartier akquiriert und zu einer Festung ausgebaut worden. Das ganze Gelände ist mit Stacheldraht eingezäunt, von Geschützen gesäumt und wird von schwer bewaffneten Soldaten bewacht.[38]

Das langgestreckte viergeschossige Hauptgebäude wirkt vor der Kulisse des nahen Atlantiks wie ein Schiff; die Rundungen an den Schmalseiten ähneln Bug und Heck eines Dampfers, die etagenweise umlaufenden Balkone erinnern an Schiffsdecks. Erbaut worden ist das Luxushotel 1938 im deutschen Bauhaus-Stil, jener modernen Architektur, die den Nazis als »entartet« gilt. Umgeben ist es von Palmen, Bougainvilleasträuchern und Orangenhainen. Früher war es ein Treffpunkt internationaler Künstler, Geschäftsleute und wohlhabender Touristen.[39]

Roosevelt wohnt in der Villa Dar es-Saada (»Haus des Glücks«), die 1935 fertiggestellt wurde. Sie trägt einen beziehungsvollen Codenamen, den wohl keiner der Militärs versteht: »Rick's Place«.[40] Der Salon erstreckt sich über zwei Stockwerke und hat riesige Fenster, die der Vorbesitzer mit Stahlvorhängen gesichert hat. Drei Räume sind als Schlafzimmer eingerichtet: zwei im ersten Stock, das eine für Hopkins, das andere für Elliott und dessen Bruder Franklin jun., der in den nächsten Tagen erwartet wird; das Schlafzimmer des

Präsidenten liegt im Erdgeschoss. Es ist, nach Elliotts Beschreibung, »ganz eindeutig ein Damen-Schlafzimmer in echt französischem Stil, überall Drapierungen und Rüschen«, das Bett »etwas altmodisch, aber mindestens drei Meter breit«, im Bad dominiert eine in schwarzen Marmor eingefasste Wanne. Der Präsident scherzt: »Alles, was wir jetzt noch brauchen, ist eine Puffmutter.«[41]

In Roosevelts Villa finden in den nächsten Tagen nicht nur politische Gespräche, sondern auch Familientreffen statt. Außer Elliott und Leutnant Franklin D. Roosevelt jun., der auf einem Zerstörer der Atlantikflotte dient und im Rahmen der Operation »Torch« bei der Erstürmung Casablancas dabei war, kommen Randolph Churchill, Major beim britischen Special Air Service in Libyen, und Sergeant Robert Hopkins, der an der Front in Tunesien bei einer Fernmeldetruppe Dienst tut.[42]

Noch zwei Wochen zuvor haben die Deutschen Casablanca bombardiert. In der Nacht zum 31. Dezember warfen elf Bomber vom Typ Focke-Wulf »Condor«, die in Sevilla aufgestiegen waren, über der Stadt 7,95 Tonnen Bomben ab, die jedoch nur geringen Schaden anrichteten.[43] Als Folge dieser Attacke hat Michael Reilly, der Chef des Sicherheitsdienstes des Weißen Hauses, rings um die Stadt Abwehrbatterien aufstellen lassen. Das nährte wiederum Spekulationen bei den Deutschen, dass ein wichtiges Ereignis bevorstehe, ohne dass sie Genaueres in Erfahrung bringen konnten. »Der kleine Goebbels«, stellt Elliott Roosevelt später fest, »kam allerdings der Wahrheit sehr nahe, als er berichtete, dass General Marshall zu einer Konferenz mit den britischen Generalstabschefs erwartet werde.«[44]

Roosevelt brüstet sich gegenüber Churchill und Stalin gern damit, dass er sich in deutschen Angelegenheiten »auskenne«. Mehrmals hatte er in seiner Kindheit und Jugend seine Eltern zu Kuraufenthalten in St. Blasien im Hochschwarzwald und im hessischen Bad Nauheim begleitet, wo er 1891 sechs Wochen lang in eine Volksschule ging, um Deutsch zu lernen. 1896 hatte er mit einem Hauslehrer Radtouren durch Süddeutschland unternommen. Um die Jahrhundertwende hatte er mit seiner Mutter die Kieler Woche besucht. Roosevelts Deutschlandbild ist noch von diesen Jahren, von der Kaiserzeit

Franklin D. Roosevelt war der erste amerikanische Präsident, der sich während eines Krieges außer Landes begab. In Casablanca war sein Vertrauter Harry Hopkins (Zweiter von links) an seiner Seite, aber auch die Söhne Elliott (links) und Franklin jun. (Mitte) wurden dorthin beordert. Die Nazis, die gerüchteweise von Casablanca gehört hatten, glaubten, die Konferenz finde im Weißen Haus in Washington statt.

geprägt. Man müsse den Deutschen »das Marschieren und Uniformtragen« verbieten, sagt er. Den verzweifelten Versuch des Diplomaten Adam von Trott zu Solz um die Jahreswende 1939/40, die Sache des deutschen Widerstands im Weißen Haus zu vertreten, wies er auch deshalb brüsk zurück, weil er damals in Deutschland eine große Abneigung gegen das »preußische Junkertum« entwickelt hatte.[45]

Roosevelt hat Hitlers »Mein Kampf« auf Deutsch gelesen. Als die Nazi-Bibel 1933 in einer englischen Fassung erschien, in der einige von Hitlers wüstesten antisemitischen Ausfällen getilgt waren, notierte Roosevelt handschriftlich in seinem Exemplar: »Diese Übersetzung ist so bereinigt, dass sie ein völlig falsches Bild davon vermittelt, was Hitler wirklich sagt – das deutsche Original erzählt eine ganz andere Geschichte.« Noch vor seiner Amtseinführung bemerkte

Roosevelt gegenüber Paul Claudel, dem französischen Botschafter in Washington: »Hitler ist ein Verrückter.«[46] Geradezu prophetisch wirkt eine Notiz, die Thomas Mann im Juni 1935 nach einem Gespräch mit Roosevelt zu Papier brachte: »Als ich das Weiße Haus verließ, wusste ich, dass Hitler verloren war.«[47]

Hitler beschimpft Roosevelt wahlweise als »Kriegstreiber«, »Judenknecht« oder »Büttel der Wall-Street-Juden« und verspottet ihn wegen seiner Behinderung als »geisteskranken Paraplegiker«. Gelegentlich nennt er ihn »Herr Rosenfeld«, um eine jüdische Abstammung zu insinuieren; es gibt jedoch keinen Beleg, dass Roosevelts niederländischer Vorfahr Claes Martenszen van Rosenvelt, der 1649 einwanderte und eine Farm in Manhattan kaufte, jüdischen Glaubens gewesen wäre.[48]

Am 30. Januar 1933, als Hitler seine »Machtergreifung« mit einem Fackelzug zelebrieren ließ, feierte Roosevelt, der gewählte, aber noch nicht vereidigte Präsident, seinen 51. Geburtstag. Als der Präsident dann am 4. März 1933, einen Tag vor der letzten Reichstagswahl in Deutschland, in sein Amt eingeführt wurde, hatte Hitler bereits damit begonnen, politische Gegner zu verfolgen und auszuschalten.

Roosevelt und Hitler standen im Frühjahr 1933 vor ähnlichen Herausforderungen. Die Weltwirtschaftskrise hatte in Amerika wie in Deutschland große Not ausgelöst. In den USA waren, ohne nennenswerte Sozialhilfe, rund 15 Millionen Menschen arbeitslos, in Deutschland sechs Millionen.

In den ersten hundert Tagen seiner Präsidentschaft zündete Roosevelt ein Feuerwerk an Reformen. Sie standen alle unter dem Begriff des »New Deal«, was im Pokerjargon heißt: »Die Karten werden neu gemischt.« Roosevelt schuf ein gigantisches Arbeitsbeschaffungsprogramm, stärkte die Gewerkschaften gegen die Unternehmer, legte das Fundament für eine nationale Alters- und Arbeitslosenversicherung, gründete die legendäre »Tennessee Valley Authority«, das Vorbild für groß angelegte Energieversorgung aus Wasserkraft und zur Bewässerung von Agrarflächen. Trotz erbitterter Widerstände des Big Business, der republikanischen Opposition und des Obersten Gerichtshofs ließ er sich in seinem Reformeifer nicht bremsen. Sein Leitspruch war, »die Reichen etwas weniger reich und die Armen etwas weniger arm« zu machen.

Zum Chef der »Federal Emergency Relief Administration«, die den New Deal zu organisieren hatte, berief er Harry Hopkins. Roosevelt hatte ihn 1928 kennengelernt, als er sich um den Gouverneursposten des Staates New York bewarb. Schon dort hatte er nach erfolgreicher Wahl eine ähnliche Einrichtung geschaffen und Hopkins als geschäftsführenden Direktor eingesetzt. Zwischen dem Präsidenten und seinem Gehilfen entwickelte sich im Laufe der Zeit eine seltsame Symbiose. Hopkins wisse »instinktiv, wann es an der Zeit ist zu fragen oder zu schweigen, zu drängen oder sich zurückzuhalten«, schrieb der Journalist Raymond Clapper 1938 als Kolumnist der *Washington Post*: »Er weiß, wann es gilt, Roosevelt direkt anzugehen oder sich ihm auf Umwegen zu nähern. Flink, wachsam, verschlagen, kühn und fähig, sich mit unbekümmerter Miene über alles hinwegzusetzen, ist Hopkins in jeder Hinsicht dazu geschaffen, Roosevelts Favorit zu sein.«[49] Das Nachrichtenmagazin *Time* hob Hopkins 1934 auf das Titelblatt und 1938 noch einmal.[50]

Roosevelt hat sein offizielles Amtszimmer, das »Oval Office«, 1942 an die südöstliche Ecke des Westflügels verlegen lassen. So kann er es über die Colonnaden, die Verbindung zum Hauptgebäude, erreichen, ohne allzu vielen Mitarbeitern zu begegnen. Denn er will möglichst nicht in seinem lehnenlosen, ungepolsterten Rollstuhl gesehen werden, den ein schwarzer Diener schiebt.[51]

Seit 1921 ist Roosevelt von der Hüfte an abwärts gelähmt. Die Ärzte diagnostizierten eine durch Viren übertragene Polio-Erkrankung. Möglicherweise leidet er jedoch, wie spätere Forschungen nahelegen, am Guillain-Barré-Syndrom, einer bakteriellen Infektion, bei der das Immunsystem die Muskulatur und das Nervensystem angreift.[52] Wenn Roosevelt öffentlich auftritt, tut er, als würde er gehen. Tatsächlich hat er Stahlschienen an den Beinen, und Helfer müssen ihn stützen. Stets achtet er darauf, nicht im Rollstuhl fotografiert zu werden. Mit äußerster Willenskraft und körperlicher Anstrengung hält er sich aufrecht.[53]

1934 hat Churchill einen Artikel über Roosevelt geschrieben, den er 1937 in sein Buch »Große Zeitgenossen« aufnahm. Er rühmte vor allem die Willenskraft des Präsidenten, den er damals nur von Ferne beobachten konnte. »Seine Gliedmaßen verweigern ihm ihren Dienst«, konstatierte Churchill. »Er braucht Krücken oder Hilfe für die kleinsten Bewegungen. Bei 99 von 100 Menschen hätte ein solches Gebrechen alle Formen öffentlicher Aktivität beendet.« Roosevelt indes weigere sich, die Krankheit zu akzeptieren.[54]

Auch Hopkins ist von einem schweren Leiden gezeichnet. Im Dezember 1937, zwei Monate nach dem Krebstod seiner zweiten Ehefrau Barbara, mussten ihm, da er ebenfalls an einem bösartigen Tumor litt, drei Viertel seines Magens entfernt werden. Er überlebte knapp, aber er blieb zeitlebens gesundheitlich labil. Roosevelt, der ursprünglich nach zwei Amtszeiten hatte ausscheiden wollen, ermunterte Hopkins, 1940 für die Präsidentschaft zu kandidieren. Zur Vorbereitung auf die Bewerbung berief er ihn deshalb im Dezember 1938 zum Handelsminister. Wegen seiner angeschlagenen Gesundheit konnte Hopkins das Amt jedoch kaum ausüben. Im August 1939 gaben ihm die Ärzte nur noch wenige Wochen zu leben. Infolge seines chronisch mangelhaften Verdauungssystems leidet Hopkins unter einer Hämochromatose, einer krankhaft erhöhten Eisenaufnahme, die die inneren Organe schädigt. In jener Zeit lag er oft über Monate im Bett. Wenn er gar nicht aufstehen konnte, kam Roosevelt an sein Krankenlager, und sie konferierten im Schlafzimmer.

Hopkins hatte seit seinem Rücktritt als Handelsminister im August 1940 keinerlei Regierungsamt inne. Roosevelt konnte ihm Vollmachten übertragen, so viele er wollte, aber kein Regierungsmitglied musste Anweisungen oder Bitten von Hopkins befolgen. Hopkins hatte nicht einmal einen eigenen Schreibtisch, abgesehen von dem Kartentisch in seinem Schlafzimmer. Immerhin befand sich das Gemach im Weißen Haus, und Hopkins konnte, eingehüllt in seinen Morgenmantel, mit wenigen Schritten die Privaträume des Präsidenten erreichen.[55] Was Hopkins' Funktion ist, bleibt der breiten amerikanischen Öffentlichkeit verborgen. Sogar unter Roosevelts treuesten Freunden und Anhängern gibt es viele, die Hopkins misstrauisch beäugen und ihm seine ungewöhnliche, einflussreiche Stellung neiden. Sherwood schreibt später, man habe Hopkins damals »allgemein als dunkle Figur« und »ränkevollen Intriganten« betrachtet, als »Rasputin« des Weißen Hauses.[56]

Kaum jemand kennt Hopkins so gut wie Sherwood. Sie haben sich zum ersten Mal 1938 auf Long Island getroffen und bei einem Frühstück ein langes Gespräch miteinander geführt. Der Dramatiker war danach beeindruckt, dass sich der gelernte Sozialfürsorger »als ein begeisterter und recht kenntnisreicher Theaterbesucher erwies«. Den Grund für die »besondere Verbundenheit« zwischen Roosevelt und Hopkins sieht Sherwood »in der Tatsache, dass beide Männer dicht am Tode gestanden hatten, dass ihrer beider Tage gezählt waren«.[57] Gleichwohl wundert sich Sherwood, wie »bedenkenlos und vollständig« Roosevelt seinen Freund Hopkins »in die Kriegsmaschinerie einspannte«. Nicht nur erscheint ihm zweifelhaft, dass Hopkins angesichts seines Gesundheitszustandes »von irgendwelchem praktischen Nutzen für den Präsidenten sein würde«; hinzukommt: »Von militärischen Angelegenheiten verstand Hopkins überhaupt nichts.«[58]

Am 11. September 1939, als deutsche Panzer durch Polen rollten, schrieb Roosevelt zwei persönlich gehaltene Briefe an Neville Chamberlain und Winston Churchill. Der amerikanische Präsident lud den britischen Premier und dessen kurz zuvor ernannten Marineminister ein, über alle ihnen wichtig erscheinende Fragen mit ihm persönlich zu korrespondieren. Er »hoffe und glaube«, schrieb er Chamberlain, dass das seit dem ersten Neutralitätsgesetz 1935 bestehende Embargo, das Waffenlieferungen an jedweden kriegführenden Staat verbot, »innerhalb der nächsten Monate« aufgehoben werde; dies sei »definitiv ein Teil der Politik« seiner Regierung.

Tatsächlich erzielte Roosevelt bald einen Kompromiss mit den Isolationisten. Im November 1939 genehmigte der Kongress den Verkauf von Kriegsmaterial. Bedingung war allerdings, dass die Ware sofort bezahlt und auf nichtamerikanischen Schiffen transportiert wurde. »Cash and carry« hieß die Formel. Das Risiko lag also bei den Bestellern. Die Klausel stellte jedoch sicher, dass nur die Westmächte beliefert wurden, da die deutschen und italienischen Handelsschiffe die britische Blockade im Atlantik nicht durchbrechen konnten. Außerdem öffnete Roosevelt ein Hintertürchen, dass England und Frankreich nicht unbedingt mit eigenen Schiffen die Rüstungsgüter abholen mussten: Amerikanische Schiffe durften unter fremder Flagge, meist der Panamas, die gewünschten Kriegsgeräte liefern.[59] Auf Churchills Wunschliste standen alte Zerstörer, neue Flugzeuge, Waffen jeglicher Art.

Roosevelt ist Seemann aus Leidenschaft. Als Marinestaatssekretär im Ersten Weltkrieg war er für die Waffenausrüstung auf Handelsschiffen verantwortlich. Eine seiner ersten Amtshandlungen als Präsident war 1933 die Ausrufung eines nationalen Tags der Seefahrt; er wird seither jedes Jahr am 22. Mai gefeiert zum Gedenken an die erste Atlantiküberquerung eines Dampfschiffes, der »Savannah«, die 1819 an diesem Tag von der gleichnamigen Stadt in Georgia ausgelaufen war.[60] Entspannung findet der Präsident bei der Lektüre von »Jane's Fighting Ships«, einem jährlich erscheinenden Nachschlagewerk über alle Kriegsschiffe der Welt.[61]

»Mein lieber Churchill«, begann Roosevelts Brief an den Minister: »Da Sie und ich ähnliche Positionen im [Ersten] Weltkrieg bekleidet haben, möchte ich Sie wissen lassen, wie froh ich bin, dass Sie wieder Marineminister sind.« Dieses Amt hatte Churchill schon von 1911 bis 1915 inne. Roosevelt und Churchill waren sich im Ersten Weltkrieg bereits einmal persönlich begegnet. Im Juli 1918 war Roosevelt nach Europa gefahren, um sich vor Ort einen Eindruck vom Kampfgeschehen zu verschaffen. Obschon er den Frontlinien nicht besonders nahe gekommen war, erzählte er später immer wieder, dass er bei dieser Reise das abscheuliche Gesicht des Krieges gesehen habe und davon zutiefst geprägt worden sei. Seine wesentlichen Erlebnisse spielten sich nicht in den Schützengräben, sondern in den Salons von Paris und London ab.[62] Am 29. Juli 1918 war Roosevelt zu einem Dinner der alliierten Kriegsminister ins Londoner »Gray's Inn« geladen, einer der vier altehrwürdigen englischen Anwaltskammern. Unter den Gästen befand sich auch Churchill, zu dieser Zeit britischer Rüstungsminister. Roosevelt hielt eine Stegreifrede über die

Bedeutung »enger persönlicher Beziehungen« unter Verbündeten. In Kriegszeiten, sagte er, sei es notwendig, »die Nähe von Mensch zu Mensch« zu spüren.[63]

An die gemeinsame maritime Vergangenheit wollte Roosevelt als Präsident anknüpfen, als er Churchill zur persönlichen Korrespondenz einlud. Kokett unterschrieb Churchill seine Briefe und Telegramme an Roosevelt mit »Marineperson« und später, nachdem er Premier geworden war, mit »ehemalige Marineperson«. Im Verlauf des Krieges wird Churchill 1161 Botschaften an Roosevelt senden und 788 von ihm erhalten.[64]

Von Anfang an bedrängte Churchill den amerikanischen Präsidenten, England im Kampf gegen Hitler zu helfen. Aber Roosevelt waren durch die Neutralitätsgesetze die Hände gebunden. Völlig abwegig erschien die Erwartung, dass Amerika direkt in den Krieg eingreifen würde. Ende September 1940 sprachen sich bei einer Meinungsumfrage in den Vereinigten Staaten 83 Prozent gegen einen Kriegseintritt aus. So kam Roosevelt im Wahlkampf im Oktober 1940 nicht umhin, den »Müttern und Vätern ein Versprechen« zu geben: »Ihre Jungs werden nicht in einen ausländischen Krieg geschickt werden.«[65]

Unmittelbar nach Roosevelts Wiederwahl am 5. November 1940 wurde jedoch klar, dass Großbritannien am Rande des Staatsbankrotts stand. Seit August tobte ein Luftkrieg um England, London und das mittelenglische Industriegebiet waren bombardiert worden, am 15. November wurde Coventry fast vollständig zerstört. Zwar konnte die deutsche Luftwaffe, entgegen den vollmundigen Ankündigungen Görings, niemals die Luftherrschaft über England erringen. Aber der Widerstand der Royal Air Force war nur durchzuhalten, solange die britische Flugzeugindustrie monatlich 470 Jagdmaschinen produzierte, doppelt so viele wie die deutsche. Dadurch wurden die Finanzmittel für andere Rüstungsgüter knapp, zumal auch der dafür verwendete Stahl zum großen Teil in Amerika eingekauft werden musste. Es war offensichtlich, dass England ohne die Hilfe der Vereinigten Staaten nicht mehr lange würde durchhalten können.[66]

Am 2. Dezember verließ der Präsident Washington, um auf dem Kriegsschiff »Tuscaloosa« in der Karibik zu kreuzen und sich von dem kräftezehrenden Wahlkampf zu erholen. Außer der Crew waren nur wenige Mitreisende an Bord: drei Reporter, einige Mitglieder aus Roosevelts Stab und sein enger Freund Hopkins. Die meiste Zeit verbrachten sie damit, zu angeln und Filme anzuschauen. Am Morgen des 9. Dezember wasserte ein Marineflugzeug neben der »Tuscaloosa«. Es brachte unter anderem einen langen Brief von Winston Churchill, »einen der wichtigsten«, die er »je geschrieben habe«, wie der Premier später bekannte.[67] Darin schilderte er die prekäre Lage seines Landes. Die Briten hatten bis dahin für rund fünf Milliarden Dollar Kriegsmaterial in den USA eingekauft, ihre Gold- und Dollarreserven waren fast erschöpft. Eindringlich beschwor Churchill den Präsidenten, die Amerikaner müssten auch ohne Aussicht auf baldige Bezahlung weiterliefern, sonst sei man Hitler wehrlos ausgeliefert. Die Entscheidung darüber, ob und zu welchen Preisen die kommenden Lieferungen beglichen werden sollten, überlasse er »vertrauensvoll Ihnen und Ihrem Volk«. Sicher gebe es eine Lösung, die »künftige Generationen auf beiden Seiten des Atlantiks billigen und bewundern werden«.[68]

Als Finanzminister Morgenthau von dem Brief erfuhr, kommentierte er: »Es läuft darauf hinaus, dass Mr. Churchill sich voller Vertrauen in Mr. Roosevelts Hände gibt. Danach ist es an Mr. Roosevelt, zu sagen, was er tun will.« Die Worte klangen wie ein Abgesang auf das Britische Empire.[69] Roosevelt sagte selbst Hopkins zunächst nichts über den Inhalt von Churchills Botschaft. Der Präsident saß mit aufgekrempelten Ärmeln an Deck und angelte. Dabei dachte er intensiv darüber nach, wie die Cash-and-carry-Bestimmung ausgehebelt werden könnte. Dann, eines Abends, verkündete er den Mitreisenden, er habe eine Idee. Sie entschied den europäischen Krieg.

Die Idee war verblüffend einfach: Amerika schickt England – und später auch der Sowjetunion – unbeschränkt amerikanisches Militärgut und lässt es sich nach dem Krieg zurückgeben oder ersetzen. Weil es amerikanisches Eigentum bleibt, braucht es nicht bezahlt und auch nicht auf eigenen Schiffen abgeholt zu werden. Es ist ja nur »geliehen«. Am 17. Dezember stellte Roosevelt seinen Plan in einer Pressekonferenz vor. Dabei zog er einen simplen Vergleich aus dem Alltagsleben: »Wenn es bei meinem Nachbarn brennt, dann leihe ich ihm selbstverständlich meinen Gartenschlauch und sage nicht zu ihm: ›Herr Nachbar, der Schlauch hat 15 Dollar gekostet, Sie müssen mir jetzt die 15 Dollar zahlen.‹ Ich will nicht die 15 Dollar – ich will meinen Gartenschlauch zurück, wenn Sie das Feuer gelöscht haben.« Mit der Parabel gewann Roosevelt den Kampf um den »Lend-Lease Act« (Leih- und Pachtgesetz), der schließlich nach heftigen Debatten im März 1941 vom Kongress verabschiedet wurde; die Vorlage trug die symbolträchtige Drucksachen-Nummer 1776, die Jahreszahl der amerikanischen Revolution. Der Präsident bestimmte Hopkins zu seinem »Ratgeber und Assistenten« bei der Abwicklung des Leih- und Pachtverfahrens. Die vage gehaltene Arbeitsplatzbeschreibung gab Hopkins nahezu freie Hand, bei Militär und Wirtschaft die amerikanische Kriegsproduktion anzukurbeln.

Für Deutschland begann mit dem Leih- und Pachtgesetz ein Wettlauf gegen die Zeit. Wenn Hitler sein wichtigstes Lebensziel, den »jüdischen Bolschewismus« zu vernichten, erreichen wollte, musste er die Sowjetunion angreifen und besiegen, bevor Amerika mit seiner ökonomischen und bald auch militärischen Überlegenheit den Kriegsverlauf entscheidend beeinflussen konnte.[70] Am 18. Dezember, einen Tag nach Roosevelts Pressekonferenz, befahl er dem Oberkommando der Wehrmacht, den Angriff unter dem Codewort »Unternehmen Barbarossa« vorzubereiten.

Nachdem Roosevelt das Gesetz unterzeichnet hatte, diktierte er eine Rede, mit der er gegen seine Gegner »ernstlich vom Leder ziehen« wollte. Sherwood hielt es für einen schweren Fehler, wenn der Präsident einen derart gereizten Ton anschlagen würde. Er wandte sich deshalb an Hopkins, der Roosevelt besänftigen sollte. Hopkins antwortete Sherwood mit einer Charakterisierung des Präsidenten, die auch die Filmfigur Rick Blaine beschreiben könnte: »Manchmal versucht er den Eindruck eines groben, leichtfertigen

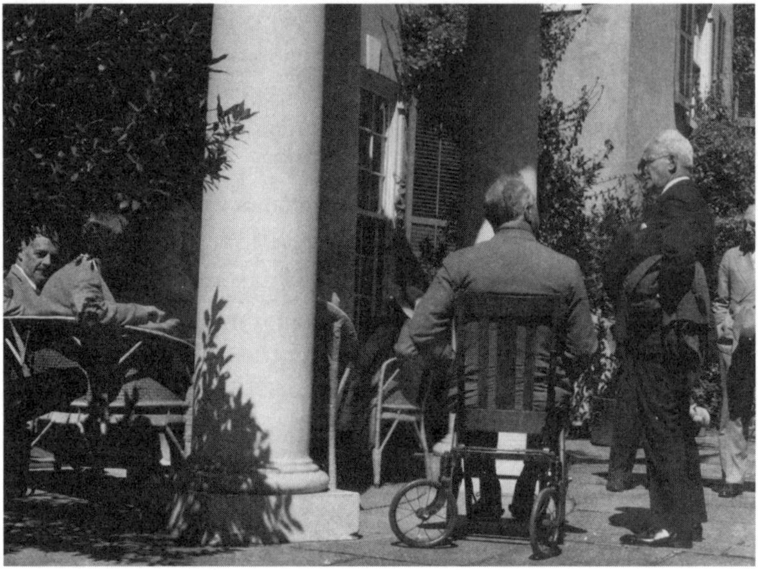

Der an den Beinen gelähmte Roosevelt achtete stets darauf, nicht im Rollstuhl fotografiert zu werden. Die beiden einzigen je veröffentlichten Aufnahmen, die ihn im Rollstuhl zeigen, machte seine Vertraute Margaret Suckley in seinem Heimatort Hyde Park.

Zynikers zu machen, aber das ist nur eine Maske, die er sich gern anlegt.«[71]

Beindruckt von dem »Rollstuhl-Cäsar« war auch Thomas Mann, der sich mit Ehefrau Katia und Sohn Klaus im Januar 1941 von Roosevelt zum Frühstück ins Weiße Haus einladen ließ. Seinem Bruder Heinrich schrieb der Literaturnobelpreisträger, Roosevelt sei »sonnig in seiner Behinderung, verwöhnt, vergnügt und schlau, auch etwas Schauspieler, dabei aber von tiefen, unerschütterlichen Überzeugungen und der geborene Gegenspieler der europäischen Hallunken (sic!), die er hasst, genau wie wir. Er hat nicht wenig darunter gelitten, dass er nicht früher mit der Sprache herausgehen konnte. Er hätte seine Wiederwahl dadurch in Gefahr gebracht, und die war ihm mit vollem Recht die Hauptsache.«[72]

Noch drei Tage vor der Wahl hatte der Präsident seinen Landsleuten versichert, »dass dieses Land nicht in den Krieg ziehen wird«.

Lange vor dem Finale auf dem Flugplatz äußerte Capitaine Renault »den Verdacht«, dass unter Ricks »zynischer Schale ein recht sentimentales Herz schlägt«. Auch Roosevelt versuchte nach Ansicht seines Intimus Hopkins »den Eindruck eines groben, leichtfertigen Zynikers« zu vermitteln, aber das sei »nur eine Maske, die er sich gern anlegt«.

Nun unterlief er durch das Leih- und Pachtgesetz sein Wahlversprechen, denn faktisch waren die Vereinigten Staaten damit am Krieg beteiligt, auch wenn sie noch keine Soldaten ins Feld schickten. In einem Kamingespräch am 29. Dezember 1940 erklärte Roosevelt, die USA müssten »das große Arsenal der Demokratie« sein. Er verurteilte die nationalsozialistische Eroberungspolitik und schloss ein weiteres Appeasement kategorisch aus: »Gegenüber der Rücksichtslosigkeit kann es keine Nachgiebigkeit geben. Wir entgehen der Gefahr nicht oder der Angst vor ihr, wenn wir ins Bett kriechen und die Decke übers Ohr ziehen. Eine Nation kann mit den Nazis nur um den Preis totaler Kapitulation Frieden schließen.«[73]

Wenn Roosevelt an der Schmalseite eines langen Tisches im Kabinettszimmer saß, um an seinen Reden zu feilen, sah er bisweilen auf und betrachtete Woodrow Wilsons Porträt über dem Kaminsims. So hatte er »stets die Tragödie Wilsons vor Augen«, wie

Sherwood beobachtete: »Niemals konnte Roosevelt die Fehler vergessen, die Wilson, erfüllt von der reinsten Idee christlicher Ethik, aus nobelster Absicht begangen hatte.«[74]

Wilson war ein Kriegsgegner wie Roosevelt. Aber fünf Monate nach seiner Wahl zum Präsidenten im November 1916 wurde ihm der Eintritt in den Krieg aufgezwungen: Deutschland hatte einen totalen U-Boot-Krieg vom Zaun gebrochen und Mexiko aufgestachelt, mit Soldaten in Texas einzumarschieren. Die Teilnahme Amerikas entschied den Krieg und machte Wilson zur beherrschenden Figur bei den Friedensverhandlungen in Versailles. Doch schlug ihm der Widerstand der europäischen Mächte und Japans entgegen, und auch zu Hause entglitten ihm die Dinge. Nur wenige Wochen nach dem Ende der Friedenskonferenz im Herbst 1919 wurde der erste amerikanische Präsident, der Anspruch auf eine globale Führungsrolle erhoben hatte, bloßgestellt. Die republikanische Opposition, die im Kongress die Mehrheit stellte, legte ihr Veto gegen die Ratifizierung des Versailler Vertrags ein und torpedierte den Beitritt der USA in den Völkerbund, eine von Wilson selbst initiierte Organisation.[75] Wilson hatte sich für einen »Frieden ohne Sieg« eingesetzt, er hatte einen Vierzehn-Punkte-Katalog als Verhandlungsgrundlage aufgestellt, auf den hin sich Deutschland ehrenhaft hätte ergeben können. »Die Verletzung dieser Prinzipien hatte die Nachkriegswelt vergiftet, zum Aufstieg Hitlers und zu einem Zweiten Weltkrieg geführt«, resümierte Sherwood, »und es gab in Roosevelts politischen Zielen in diesem Krieg kein stärkeres Motiv als die Entschlossenheit, eine Wiederholung dieser Fehler zu verhindern.«[76]

Mit einer gedanklichen Anleihe bei Wilsons Vierzehn Punkten hielt Roosevelt am 6. Januar 1941 vor dem Kongress in Washington seine »Rede über die vier Freiheiten«, die er weltweit durchsetzen wollte: Meinungsfreiheit, Religionsfreiheit, Freiheit von Not und Freiheit von Furcht. Im Januar 1941 reiste Hopkins als Roosevelts Sondergesandter nach London. Er blieb fast sechs Wochen lang in Großbritannien. Zwölf Abende und vier Wochenenden verbrachte er mit dem britischen Premier, und er fuhr mit ihm nach Schottland und in südenglische Küstenstädte, um Marinebasen zu besichtigen.

Churchill bemühte sich so aufdringlich um Hopkins, dass der amerikanische Innenminister Harold Ickes lästerte, selbst wenn Roosevelt »den Überträger der Beulenpest geschickt hätte, hätte es der Premier für zweckmäßig gehalten, ihn so oft wie möglich zu treffen«. Ein britischer Beamter sagt später einmal zu Sherwood: »Wir gewöhnten uns allmählich daran, in Hopkins Roosevelts privates Außenministerium zu sehen.«[77]

Hopkins verstand, wie er dem Londoner CBS-Korrespondenten Ed Murrow sagte, seine Aufgabe als »Katalysator zwischen zwei Primadonnen«.[78] Murrows Rundfunkreportagen über den deutschen Luftkrieg gegen England wurden von den amerikanischen Hörern mit großer Aufmerksamkeit verfolgt. Nach dem Krieg moderiert Murrow die Fernsehtalkshow »See It Now«, die vor allem durch seine Auseinandersetzung mit dem republikanischen Senator und Verschwörungstheoretiker Joseph McCarthy legendär wird.[79] Hopkins brachte von seinen Gesprächen mit Churchill die Überzeugung mit, dass der Premierminister und Roosevelt sich so bald wie möglich treffen und sich von Angesicht zu Angesicht austauschen sollten.

Im Mai 1941 erklärte Roosevelt im Radio, dass der europäische Krieg sich zum Weltkrieg ausgeweitet habe. Hitler strebe die Eroberung der Welt an. Wenn sein Vormarsch jetzt nicht aufgehalten werde, liege bald auch Amerika in Reichweite der deutschen Zerstörungswaffen. Deshalb gebiete es die Vernunft, Deutschland jetzt daran zu hindern, Stützpunkte zu erobern, von denen aus es die Vereinigten Staaten angreifen könne: »Wir dürfen nicht warten, bis sie in unserem ›Vorgarten‹ sind.«[80]

Am 22. Juni 1941 überfiel die Wehrmacht ohne Kriegserklärung die völlig überrumpelte Sowjetunion. Am Abend hielt Churchill eine eindrucksvolle Rede, die auch Millionen von Amerikanern hörten. Ausdrücklich verknüpfte er die Schicksale der Sowjetunion, Großbritanniens und der Vereinigten Staaten im Kampf gegen Deutschland. Hitlers Überfall auf die Sowjetunion sei »nichts anderes als der Auftakt zur Invasion der britischen Inseln«. Zweifellos hoffe Hitler, dass ihm all dies gelingen werde, »noch ehe Flotte und Luftmacht der Vereinigten Staaten auf dem Schauplatz erscheinen«. Sollte die Landung in Großbritannien stattfinden, warnte Churchill die Welt, wäre alles für den Schlussakt bereit, »die Unterwerfung der westlichen Hemisphäre unter seinen Willen und sein System«.[81] Hitler selbst sprach es genauso offen aus. Ein Sieg über Stalin, glaubte er, werde die Briten zum Frieden zwingen: »Englands Hoffnung ist Russland und Amerika. Ist aber Russland zerschlagen, dann ist Englands letzte Hoffnung getilgt. Der Herr Europas ... ist dann Deutschland.«[82]

Die fürs Militär zuständigen Minister und die Stabschefs in Washington gingen davon aus, dass die Sowjetunion innerhalb von höchstens drei Monaten besiegt wäre und Waffen, die man ihr jetzt noch liefere, Hitlers leichte Beute würden. Deshalb sollten sich die Vereinigten Staaten solche Waffenhilfe ersparen, rieten die Experten. Roosevelt solle vielmehr die Unterstützung für Großbritannien verdoppeln und die Transporte über den Atlantik mit amerikanischem Geleitschutz versehen.[83]

Roosevelt beurteilte die Lage optimistischer und wurde in seiner Einschätzung von seinem Ex-Botschafter in Moskau, Joseph E. Davies, bestärkt. Die Verteidigungskraft der Sowjets, sagte Davies, müsse »auf jede nur mögliche Art angespornt werden«. Binnen einer Woche nach dem deutschen Angriff wurde in Moskau angefragt, welche Güter benötigt würden. Von der Anwendung des Leih- und Pachtgesetzes war zu diesem Zeitpunkt noch nicht die Rede. Man ging von Verkäufen aus, nicht von Spenden. Die sowjetische Wunschliste umfasste unter anderem 6000 Flugzeuge, 20 000 Flugabwehrgeschütze sowie industrielle Anlagen und Ausrüstungen im Wert von rund 50 Millionen Dollar. Doch die ersten Hilfslieferungen fielen eher bescheiden aus, bis Anfang Oktober wurden lediglich Waren im Wert von 29 Millionen Dollar verschifft. Ihren Überlebenskampf gegen die deutschen Invasoren musste die Sowjetunion in den ersten Monaten mit nur geringem Beistand Amerikas führen.[84]

»Die Frage der Unterstützung für die Sowjetunion war kitzlig«, schreibt Roosevelt-Biograph Nathan Miller, »die öffentliche Meinung war feindselig, und viele Amerikaner zogen es vor, die beiden

Teufel von Nationalsozialismus und Kommunismus bis auf den Tod miteinander kämpfen zu lassen«.[85] Für Roosevelt und Churchill bedeutete Unterstützung für die Sowjetunion jedoch Hilfe beim Niederringen Deutschlands, was voraussetzte, dass die Sowjetunion dem deutschen Angriff standhielt.

Hopkins, der sich Ende Juli 1941 erneut zu Gesprächen mit Churchill in England aufhielt, bot dem Präsidenten an, von dort aus direkt nach Moskau zu fliegen, um die Lage selbst zu erkunden. Roosevelt ließ ihm ein Empfehlungsschreiben an Stalin übermitteln: »Ich bitte Sie, Mr. Hopkins genau dasselbe Vertrauen entgegenzubringen, als wenn Sie mit mir persönlich sprächen.«[86] Hopkins traf sich im Kreml allein mit Stalin, das Gespräch dauerte sechs Stunden und drehte sich vor allem um Waffenlieferungen und deren Transportwege. Hopkins erklärte Stalin, Roosevelt betrachte Hitler »als den Feind der Menschheit und wünsche daher, der Sowjetunion in ihrem Kampf gegen Deutschland zu helfen«.[87] Bemerkenswert war, dass Hopkins keinerlei schriftliche Instruktionen von Roosevelt bekommen hatte. Der Präsident vertraute ihm uneingeschränkt.[88]

Durch den Moskau-Besuch von Hopkins wurde nicht nur die materielle Versorgung der Sowjetunion forciert, sondern auch, unter Umgehung der offiziellen diplomatischen Kanäle, eine direkte persönliche Verbindung zwischen Roosevelt und Stalin hergestellt. Hopkins legte den Grundstein für die spätere »große Allianz« zwischen der Sowjetunion, Großbritannien und den Vereinigten Staaten.[89] Dann musste er sich beeilen, nach England zurückzukehren, um zusammen mit Churchill auf dem Schlachtschiff »Prince of Wales« zu dem für den 9. bis 12. August anberaumten Treffen des Premiers mit dem amerikanischen Präsidenten vor Neufundland zu fahren. Unglücklicherweise hatte er in Moskau ein Köfferchen mit lebensnotwendigen Medikamenten vergessen, so dass es ihm verzweifelt schlecht ging. Es »stand zu befürchten«, dass er »nicht mehr lange genug leben würde, um über seinen Besuch im Kreml Bericht zu erstatten«, notierte Sherwood: Der chronisch kranke Mann war offenbar am Ende seiner Kräfte, »sein Leben schien nur noch an einem Spinnwebfaden zu hängen«.[90]

Das Treffen Roosevelts mit Churchill war unter größter Geheimhaltung vorbereitet worden. Um neugierige Journalisten abzuschütteln, fuhr Roosevelt mit der Präsidentenyacht »Potomac« angeblich zum Fischen und zum Besuch der Insel Martha's Vineyard vor Cape Cod. Am 4. August legte die »Potomac« im Yachthafen von New Bedford in Massachussetts an, wo die norwegische Kronprinzessin Märtha mit ihren Kindern zustieg.[91] Am Abend verließ die »Potomac« den Hafen, es sah wie ein privater Ausflug aus. Doch als die »Potomac« außer Sichtweite war, wurde der Präsident am nächsten Morgen mit einem Walboot, einer speziellen Segelyacht, auf den Schweren Kreuzer »Augusta« gebracht. Am 6. August brach er mit einer großen Eskorte von Zerstörern zur Placentia Bay im Süden Neufundlands auf. Auch zwei Söhne des Präsidenten, Elliott und Franklin jun., wurden ohne Angabe von Gründen zu dem Treffpunkt beordert. Elliott, Nachrichtenoffizier bei der Luftwaffe, war mit seinem Geschwader auf der kanadischen Baffininsel westlich von Grönland stationiert, Franklin jun. diente als Marineleutnant am nahegelegenen US-Stützpunkt Argentia.[92]

Nach der Ankunft des Schlachtschiffs »Prince of Wales« (das vier Monate später von den Japanern in malayischen Gewässern versenkt wurde) setzte der britische Premier zur »Augusta« über. Es war die erste persönliche Begegnung Churchills und Roosevelts, seit sie an der Spitze ihrer Regierungen standen. Roosevelt sprach Churchill auf ihr Zusammentreffen 1918 in »Gray's Inn« an, aber Churchill konnte oder wollte sich partout nicht daran erinnern, was Roosevelt sehr verärgerte. Er hat Churchills Schroffheit nie vergessen. »Ich hatte immer eine Abneigung gegen ihn, seit ich 1918 nach England gegangen war«, erzählte er 1939 Joseph P. Kennedy, dem amerikanischen Botschafter in London. »Bei einem Dinner, dem ich beiwohnte, führte er sich wie ein Stinkstiefel auf.« Mehr als zwei Jahrzehnte später kamen sie wieder in Kontakt, und, wie seinerzeit Roosevelt bei seiner Stegreifrede, war es diesmal Churchill, der die Bedeutung enger persönlicher Beziehungen unter Alliierten hervorhob.[93]

Roosevelt provozierte gleich einen Streit. Seinem Sohn Elliott hatte er schon angekündigt, dass es »zu kleinen Zusammenstößen in den nächsten Tagen kommen« werde. Denn Churchill habe ihm gesagt, dass er »nicht Seiner Majestät Premierminister sei, um bei der Auflösung des Britischen Empire zu präsidieren«. Amerika, sagte Roosevelt, sei jedoch »nicht gewillt, England in diesem Krieg zu helfen, damit es nachher fortfährt, rücksichtslos auf den Kolonialvölkern herumzureiten«.[94]

Bei einem Abendessen auf der »Augusta«, an dem die Militärs nicht teilnahmen, sondern nur Roosevelt und Churchill mit ihren engsten Mitarbeitern sowie die beiden Roosevelt-Söhne, war die Atmosphäre von Anfang an gespannt. »Man konnte spüren«, schreibt Elliott Roosevelt, »dass zwei Persönlichkeiten, die an Führerschaft gewöhnt waren, sich im Wortgefecht gemessen und einander abgetastet hatten und sich nun darauf vorbereiteten, zum offenen Kampf herauszufordern.«[95]

Roosevelt warf Churchill zuerst den Fehdehandschuh hin. »Eine der Voraussetzungen für einen dauernden Frieden«, erklärte der Präsident, werde »eine möglichst große Freiheit des Handels sein« und »möglichst wenig Abkommen über Vorzugsbehandlungen«. Das zielte auf die speziellen Wirtschaftsabkommen innerhalb des Empire. England, entgegnete Churchill barsch, werde »nie und nimmer auf seine Vorzugsstellung im Verkehr mit den britischen Dominions verzichten«. Roosevelt mahnte, wenn man »einen beständigen Frieden erreichen« wolle, müsse man »gerade die Entwicklung der rückständigen Völker fördern«, was »gewiss nicht mit den Methoden des 18. Jahrhunderts« geschehen könne, einer »Politik der Ausbeutung der Rohstoffe und des Reichtums der Kolonialvölker, ohne ihnen etwas dafür zu geben«.[96]

»Ich glaube nicht«, sagte Roosevelt, »dass wir Krieg gegen die faschistische Sklaverei führen können, ohne gleichzeitig für die Befreiung aller Völker in der Welt von einer rückständigen Kolonialpolitik zu arbeiten.« Churchill ließ das nicht auf sich sitzen. »Und was ist mit den Philippinen?«, warf er ein, weil er glaubte, mit der Erwähnung der amerikanischen Kolonie einen Schwachpunkt in Roosevelts Argumentation zu treffen. Aber Roosevelt erwiderte gelassen: »Sie erhalten ihre Unabhängigkeit, wie Sie wissen, im Jahre 1946. Und sie haben ein modernes Gesundheitswesen, ein modernes Unterrichtssystem. Der Analphabetismus ist ständig zurückgegangen.«[97]

Der Streit setzte sich fort, bis Roosevelt das Thema wechselte. Nachdem die britischen Gäste gegangen waren, unterhielten sich Vater und Sohn noch auf eine Zigarettenlänge. »Ist er nicht ein richtiger alter Tory?«, schmunzelte der Präsident. Elliott pflichtete bei: »Ich glaubte eine Zeitlang, er werde platzen.« Aber der Vater beruhigte ihn, er und Churchill würden »glänzend miteinander auskommen«.[98]

Am nächsten Abend war Churchill wieder auf der »Augusta« zum Dinner. Anfangs setzte er, trotz der Kontroverse vom Vortag, auf eine harmonische Verständigung. Der Premier drängte wieder, dass die Vereinigten Staaten sofort Deutschland den Krieg erklären sollten. Die aktuellen Nachrichten ließen keinen Zweifel daran, dass Sieg oder Niederlage Englands von der amerikanischen Waffenproduktion und dem militärischen Einsatz Amerikas abhängen würden.[99]

Später am Abend schnitt Churchill das Konfliktthema noch einmal an. Er sah, dass Roosevelt sich für die Auflösung des Empire einsetzte. Er wusste aber auch, dass Amerika Englands einzige Hoffnung war. Der Premier musste sich eingestehen, dass die Vereinigten Staaten die Regeln für die Nachkriegsordnung aufstellen würden und dass dies das Ende der britischen Kolonialpolitik bedeutete.[100] Trotz der Meinungsverschiedenheiten ließ der alte Haudegen Churchill nicht nach, ehrfürchtig und sentimental um Roosevelts Freundschaft zu werben. Nach dem Treffen berichtete Hopkins einigen Freunden von Churchills Verehrung für den Präsidenten: »Man hätte meinen können, Winston stiege gen Himmel, um Gott zu sehen.«[101]

»Es wäre übertrieben zu sagen, dass Roosevelt und Churchill bei dieser Konferenz oder zu irgendeiner späteren Zeit vertraute Kameraden geworden seien«, schreibt Sherwood. Allenfalls »bestand zwischen ihnen eine freundschaftliche Ungezwungenheit, eine spaßhafte Art des Umgangs unter Verzicht auf Prahlerei und Heuchelei«. Churchill habe bald herausgefunden, dass Roosevelt »nicht leicht zu durchschauen« ist, »und Roosevelt erfuhr sehr bald, mit welcher Hartnäckigkeit der Premierminister ein gegebenes Ziel anstreben konnte«. Sie waren ein höchst ungleiches Paar. »Wenn einer von beiden als Schüler Machiavellis gelten konnte«, urteilte Sherwood, »so war es Roosevelt.« Churchill habe sich eher wie ein Elefant im Porzellanladen aufgeführt.[102]

Churchill wusste, dass er auf Roosevelts innenpolitische Probleme Rücksicht nehmen musste. »Wenn er die Frage von Krieg und Frieden vor den Kongress bringen würde, würde man drei Monate lang darüber debattieren«, berichtete der Premier nach dem Treffen. Der Präsident habe »gesagt, er werde Krieg führen, ohne ihn zu erklären, und dass er zunehmend provokativer auftreten werde. Er werde nach einem ›Zwischenfall‹ Ausschau halten, der die Eröffnung von Feindseligkeiten rechtfertigen würde«.[103] Das klang, als habe Roosevelt geradezu eine Gelegenheit gesucht, sein Land in den Krieg zu führen. Doch noch musste er mit Widerständen rechnen. Im Sommer 1941 war die amerikanische Öffentlichkeit weiterhin mehrheitlich gegen den Kriegseintritt ihres Landes. Die Amerikaner waren, wie der junge Marineoffizier John F. Kennedy flapsig bemerkte, »nur bereit, bis zum letzten Engländer zu kämpfen«. Seinem Freund Morgenthau offenbarte Roosevelt: »Ich warte darauf, in die Lage hineingezwungen zu werden.« Die Lage ergab sich schließlich von selbst. Der verheerende Überraschungsangriff der Japaner zwang Amerika in den Krieg.[104]

Nach dem Überfall auf Pearl Harbor wollten einige Berater Roosevelt überreden, in seiner Kriegserklärung an Japan Deutschland und Italien gleich mit einzubeziehen. Der Präsident lehnte das ab. Er wollte es Hitler und Mussolini überlassen, Amerika den Kampf anzusagen. Denn er wusste von einem Kabel aus Berlin nach Tokio vom 29. November, das aufgefangen und entschlüsselt worden war. Darin wurde den Japanern versichert, dass Deutschland, »wenn Japan in einen Krieg mit den Vereinigten Staaten verwickelt würde, sich ihm selbstverständlich sofort anschließen werde«. Sherwood glaubte, nun habe Hitler »endgültig den Verstand verloren«.[105] Hitlers euphorische Zuversicht jedenfalls klang ziemlich irre: »Nun können wir den Krieg unmöglich verlieren, haben wir doch einen Verbündeten, der in dreitausend Jahren nicht besiegt worden ist.«[106]

In »Casablanca« treten auch einige Asiaten auf, zwei Männer im Café und eine Frau im Spielsalon. Die Männer sprechen zwar Japanisch miteinander, aber es soll sich offenbar um Chinesen handeln. Das ist etwas überraschend, aber historisch plausibel: China war, im Kampf gegen die Achsenmacht Japan, eine der alliierten Nationen, und seine Bürger hatten Grund, in Europa vor deutschen Nazis und italienischen Faschisten zu fliehen.[107]

Amerika, das so lange eine Beobachterrolle eingenommen hatte, war nach Pearl Harbor und der deutsch-italienischen Kriegserklärung plötzlich genötigt, an zwei weit voneinander entfernten Schauplätzen zu kämpfen. Die Briten hingegen waren längst an beiden Orten involviert, in Europa ebenso wie im Pazifik. Deshalb war es erforderlich, dass die westlichen Alliierten ihre strategischen Ziele miteinander abstimmten. Zu diesem Zweck wurde unter dem Decknamen »Arcadia« eine Konferenz nach Washington einberufen. Sie fand vom 22. Dezember 1941 bis 14. Januar 1942 statt.

Obwohl General George Marshall und die anderen amerikanischen Generalstäbler dafür plädierten, eine starke alliierte Militärpräsenz im Pazifik aufrechtzuerhalten und den Fokus auf Japan, den unmittelbaren Feind Amerikas, zu richten, stimmte Roosevelt dem Prinzip »Deutschland zuerst« zu. Manche warfen Roosevelt vor, er habe sich von Churchill dazu überreden lassen. »Der Grundsatz der Priorität Deutschlands«, analysiert hingegen Sherwood, »beruhte auf genauer militärischer Überlegung.« Zu Recht, wie sich später erwies, ging man davon aus, »dass Deutschland in seiner Produktionskraft und an wissenschaftlicher Befähigung über ein viel größeres Potenzial als Japan verfügte«. Daraus folgerte man, dass das Nazireich, wenn es »für mehrere Jahre relativer Ruhe in Europa« Zeit gewönne, dieses Potenzial zu entwickeln, »umso schwerer oder am Ende überhaupt nicht mehr zu besiegen sein werde«.[108]

Marshall hielt absolut nichts von Churchills Plänen, im Mittelmeerraum stärkeren Druck auf Deutschland auszuüben – dem einzigen Schauplatz, auf dem die Briten bisher Erfolge vorzuweisen hatten. Trotz »gewinnenden Charmes, kühler Überzeugungskraft, unhöflicher Beharrlichkeit, eleganter Beredsamkeit, kurzer Zornesausbrüche und Gefühlsanwandlungen, die fast in Tränen endeten«, gelang es Churchill nicht, Marshall für eine Landung in Nordafrika zu begeistern, die dennoch unter dem Decknamen »Gymnast« beschlossen und später in »Torch« umbenannt wurde. Für das Entgegenkommen mussten die Briten einen Preis bezahlen: Die militärische Führung des Krieges lag fortan de facto in den Händen der Amerikaner. Zur Gesichtswahrung der Briten wurde ein gemeinsamer Generalstab (»Combined Chiefs of Staff«) gebildet, der seinen Sitz selbstverständlich in Washington hatte.[109]

Mit der bilateralen Übereinkunft war eine Einladung Roosevelts und Churchills an alle moralisch integren Nationen verbunden, die zum Kampf gegen die Achsenmächte entschlossen waren. Sie sollten eine Nachfolgeorganisation für den nach dem Ersten Weltkrieg gegründeten und mittlerweile gescheiterten Völkerbund schaffen. Dazu wurde eine Deklaration vorbereitet. Die letzte Änderung an der Erklärung nahm Roosevelt selbst vor. Die Worte »verbündete Mächte« ersetzte er durch einen Begriff, der ihm spontan eingefallen war: »Vereinte Nationen«. Am Neujahrstag 1942 kamen die Vertreter von 26 Staaten, darunter von acht Exilregierungen, im Weißen Haus zusammen und unterzeichneten das Dokument.[110]

Als Vorbild für tapferen Widerstand gegen die Nazis rühmte Roosevelt immer wieder die Norweger, erstmals bereits in einer Rede am 13. April 1940, vier Tage nach dem Überfall auf das skandinavische Land. Ihm imponierte, dass es den Norwegern in den ersten Kriegsstunden gelungen war, den Schweren Kreuzer »Blücher« im Oslofjord zu versenken, und dass die deutsche Marine auch an anderen Küsten Norwegens herbe Verluste hatte hinnehmen müssen.[111]

Roosevelts Faible für das Land hat auch einen erotischen Hintergrund. Sooft es ihm möglich ist, trifft er die norwegische Kronprinzessin Märtha. Er lädt sie ins Weiße Haus ein und nimmt sie auf Schiffstouren mit. Ein unverdächtiger Anlass für Märthas Begleitung war am 16. September 1942 auf der Washingtoner Marinewerft die Übergabe eines neuen Schiffes an die norwegische Marine, das den Namen »König Håkon VII.« tragen und bei der Jagd auf deutsche

Präsident Roosevelt wurde eine Affäre mit der norwegischen Kronprinzessin Märtha nachgesagt, die aus dem schwedischen Königshaus Bernadotte stammte. In ihrem Beisein hielt er am 16. September 1942 auf der Washingtoner Marinewerft seine berühmte Rede »Look to Norway«.

U-Boote helfen sollte. Bei dieser Gelegenheit hielt der Präsident eine Ansprache, die als »Look to Norway«-Rede berühmt wurde. Sie gipfelte in einer dreifachen Bekräftigung, wie sie Präsident John F. Kennedy 1963 in seiner Ansprache vor dem Schöneberger Rathaus in West-Berlin nachahmen wird, um vor Verharmlosern des Kommunismus zu warnen (»Lasst sie nach Berlin kommen!«). Roosevelt sagte: »Wenn es irgendjemanden gibt, der sich noch fragt, warum dieser Krieg geführt wird: Lass ihn nach Norwegen schauen! Wenn es irgendjemanden gibt, der in dem Wahn lebt, dass dieser Krieg hätte vermieden werden können: Lass ihn nach Norwegen schauen! Und wenn es irgendjemanden gibt, der daran zweifelt, dass die Demokratie gewinnen wird, dem sage ich noch einmal: Lass ihn nach Norwegen schauen!«

Die Warner-Brüder hatten Roosevelts spezielle Sympathien für Norwegen längst erkannt. Am 4. August 1942, einen Tag nach dem Ende der Dreharbeiten an »Casablanca«, begannen im selben Studio

Wohl nicht zufällig macht das Drehbuch zu »Casablanca« aus Ricks freizügiger Geliebter in dem Theaterstück »Everybody Comes to Rick's« eine züchtige Norwegerin. Die Rolle bekommt die Schwedin Ingrid Bergman. Sie als Ilsa und Humphrey Bogart als Rick spielen ein norwegisch-amerikanisches Liebespaar.

die Aufnahmen zu dem Spielfilm »Edge of Darkness« (deutscher Titel: »Aufstand in Trollness«).[112] Der Inhalt: Nach zwei Jahren unter deutscher Besatzung erhebt sich ein kleines norwegisches Fischerdorf mutig gegen die Nazis. Errol Flynn und Ann Sheridan, die in »Casablanca« nicht zum Zuge kam, spielen die Hauptrollen. Helmut Dantine, der junge Bulgare Jan Brandel in »Casablanca«, verkörpert den Kommandeur der deutschen Garnison. Der Abspann wird mit einem Ausschnitt aus Roosevelts »Look to Norway«-Rede unterlegt, gesprochen von einem Stimmenimitator, weil es vom Original keine Tonaufzeichnung gibt. Im April 1943 kommt der Film in die amerikanischen Kinos.

Es ist denn auch kein Zufall, dass die zentrale Frauengestalt in »Casablanca« eine Norwegerin ist. In dem Theaterstück »Everybody Comes to Rick's« war es ein amerikanisches Flittchen namens Lois Meredith, und so stand es anfangs auch noch im »Casablanca«-Drehbuch. Aber Casey Robinson, einer der Autoren, machte aus der libidinösen Amerikanerin die sittsame Norwegerin Ilsa Lund. Und die Parallele zur Wirklichkeit geht noch weiter: Wie die norwegische Kronprinzessin Märtha ist auch die Ilsa-Darstellerin Ingrid Bergman eine gebürtige Schwedin.

Zwei Tage vor seiner Abreise nach Casablanca hielt Roosevelt seine traditionelle Neujahrsrede vor dem Kongress, natürlich ohne den geringsten Hinweis auf das bevorstehende Treffen mit Churchill. Er machte lediglich, in einer Analyse der aktuellen Kriegslage in Nordafrika, eine Bemerkung, dass »Regengüsse, schrecklicher Schlamm und sehr unzureichende Verbindungswege die Entscheidungskämpfe in Tunesien verzögert« hätten; die Achsenmächte seien »im Begriff, ihre starken Stellungen auszubauen«.[113]

Im Pazifik hatten die Vereinigten Staaten mit der siegreichen Schlacht gegen die Japaner bei den Midway-Inseln Anfang Juni 1942 einen Wendepunkt erreicht. Für den weiteren Kriegsverlauf verbreitete Roosevelt vor den Abgeordneten Zuversicht. »Die Achsenmächte wussten, dass sie den Krieg im Jahr 1942 gewinnen mussten – oder möglicherweise alles verlieren würden. Ich muss Ihnen nicht sagen, dass unsere Gegner den Krieg 1942 nicht gewonnen haben.« Hitler und Mussolini würden »jetzt das enorme Ausmaß ihrer Fehlkalkulationen erkennen«: Die Nazis hätten geglaubt, ihre Luftüberlegenheit, die sie bei der Bombardierung Warschaus, Rotterdams, Londons und Coventrys hatten, währe ewig. »Diese Überlegenheit«, davon war Roosevelt nach dem glücklich überstandenen Jahr 1942 überzeugt, »ist vorbei«, und er fügte optimistisch hinzu: »Für immer.«

Sein Zukunftsglaube gründete auch darauf, dass die Vereinigten Staaten dabei waren, die ultimative Waffe zu entwickeln. Am 2. Dezember 1942 hatte in Chicago zum ersten Mal eine kontrollierte nukleare Kettenreaktion stattgefunden. Damit war die erste Etappe auf dem Weg zur Atombombe genommen. Davon erwähnte Roosevelt in seiner Rede natürlich nichts.[114]

Schon am 2. August 1939, wenige Tage vor Kriegsbeginn, hatte Albert Einstein, der in die USA emigrierte Nobelpreisträger für Physik, Roosevelt in einem Brief gewarnt, dass die Nazis eine

Atombombe entwickeln könnten. Mitte März 1939 hatte die Wehrmacht die »Rest-Tschechei« besetzt, wie Hitler das Territorium nach der Annexion des Sudetenlandes herablassend nannte. Damit besaßen die Deutschen auch die Uranerz-Vorkommen in Joachimsthal nahe Karlsbad, die einzigen ergiebigen in Mitteleuropa.

Drei ungarische Physiker – Leo Szilard, Eugene Wigner und Edward Teller – hatten daraufhin Einstein in dessen Ferienhäuschen auf Long Island aufgesucht und ihm ihren Albtraum von der deutschen Atombombe geschildert. Gemeinsam setzten sie einen Brief an Roosevelt auf, den Einstein, der Prominenteste des Quartetts, unterschrieb. Darin hieß es: »Es ist denkbar, dass extrem starke Bomben eines neuen Typs gebaut werden. Eine einzige Bombe dieses Typs, per Schiff transportiert und in einem Hafen zur Explosion gebracht, könnte sehr wohl den gesamten Hafen und Teile des ihn umgebenden Territoriums zerstören.« Die Briefschreiber gingen davon aus, dass die ersten Atombomben noch zu sperrig und zu schwer sein würden, um sie mit Flugzeugen ins Ziel zu bringen. Er, Einstein, sehe daher nur die Möglichkeit, dass die Vereinigten Staaten Hitler-Deutschland zuvorkommen und so schnell wie möglich selbst die Superwaffe entwickeln müssten. Der Brief wurde am 11. Oktober 1939 dem Präsidenten übergeben. Noch am selben Tag berief Roosevelt eine Kommission ein, die die Möglichkeiten einer Kernspaltung untersuchen sollte.

Es vergingen noch mehr als zwei Jahre, bis Hitler den Vereinigten Staaten den Krieg erklärte. Doch dass Roosevelt so frühzeitig vor Augen geführt wurde, welche Vernichtungskraft die neue Waffe haben würde, gab den Ausschlag für ein scheinbares atomares Wettrennen. Tatsächlich konnte sich das Nazireich den finanziellen Aufwand gar nicht leisten.

Bei einer Geheimsitzung im Harnack-Haus des Kaiser-Wilhelm-Instituts für Physik in Berlin-Dahlem am 4. Juni 1942 erklärte der Kernphysiker Werner Heisenberg den anwesenden Rüstungsmanagern, unter ihnen Albert Speer, Reichsminister für Bewaffnung und Munition, sowie Feldmarschall Erhard Milch, dass eine »Uranbombe« von der Größe einer Ananas London verwüsten könne, aber: »Alle Verfahren, die wir bisher kennen, um eine Uranbombe zu machen, sind so ungeheuer kostspielig, dass es vielleicht viele Jahre dauern und dass es einen ganz enormen technischen Aufwand brauchen (und) Milliarden kosten würde.« Albert Speer wird später behaupten, »auf Vorschlag der Kernphysiker« habe man auf die Entwicklung der Atombombe verzichtet, »nachdem mir auf meine erneute Frage nach den Fristen erklärt worden war, dass nicht vor drei bis vier Jahren damit zu rechnen sei«. Dann aber, meinte Speer, »müsste der Krieg längst entschieden sein«. Hitler und Goebbels mussten sich damit zufriedengeben, Düsenjäger und Raketen für »Wunderwaffen« zu halten.

Die Deutschen gaben den atomaren Wettlauf auf, von dem sie nicht einmal wussten, dass er auf der anderen Seite des Atlantiks zu diesem Zeitpunkt gerade richtig begann. Im Juni 1942 übernahmen Ingenieure der U.S. Army das Atomprogramm von der zivilen Forschung, im September wurden die wissenschaftlichen, technischen und militärischen Aktivitäten im »Manhattan Project« gebündelt. Mit der höchsten Dringlichkeitsstufe und zwei Milliarden Dollar aus einem Sonderfonds des Präsidenten stürzte sich das Team um den Brigadegeneral Leslie R. Groves und den Atomphysiker Robert Oppenheimer in seine Mission, noch während des Krieges »militärisch nutzbare« Superbomben herzustellen. Der Kongress war nicht in das hochgeheime Atomwaffenprogramm eingeweiht.

Die spannende Frage war gewesen, ob eine Kernspaltung auch als Kettenreaktion möglich ist. Ein Wissenschaftlerteam um den italienischen Physiker Enrico Fermi, der 1938 aus seiner von den Faschisten regierten Heimat nach Amerika ausgewandert war, hatte nun den Beweis erbracht: In einem Reaktor, der in einer Squash-Halle unter der Tribüne eines Sportstadions in Chicago stand, war das Experiment gelungen. Neutronen spalteten Urankerne und setzten dabei neue Neutronen frei, die den Spaltprozess fortsetzten.

Mit dem Wissen über den erfolgreichen Atomtest fliegt Roosevelt nach Casablanca.

CHURCHILL

Wenn wir aufhören zu atmen, sterben wir. Wenn wir aufhören, unsere Feinde zu bekämpfen, stirbt die Welt.

Am 12. Januar 1943, einem kalten Winterabend, bricht Churchill nach Nordafrika auf. Von einem Flugplatz in der Nähe von Oxford startet er in einem schweren Bomber des Typs B-24 Liberator. Die viermotorige Maschine des amerikanischen Herstellers Consolidated Aircraft ist im Frühjahr 1941 auf Cash-and-carry-Basis geliefert worden. Das Flugzeug wurde eigens für die Beförderung wichtiger Persönlichkeiten umgebaut und steht nun, zwecks Tarnung schwarz lackiert, ausschließlich dem Premierminister zur Verfügung. Sonst wird dieser Flugzeugtyp vor allem bei der Bekämpfung deutscher U-Boote eingesetzt. Ihm wird nachgesagt, dass er leicht in Brand gerät, aber sein Vorteil ist die große Reichweite von 2600 Kilometern.[1]

Die Einrichtung des Flugzeugs ist spartanisch. Die Bombenaufhängung hat man entfernt und an ihrer Stelle provisorische Kabinen eingebaut. Direkt unter den Tragflächen mit den Benzintanks ist eine Art Koje eingerichtet mit zwei großen Matratzen, auf denen Churchill und sein Leibarzt Lord Charles Wilson Moran ruhen können. Weitere Mitreisende müssen im Heck des Flugzeugs in ihren Sitzen schlafen. Da der Rumpf keine Fenster hat, ist es in der Maschine stockdunkel. Wenn der Premier nachts reist, und das ist aus Sicherheitsgründen meistens der Fall, trägt er Pyjama und Pantoffeln. Auf seine Zigarren mag er auch beim Fliegen nicht verzichten.[2]

Um die »Commando«, wie die Maschine intern heißt, notdürftig zu beheizen, hat man eine Petroleumanlage installiert. Um zwei Uhr morgens, das Flugzeug befindet sich über dem Atlantik, 500 Seemeilen von jedem Flugplatz entfernt, wacht Moran auf und sieht, wie Churchill in den unter der Koje liegenden Gepäckraum zu kriechen versucht. Der Arzt fragt ihn, ob etwas nicht in Ordnung sei. Er habe sich, antwortet Churchill, seine Zehen an einem der Heizdrähte am unteren Ende der Matratze verbrannt. »Sie sind glühend heiß«, erklärt er. Er fürchtet, die Petroleumdämpfe könnten Feuer fangen und eine Explosion auslösen. Churchill befiehlt, die Heizung sofort abzustellen. Lieber wolle er erfrieren als verbrennen.[3]

Der 68 Jahre alte Churchill lässt den mehrstündigen Flug in zweieinhalbtausend Metern Höhe über dem Meeresspiegel – so hoch muss die Maschine steigen, um über den Wolken zu fliegen – stoisch über sich ergehen. Er müsse »gestehen«, schreibt er später, dass ihm »recht unbehaglich zumute« gewesen sei.[4] Er weiß jedoch nicht oder ignoriert es, dass sein angegriffenes Herz einem derart weiten Flug in so großer Höhe nicht ausgesetzt werden sollte; sein Arzt befürchtet eine Thrombose, hat darüber aber nur Churchills Frau und Tochter informiert.[5]

Am selben Tag, an dem Churchill abfliegt, startet die Rote Armee die »Operation Iskra« (»Funke«), um die seit mehr als zwei Jahren andauernde Blockade Leningrads durch die Wehrmacht aufzubrechen. Fast ein Drittel der dreieinhalb Millionen Einwohner ist während der Belagerungszeit verhungert. Nach sechs Tagen ist vom Land her ein Korridor zur Stadt geschaffen; nun können die überlebenden Einwohner endlich wieder mit Lebensmitteln und Kohlen versorgt werden.[6]

Der Premier trifft zwei Tage vor Roosevelt in Casablanca ein und wird in der Villa Mirador einquartiert, die 1935 im französisch-nordafrikanischen Kolonialstil erbaut wurde, knapp 50 Meter von der Villa Dar es-Saada entfernt, wo der amerikanische Präsident wohnen soll. Er richtet sogleich einen »Kriegsraum« ein mit aktuellen Karten von allen Kriegsschauplätzen. An seinen Stellvertreter Clement Attlee von der Labour Party kabelt er nach London: »Verhältnisse höchst angenehm. Ich wünschte, ich könnte dasselbe von den Problemen sagen.«[7]

Mehrmals geht der Premier mit seinen Stabschefs auf den Felsen und am Strand spazieren. »Herrliche Wellen rollten herein«, notiert Churchill, so dass er sich »beim Anblick der riesigen Schaumberge

Winston Churchill besuchte Franklin Roosevelt unmittelbar nachdem dieser nach einer mehrtägigen Reise in Casablanca eingetroffen war. Der britische Premier trat bei der Konferenz mit einer äußerst gut vorbereiteten Delegation an, zu der auch sein Sohn Randolph (rechts) gehörte.

unwillkürlich wunderte, wie auch nur ein einziger Mann unserer Expedition hatte an Land kommen können«. Fünf Meter hoch donnern die Wogen gegen die gewaltigen Felsen, und es überrascht ihn »nicht mehr, dass so viele Sturmfahrzeuge und andere Boote gekentert waren«.[8]

»Das Wetter ist heiter mit gelegentlichen Schauern und mild wie ein schöner Tag im Mai«, schreibt Churchill seiner Frau Clementine. »Die Landschaft ist üppig grün mit saftigem Gras auf den Wiesen und vielen Bäumen, darunter einige Palmen.«[9]

Churchill ist gut gelaunt, und er hat allen Grund dazu. Zum einen scheint sich das Kriegsglück den Alliierten zuzuneigen. England steht seit Juni 1941, seit dem deutschen Angriff auf die Sowjetunion, nicht mehr allein im Kampf gegen das Hitler-Reich. Zum andern sind die Briten dabei, die Scharmützel mit den Amerikanern um die richtige Strategie zu gewinnen.[10] Churchill freut sich darauf,

Nach der Landung der Alliierten in Nordafrika richteten die Amerikaner in einer Villa in Casablanca, die sie von einem Sympathisanten der Achsenmächte konfisziert hatten, für ihre Offiziere den Navy Flier's Club ein. Über den Club und die marokkanische Metropole veröffentlichte das Magazin »Life« eine Fotoreportage in der Ausgabe vom 1. Februar 1943.

Roosevelt »auf erobertem und befreitem Boden zu empfangen, der entgegen den Ratschlägen all seiner Spitzenmilitärs von uns beiden gewonnen worden« ist.[11]

Eine Dreiviertelstunde nach Roosevelts Landung, kurz nach 19 Uhr am 14. Januar, holt Hopkins den britischen Premier in dessen Unterkunft ab und führt ihn zum Präsidenten. Eine Stunde lang sprechen die beiden allein, dann kommen zum Dinner auch die hohen Offiziere dazu: von britischer Seite Feldmarschall Alan Brooke, der Chef des Generalstabs, sowie Flottenadmiral Dudley Pound, Luftmarschall Charles Portal und Vizeadmiral Louis Mountbatten; auf amerikanischer Seite nehmen Heeresgeneralstabschef George Marshall, Marinechef Ernest King, Luftwaffenchef Henry Arnold sowie Präsidentensohn Elliott Roosevelt, Präsidentenberater Hopkins und Roosevelts Sondergesandter in Europa, Averell Harriman, teil.[12]

Wie Roosevelt stammt Churchill aus einem wohlhabenden Elternhaus. Während der Roosevelt-Clan eine der vornehmsten bürgerlichen Familien New Yorks verkörpert, entstammt Churchill einer

Rick Blaine im weißen Dinnerjacket in seinem »Café Américain«, in dem sich ein internationales Publikum trifft, darunter viele Emigranten, die nach Amerika wollen. Der Pianist Sam singt das Lied mit dem beziehungsreichen Text »As Time Goes By«.

historisch bedeutenden, geadelten Sippe. Unter seinen Vorfahren war einer der größten Soldaten Englands: John Churchill, erster Herzog Marlborough, der berühmte Feldherr gegen Frankreichs »Sonnenkönig« Ludwig XIV. im Spanischen Erbfolgekrieg zu Beginn des 18. Jahrhunderts. Er hat Schloss Blenheim, eine weitläufige Palastanlage in der Grafschaft Oxfordshire, bauen lassen, wo Winston Churchill 1874 geboren wurde.[13]

Churchills Großvater väterlicherseits gehörte als Duke of Marlborough dem englischen Hochadel an. Sein Vater, der Politiker Lord Randolph Churchill, hatte eine amerikanische Millionärstochter geehelicht. Winston Churchills Frau Clementine, die er 1908 heiratete, war weder adlig noch vermögend, aber schön und klug; mit ihr lebte er, wie er in seinen Jugenderinnerungen lakonisch schrieb, »fortan herrlich und in Freuden«.[14] Clementine Churchill, die er »Clemmie« nennt, führt ein recht eigenständiges Leben, auch wenn sie sich nicht wie Eleanor Roosevelt öffentlich exponiert. Über Churchills Freunde und Bekannte äußert sie sich oft kritisch, und sie versteht es, sich bei ihrem Ehemann durchzusetzen. »Ich streite nicht mit Winston«, sagt sie einmal, »er würde mich niederbrüllen. Wenn ich also irgendetwas Wichtiges mitzuteilen habe, schicke ich ihm eine Notiz.«[15]

Churchills amouröser Gefühlshaushalt ist recht bescheiden. »Man wird sich damit abfinden müssen«, schreibt Sebastian Haffner, »dass in diesem abenteuerlichen Leben eines leidenschaftlichen Mannes das große Liebesabenteuer und die große Liebesleidenschaft nicht vorkommen. Was ihn – mehrfach – wirklich aus der Bahn warf, waren politische Leidenschaften und militärische Abenteuer; niemals erotische.«[16]

Zur Politik fühlte sich Churchill früh berufen. Mit 25 Jahren wurde er zum ersten Mal ins Parlament gewählt, mit 31 war er stellvertretender Kolonialminister. Ein Jahr später äußerte er selbstbewusst, zum Zeitpunkt seines 43. Geburtstags werde er Premierminister sein.[17] Churchill wurde in rascher Folge Handels-, Innen- und, 1911, Marineminister. In dieser Funktion bestimmte er Englands Politik und Strategie im Ersten Weltkrieg entscheidend mit.

Doch 1915, mitten im Krieg, fand Churchills steile Karriere ein jähes Ende. Der tatendurstige Marineminister hatte geglaubt, einen genialen Plan zur Schwächung des Deutschen Reiches und Österreich-Ungarns gefunden zu haben: Er wollte das mit den beiden »Mittelmächten« verbündete Osmanische Reich angreifen, das die Meerenge der Dardanellen kontrollierte; damit versperrten die Türken der russischen Schwarzmeer-Flotte die Durchfahrt ins Mittelmeer und verhinderten Hilfslieferungen der »Ententemächte« England und Frankreich für Russland. Um die Blockade zu durchbrechen, ließ Churchill die osmanischen Streitkräfte im März 1915 durch eine britisch-französische Flotte angreifen.

Doch die Attacke scheiterte schnell an der türkischen Küstenartillerie beiderseits der Dardanellen und an einer wirksamen Seeminensperre. Daraufhin versuchten alliierte Truppen, auf der türkischen Halbinsel Gallipoli zu landen; monatelang lieferten sich die Gegner in einem aussichtslosen Stellungskrieg erbitterte Gefechte, bis die Verbündeten im Dezember aufgaben. Da waren mehr als 100 000 Soldaten auf beiden Seiten gefallen. Das Fiasko kostete

Churchill sein Amt als Marineminister. »Ich bin erledigt«, stöhnte er, »mit mir ist's aus.«[18]

An seinem 43. Geburtstag, an dem er Premierminister sein wollte, war Churchill immerhin schon wieder Kabinettsmitglied, jetzt als Rüstungsminister. Als 1919 in Paris die Friedenskonferenz begann, amtierte er als Kriegs- und Luftfahrtminister. Vehement und starrsinnig forderte er öffentlich einen ideologischen Kreuzzug gegen den Bolschewismus und eine militärische Intervention der Briten im russischen Bürgerkrieg auf Seiten der Gegenrevolution. Aber Churchills Tiraden verpufften, weil das verlustreiche Gallipoli-Abenteuer, das er zu verantworten hatte, noch in frischer Erinnerung war und die kriegsmüde britische Öffentlichkeit sich nicht in die russischen Angelegenheiten einmischen mochte.[19]

Anfang 1921 wurde Churchill Kolonialminister, aber im Oktober 1922 stürzte die Regierung David Lloyd George. Churchill verlor seinen Sitz im Kabinett. Er, der seine Politkarriere bei den Konservativen begonnen hatte und in Regierungen der Liberalen saß, wechselte zum zweiten Mal binnen 20 Jahren die Partei und kehrte in den Schoß der Konservativen zurück – gerade rechtzeitig, um 1924 wieder ein Ministeramt zu ergattern, diesmal das des Finanzministers. Churchill war als Opportunist verschrien, da er es schaffte, immer bei den Siegern zu sein.[20]

1929 geriet er jedoch ins politische Abseits und musste zehn Jahre lang ein Dasein als parlamentarischer Hinterbänkler fristen. Er hatte sich mit der eigenen Partei überworfen, weil sie den Indern größere Rechte einräumen wollte, was Churchill als eine Gefahr fürs Empire ansah. Zum sowjetischen Botschafter in London, Iwan Maiski, sagte er im Juli 1934: »Das Britische Empire ist für mich das A und O. Was für das Empire gut ist, ist auch für mich gut; was für das Empire schlecht ist, ist auch für mich schlecht.« 1919 habe er geglaubt, Russland stelle »die größte Gefahr für das Empire dar«; deshalb wollte er mit britischen Soldaten gegen die Bolschewiken kämpfen. Jetzt sei er der Ansicht, »dass Deutschland die größte Gefahr für das Empire ist, darum bin ich jetzt ein Gegner Deutschlands«. Er bleibe ein Gegner des Kommunismus, betonte Churchill,

»aber um der Integrität des Empire willen bin ich zur Zusammenarbeit mit den Sowjets bereit«.[21]

Churchill war kein Antifaschist. Zwar widerte ihn Hitlers Judenhass an, aber gegen die Nazi-Ideologie hatte er keine grundsätzlichen Einwände.[22] Im Jahr 1932 bemühte er sich – im Rahmen einer Recherche für ein Buch – in München um ein Essen mit Hitler, der dazu aber keine Lust hatte; noch in Churchills Memoiren klingt das Bedauern durch, dass Hitler »die einzige Gelegenheit verpasste, mich kennenzulernen«.[23]

Hitlers politischen Aufstieg beobachtete Churchill mit wohlwollender Neugier, auch wenn er die brutalen Methoden der Nazi-Schläger verabscheute. Ihn faszinierte, wie Hitler vom Weltkriegsgefreiten und arbeitslosen Kunstmaler aufgestiegen war; Churchill hielt ihn irrigerweise für einen »Corporal« (Unteroffizier) und »Housepainter« (Anstreicher). 1935 schrieb er, man könne Hitlers Buch »Mein Kampf« »nicht ohne Bewunderung für den Mut, die Zielstrebigkeit und die persönliche Antriebskraft lesen, die ihn befähigten, alle Autoritäten und Widerstände, die ihm im Weg standen, herauszufordern, in die Schranken zu weisen, zu überwinden oder zu beschwichtigen«.[24] Roosevelt hatte Hitlers Kampfschrift ganz anders gelesen. Was Churchill an Hitler störte, war allein dessen Hegemonieanspruch, der das Empire bedrohte.

Bei einem Abendessen, das Churchill im Frühjahr 1933 auf seinem Landsitz in Chartwell gab, saß James Roosevelt, der älteste Sohn des soeben in sein Amt eingeführten US-Präsidenten, mit ihm am Tisch. Roosevelt jun. war Teilhaber einer Versicherungsagentur und ein Protegé des reichen Geschäftsmannes und späteren Botschafters Joseph P. Kennedy, mit dem er nach Schottland gereist war, um nach dem Ende der Prohibition in Amerika Verträge zum Vertrieb von Whisky auszuhandeln. Nach dem Dinner regte Churchill an, die Tischgäste sollten verraten, was ihr größter Wunsch sei. Als die Reihe an Churchill kam, sagte er: »Ich wünschte mir, Premierminister zu sein und in enger täglicher Telefonverbindung mit dem Präsidenten der Vereinigten Staaten zu stehen.«[25] Realistisch war die Ambition zu dieser Zeit nicht.

Um Geld zu verdienen, schrieb Churchill historische Sachbücher, die Bestseller wurden. Im Oktober 1933 schickte er dem amerikanischen Präsidenten ein signiertes Exemplar des ersten von vier Bänden einer Biographie über seinen berühmten Vorfahren Herzog Marlborough. In der Widmung wünschte er Roosevelt Glück bei seiner Präsidentschaft, obschon der New Deal in Churchills Augen »ein ruchloser Krieg gegen das private Unternehmertum« war, »zutiefst schädlich« für die Ideale Amerikas.[26] Roosevelt bedankte sich nicht für das Präsent, er antwortete nicht einmal. 1933 war Churchill für den amerikanischen Präsidenten eine *quantité négligeable*. Erst in seinem Brief an Churchill im September 1939 kam Roosevelt auf die ihm übersandte Biographie zurück. Er sei froh, schrieb er, dass Churchill die vierbändige Ausgabe inzwischen abgeschlossen habe, bevor »dieses Ding«, der Krieg, angefangen habe, und er habe das Buch »mit Vergnügen gelesen«.[27]

Roosevelts Brief traf am 6. Oktober 1939 in London ein. Marineminister Churchill saß gerade beim Dinner mit zwei leitenden Beamten der Admiralität, als er vom Butler ans Telefon gebeten wurde. Am anderen Ende der Leitung war der amerikanische Präsident, der auf direktem Weg einem möglicherweise folgenschweren Missverständnis vorbeugen wollte. Das State Department hatte begonnen, mit allen verfügbaren Schiffen amerikanische Staatsbürger heimzuholen, die in Europa vom Ausbruch des Krieges überrascht worden waren. Eines war das amerikanische Linienschiff »Iroquois«, das in Großbritannien und Irland 566 Passagiere aufgenommen hatte und auf dem Atlantik unterwegs war. Roosevelt berichtete Churchill, die Deutschen hätten Washington informiert, dass das Schiff von Briten versenkt werden solle, wenn es sich den USA nähert; die Briten würden daraufhin Deutschland des Anschlags beschuldigen, um Amerika in den Krieg hineinzuziehen. Churchill glaubte nicht, dass deutsche U-Boote bis vor die amerikanische Küste kämen. Er vermute, sagte er zu Roosevelt, dass die Deutschen auf der »Iroquois« eine Zeitbombe deponiert haben könnten. Das Schiff wurde von der amerikanischen Küstenwache gestoppt und durchsucht, doch Sprengstoff wurde nicht gefunden. Die »Iroquois«-Episode blieb eine Fußnote der Geschichte, aber das Telefonat darüber war das erste Gespräch, das Roosevelt und Churchill seit jenem Treffen 1918 in »Gray's Inn« führten.[28]

Der Krieg hatte Churchill wieder auf die politische Bühne gebracht. Schon 1930, als die NSDAP bei der Reichstagswahl 18,3 Prozent der Stimmen gewann und damit zweitstärkste Partei nach der SPD (24,5 Prozent) wurde, hatte er gesagt, Hitler werde »bei der ersten Gelegenheit zu den Waffen greifen«. Nach der Machtübernahme der Nationalsozialisten hatte er für eine massive Aufrüstung Englands getrommelt, sogar einen Pakt mit der verhassten Sowjetunion wäre er jetzt eingegangen. Vergebens hatte er seit Mitte der 1930er-Jahre von der britischen Regierung gefordert, sich energisch dem »Dritten Reich« entgegenzustellen: »Stoppt es jetzt! Jetzt ist es Zeit!« Aber die konservativen Parteifreunde um Premierminister Neville Chamberlain hatten auf Appeasement gesetzt. Sie hatten geglaubt, der deutsche Diktator könne durch Entgegenkommen besänftigt und ein Krieg vermieden werden.

Als Hitlers Armee Polen überfiel, bestätigten sich Churchills Warnungen. Die Nazis schmähten Churchill als »dreckigen Lügner« und »aufgedunsenes Schwein«, was seine Popularität zu Hause nur erhöhte. Unter dem Druck der Öffentlichkeit musste Chamberlain ihn in sein Kabinett berufen. Er erhielt das Amt des Marineministers, das er vor einem Vierteljahrhundert schon einmal innegehabt hatte. In dieser Funktion war Churchill am Beginn des Zweiten Weltkriegs für ein militärisches Desaster zumindest mitverantwortlich. Die Wehrmacht hatte am 9. April 1940 Norwegen blitzartig besetzt und war damit den Briten zuvorgekommen, die zu lange gezaudert hatten, den Hafen Narvik in die Hand zu bekommen, um die deutsche Rüstungsindustrie von den Importen schwedischen Eisenerzes abzuschneiden. Britische Vorhuttruppen, die bereits an der norwegischen Küste gelandet waren, mussten kapitulieren, soweit sie nicht evakuiert werden konnten.

Die britische Öffentlichkeit kreidete dem Marineminister zwar das gescheiterte Norwegen-Unternehmen an, aber noch stärker ins Gewicht fiel die allgemeine Unzufriedenheit mit Chamberlain. Er hatte den Frieden gewollt, doch herausgekommen war der Krieg. Chamberlain favorisierte seinen Außenminister Lord Edward Halifax als Nachfolger, der jedoch die Appeasementpolitik mitgetragen hatte. Deshalb kam Churchill zum Zuge, der Mann, der schon immer zum Krieg bereit gewesen war, gegen den Widerstand vieler Konservativer, unterstützt von der Labour Party, die nur mit ihm in eine Allparteienregierung eintreten wollte. So wurde Churchill am 10. Mai 1940 – an dem Tag, als die Wehrmacht in Frankreich einmarschierte – zum Premierminister berufen. Ihm allein traute man zu, das Land in der Stunde höchster Gefahr zu führen. Zu einem Freund sagte Churchill: »Es hat eine Apokalypse gebraucht, damit ich Premierminister werden konnte.«[29] Am 13. Mai erklärte er im Unterhaus: »Ich habe nichts anzubieten als Blut, Mühsal, Tränen und Schweiß.« Er kündigte an, Krieg führen zu wollen »gegen eine monströse Tyrannei, wie sie nie übertroffen worden ist im finsteren Katalog der Verbrechen der Menschheit«, und sein einziges Ziel sei »Sieg um jeden Preis«.

Mehrere Male flog der neue Regierungschef nach Paris, um die Franzosen zum Durchhalten zu ermutigen. Aber er sah schon am 15. Mai »tiefste Niedergeschlagenheit« und beobachtete, wie »die Räumung von Paris vorbereitet« wurde. Voll düsterer Ahnungen, dass die Deutschen »mit erstaunlicher Schnelligkeit« ganz Europa erobern würden, schickte Churchill ein Telegramm an Roosevelt. Darin sagte er voraus, dass sich Mussolini beeilen werde, in den Krieg einzutreten, um sich einen Anteil an der »Plünderung der Zivilisation« zu sichern – was 25 Tage später auch geschah. Als Soforthilfe bat Churchill um die Überlassung von 40 oder 50 alten Zerstörern, einigen Hundert Kriegsflugzeugen und Flakgeschützen sowie um Stahllieferungen.[30]

Ende Mai brach im britischen Kabinett Panik aus. Man fürchtete, dass die Nazis den Kanal überqueren und auch Großbritannien erobern würden. Um dies abzuwenden, entwickelte Außenminister Lord Halifax einen riskanten Plan: Er schlug einen Pakt mit der Berliner Regierung vor. Die Deutschen sollten, wenn es denn nicht zu verhindern war, notfalls ganz Europa unterjochen, solange nur Großbritannien unbehelligt bliebe. Für Churchill war dies ein unvorstellbarer Gedanke. Er wusste intuitiv, dass ein Vertrag mit Hitler komplett wertlos wäre, selbst wenn der Diktator sich darauf einließ. Deshalb wies er den Vorschlag seines Außenministers schroff zurück. Langfristig gesehen, hätte ein Frieden im Westen für den deutschen Diktator dramatische Vorteile gehabt. Bei einer Übereinkunft mit England hätte Hitler schon zu diesem Zeitpunkt mit allen Divisionen in die Sowjetunion einmarschieren können; dann hätte er womöglich die Rote Armee doch besiegt.[31]

Churchill war »ein Krieger«, wie Sebastian Haffner sagt.[32] »Wir werden nicht wanken und nicht weichen«, erklärte der Premier trotzig. »Wir werden unsere Insel verteidigen, wie hoch auch immer der Preis ... Wir werden uns nie ergeben.«[33]

Churchill hatte einen Plan. Ihn verfolgte er, so erzählt es später sein Sohn Randolph, seit dem 18. Mai 1940. An diesem Morgen, während er sich im Bad rasierte, sagte der Premierminister durch die offene Tür zu seinem dort wartenden Sohn plötzlich: »Ich weiß, wie wir es machen.« Randolph fragte zurück, ob er meine, »wie wir die Niederlage vermeiden oder wie wir sie schlagen können«. Der Vater antwortete: »Natürlich wie wir sie besiegen können. Ich werde die USA hineinziehen.« Drei Tage zuvor hatte er Roosevelt geschrieben und versucht, den Präsidenten davon zu überzeugen, »dass die Stimme und die Macht der Vereinigten Staaten nichts wert sind, wenn sie zu lange zurückgehalten werden«. Am 19. Mai schickte Churchill ein Telegramm, in dem er Roosevelt dringend um die Lieferung von Jagdflugzeugen bat, man befinde sich in einer äußerst gefährlichen Lage. Churchills Privatsekretär John Colville war »angesichts der freundlichen Worte, die er immer für die Amerikaner übrig« hatte, »einigermaßen schockiert«, als der Premier zu ihm sagte: »Hier ist eine Depesche an die verdammten Yankees. Lassen Sie sie noch heute Nacht weiterleiten.«[34]

Churchill versuchte mit allen Raffinessen, Roosevelt für die gemeinsame Sache zu gewinnen, mal schmeichelnd und bettelnd, mal dreist und fordernd. Er schreckte nicht einmal vor Erpressung zurück. Kurz vor der Kapitulation Frankreichs schrieb Churchill am 15. Juni 1940, dass nur eine amerikanische Kriegserklärung die Lage retten könne. Wenn Frankreich falle, stehe England allein gegen Hitler. Er selbst werde bis zum Ende kämpfen, aber die Britischen Inseln könnten ein Vasallenstaat des Nazireichs werden, und eine Kollaborationsregierung in London könne mit der britischen Flotte die Kriegsmarine der Deutschen und Japaner verstärken, so dass sich »eine überwältigende Seemacht in Hitlers Händen« befände. Das Schicksal der britischen Flotte sei daher »entscheidend für die Zukunft der Vereinigten Staaten«.[35]

Churchill wusste, dass Großbritannien allein, ohne die Amerikaner, gegen Nazi-Deutschland keine Chance hatte. Sicherheitshalber ging er daran, ein Bündnis mit Stalin zu schmieden, obwohl ihm das Sowjetsystem verhasst war. Gegenüber seinem Privatsekretär Colville äußerte er: »Wenn Hitler in der Hölle einfiele, dann würde ich im Unterhaus den Teufel zumindest positiv erwähnen.«[36]

Wie Churchill erwartet hatte, erklärte Mussolini am 10. Juni Frankreich und Großbritannien den Krieg. Zwar wusste Italiens »Duce«, dass seine Streitkräfte weder militärisch noch materiell in der Lage waren, mit Aussicht auf Erfolg zu kämpfen. Aber er wollte nicht die Chance verpassen, sich an der Seite des Siegers einen Teil der Beute zu sichern. Zuvor hatte er sich, unter Verweis auf mangelnde Kriegsausrüstung, dem Drängen Hitlers nach aktiver Waffenbrüderschaft widersetzt, obwohl er 1939 einen hochtrabend »Stahlpakt« genannten Bündnisvertrag mit dem deutschen »Führer« geschlossen hatte. Italien sei nicht vor Ende 1942 für einen Kriegseintritt bereit, hatte er Hitler gleich nach Vertragsabschluss wissen lassen. Nun, nach den deutschen Blitzsiegen, rechnete Mussolini mit einem raschen Kriegsende und wollte nicht zu spät einsteigen, um an Friedensverhandlungen beteiligt zu werden. Eine Offensive der Italiener in den Alpen, von der die Deutschen nichts wussten, scheiterte jedoch kläglich. Die Franzosen verloren dabei 200 Mann, auf italienischer Seite gab es 6000 Opfer.

Nach der Kapitulation Frankreichs rückte die Gefahr einer Invasion der Britischen Inseln näher. Am 16. Juli 1940 erteilte Hitler eine Weisung »über die Vorbereitung einer Landungsoperation gegen England«: Da England, »trotz seiner militärisch aussichtslosen Lage, noch keine Anzeichen einer Verständigungsbereitschaft zu erkennen« gebe, habe er sich »entschlossen, eine Landungsoperation gegen England vorzubereiten und, wenn nötig, durchzuführen«. Der Wortlaut der Weisung zeigte schon, dass Hitler keine rechte Begeisterung für die Operation »Seelöwe« hegte, zumal ihm der Chef der Kriegsmarine, Großadmiral Erich Raeder, die Schwierigkeiten einer Landung von See her vor Augen geführt hatte. Deshalb richtete Hitler drei Tage später ein Friedensangebot an England. Als die Regierung in London darauf nicht reagierte, ordnete er Luftangriffe an.

Am 24. August 1940 warfen die Deutschen erstmals Bomben auf Londoner Wohngebiete, Angriffe auf Coventry und Birmingham folgten. »Wir werden ihre Städte ausradieren«, brüllte Hitler. Doch die Bombardierung konnte die Moral der Bevölkerung nicht brechen und die Regierung nicht zu einem Friedensvertrag zwingen. Im Gegenteil: Die Attacken der rund 2000 deutschen Bomber bestärkten den Widerstandsgeist der Briten, und Churchill in seinem suggestiven Singsang predigte das Durchhalten. Statt zu kapitulieren, sagte er, würde er lieber auf den Stufen von 10 Downing Street an seinem eigenen Blut ersticken. Demonstrativ stapfte er durch die Trümmerwüsten der bombardierten Städte, wie ein Messias begrüßt von seinen britischen Landsleuten. Die Menschen drängten sich, um »den Saum seines Gewandes zu berühren«, beobachtete Roosevelts Abgesandter Hopkins, und sie riefen ihm zu: »Zahl's ihnen heim!« Das tat er denn auch: Der erste britische Großangriff auf eine deutsche Stadt traf im Dezember 1940 Mannheim.

Die Gefahr, dass die Deutschen in England landen würden, war noch lange nicht abgewendet, weshalb Churchill weiter um Roosevelts Unterstützung buhlte. Dabei strich er vor allem ihre persönlichen Übereinstimmungen, etwa ihre maritime Vergangenheit, heraus. Doch die beiden sind schon rein äußerlich ein höchst ungleiches Paar: Dem gedrungenen, bulligen Premier sieht man seinen Hang zu gutem Essen und zum Alkohol an; daneben ist der hagere, asketische Präsident, ein Hüne von 1,90 Meter Körpergröße, trotz seiner Behinderung eine stattliche Erscheinung. Churchill trinkt vorzugsweise

Für Winston Churchill war Marrakesch »der schönste Ort der Welt«. Seit den 1930er-Jahren kehrte er immer wieder dorthin zurück, um seinem Hobby, dem Malen, nachzugehen. Noch in Casablanca wollte er die amerikanische Delegation bewegen, die Konferenz nach Marrakesch zu verlegen.

harte Sachen wie Whisky, Roosevelt genehmigt sich einen oder zwei Martini vor dem Dinner.

Roosevelt pflegt die Manieren eines englischen Gentlemans, der seine Gefühle immer im Griff hat; Churchill ist hochemotional und hat nah am Wasser gebaut – oft wird er von Tränen der Rührung übermannt. Churchill ist ängstlich darauf bedacht, dass ihm Roosevelt seine Zuneigung bestätigt, der geht jedoch oft kühl auf Distanz zu ihm. Mary Soames, Churchills jüngste Tochter, umschreibt das Verhältnis der beiden Staatsmänner mit einem französischen Sprichwort: »In der Liebe gibt es immer einen, der küsst, und einen, der die Wange hinhält.«[37] Churchill ist in dieser Beziehung der hartnäckige Verehrer, Roosevelt die scheue Jungfer.

Ihre Arbeitsweisen unterscheiden sich fundamental. Der Premier verfasst seine eindrucksvollen Reden alle eigenhändig, während der Präsident einen ganzen Stab von Ghostwritern beschäftigt. Churchill schreibt seine Gedanken und Befehle akribisch nieder,

Roosevelt erteilt oft spontan in sich unschlüssige Anweisungen. Churchill arbeitet mit Vorliebe nachts, Roosevelt geht gern früh schlafen. Churchill denkt in Gegensätzen, Ordnungen, Hierarchien; Roosevelt sucht Alternativen, Wettbewerb, Improvisation. Churchill ist ein nostalgischer Viktorianer, Roosevelt ein Modernisierer und Optimist.[38]

Auch ihre Hobbys sind grundverschieden: Churchill malt Aquarelle und baut Mauern aus Ziegeln, Roosevelt sammelt Briefmarken. Churchill entspannt in der Gesellschaft von Männern, Roosevelt hat gern Frauen um sich. Sie unterscheiden sich in ihrem Humor und in ihren Vorlieben für Menschen. Roosevelts engster britischer Freund ist Arthur Murray, den er als stellvertretenden Militärattaché in Washington im Ersten Weltkrieg kennengelernt hat und der später Unterhausabgeordneter der Liberalen wird; Churchill verachtet Murray als alten Trottel. Churchills engster amerikanischer Freund ist der Börsenspekulant Barnard Baruch, der ihn auch persönlich in Finanzdingen berät; Churchill nahm Baruch nicht einmal übel, dass er ihn 1938 mit falschen Aktienempfehlungen in die Pleite trieb. Roosevelt hingegen witzelt über Baruch und begegnet ihm mit Misstrauen.[39] Nur eines verbindet die beiden Männer wirklich: Ehrgeizig und mutig haben sie ernsthafte Behinderungen überwunden. Roosevelt lässt sich nicht unterkriegen, auch wenn er an den Rollstuhl gefesselt ist; Churchill hat in seiner Kindheit gestottert und wird sein Leben lang von Depressionen geplagt.

Es kann Churchill bei der umfangreichen Korrespondenz mit Roosevelt nicht verborgen geblieben sein, dass der Präsident in vielen der angesprochenen Fragen völlig andere Ansichten hat als er. Vor allem Roosevelts Visionen einer neuen Nachkriegsordnung, dessen Forderungen nach politischen und sozialen Reformen, stehen Churchills Weltbild diametral entgegen. Trotzdem nannte der Premier das Vertrauensverhältnis, das zwischen ihnen entstand, bald eine »besondere Beziehung«; den Begriff übertrug er auch auf das Verhältnis der beiden angelsächsischen Mächte zueinander.[40]

Ende 1940 gab es allerdings ernsthafte Verstimmungen zwischen ihnen. Im Präsidentschaftswahlkampf hatte Roosevelts republikanischer Herausforderer Wendell Willkie frühere abfällige Äußerungen Churchills über den New Deal kolportiert. Obwohl die Zitate sinnentstellend aus dem Zusammenhang gerissen waren, unternahm Churchill nichts, um die Dinge zurechtzurücken. Am Tag nach der Wahl sandte er Roosevelt ein scheinheiliges Telegramm. »Als Ausländer« habe er sich »nicht berechtigt« gefühlt, »während des Wahlkampfes meine Meinung über die amerikanische Politik auszudrücken«. Jetzt aber wolle er dem Präsidenten sagen, »dass ich für Ihren Erfolg gebetet habe und dass ich aufrichtig dankbar dafür bin«.[41]

Auf die faule Ausrede reagierte Roosevelt nicht. Verunsichert schickte Churchill zehn Tage später ein weiteres Telegramm hinterher: Er hoffe, »dass Sie mein persönliches Gratulationsschreiben erhalten haben«. Roosevelt antwortete wieder nicht. Denn in der Zwischenzeit hatte Churchill das britische Außenministerium angewiesen, Willkies Zitate richtigzustellen – zu spät, um noch glaubwürdig zu sein. Fortan betrachtete Roosevelt Churchills Trommelfeuer herzlicher Sympathiebekundungen als »janusgesichtig und hinterhältig«.[42]

Schon am 1. Januar 1941 musste sich Churchill erneut als Bittsteller an Roosevelt wenden. Es könne nur mit finanzieller Unterstützung der Vereinigten Staaten gelingen, schrieb er, den »Hitlerismus aus Europa, Asien und Afrika« zu vertreiben. Der Premierminister befürchtete nach Einschätzung seines Privatsekretärs Colville, »dass die Vorliebe der Amerikaner für gute Geschäfte sie veranlassen könnte, erst abzuwarten, bis wir bankrott sind, ehe sie den barmherzigen Samariter spielen«.[43]

Tatsächlich hatte Englands Außenhandel bereits abgewirtschaftet, nach der Zahlungsbilanz war das Land pleite. Das stärkte letztlich Churchills Position, denn nun konnte sich Amerika nicht mehr mit seiner Neutralität herausreden, sondern musste gratis weiterliefern und sich damit offen an die Seite Englands stellen. Andernfalls wären alle bisherigen Lieferungen verloren gewesen, England dem Untergang geweiht und Hitler der Herr des Atlantiks geworden.[44]

Für Churchill war es ein schwieriger Spagat. Einerseits musste er Roosevelt überzeugen, dass England noch nicht verloren war.

Andererseits musste er ihm aber auch klarmachen, dass Hilfe dringend benötigt wurde, wenn England nicht zusammenbrechen sollte. Er musste den Präsidenten überzeugen, dass das Britische Empire niemals kapitulieren würde, selbst wenn England von den Deutschen besetzt wurde; es gab schon seit Beginn des deutschen Westfeldzugs Überlegungen, dass die britische Regierung im Ernstfall nach Kanada oder, wie Roosevelt vorgeschlagen hatte, auf die Bermudas ausweichen würde. Andererseits durfte er Roosevelt nicht zu sehr in Sicherheit wiegen, dass, wie Churchill es ausdrückte, Amerika schlimmstenfalls zum »Erben des Empire minus England« werden könnte. Sein wirksamstes Druckmittel war, Roosevelt mit den Folgen einer eventuellen englischen Kapitulation die Hölle heiß zu machen.[45] Churchill ging wohl davon aus, dass der offene Bruch der Neutralität Hitler reizen würde, Amerika den Krieg zu erklären. Das hätte den Briten Luft verschafft. Churchills Hoffnung erfüllte sich aber zunächst nicht. Hitler war vielmehr entschlossen, die Sowjetunion anzugreifen, weshalb er Amerikas Feindseligkeit vorläufig ignorierte.[46]

Churchill scheut keine Mühe, wenn er das Bedürfnis hat, sich mit Roosevelt persönlich auszutauschen. Sechsmal überquert er während des Krieges unter großen Gefahren den Atlantik, um mit dem amerikanischen Präsidenten zu konferieren.[47] Dass zwischen den Cabinet War Rooms in London und dem Weißen Haus in Washington Mitte 1943 eine abhörsichere direkte Telefonleitung eingerichtet wird, ändert daran nichts.[48]

»Kein Freier« habe sich »je so sorgfältig auf das erste Rendezvous vorbereitet« wie Churchill auf das Treffen mit Roosevelt in der Placentia Bay, lästert der britische Historiker Anthony Beevor.[49] Und der Premier scheute für dieses Rendevouz kein Risiko: Die Warnung seines Stellvertreters Attlee, dass die eben fertiggestellte »Tirpitz«, das größte je gebaute Schlachtschiff, die »Prince of Wales« abfangen könnte, schlug er in den Wind.[50]

»Stechen eben in See«, telegrafierte Churchill bei seiner Abreise am 4. August 1941 an Roosevelt. »Heute vor 27 Jahren haben die Hunnen ihren vorletzten Krieg begonnen. Müssen diesmal unsere

Sache gut machen. Zweimal sollte genug sein.«[51] Als Gastgeschenke brachte Churchill ein paar noch vor der Saisoneröffnung geschossene Moorhühner sowie echte Schildkrötensuppe mit, dazu einige »goldene Eier« – abgehörte und entschlüsselte deutsche Funksprüche; damit hoffte er Roosevelt zu beeindrucken.

Gemeinsam feierten die amerikanischen und britischen Besatzungen auf der »Prince of Wales« einen Gottesdienst. Sie sangen »Vorwärts, christliche Soldaten«, einen Choral, den Churchill mit sicherem Instinkt für Symbole ausgesucht hatte. Dem Premier liefen die Tränen über die Wangen. »Nichts dürfe seiner Freundschaft mit dem Präsidenten, von der so viel abhänge, im Wege stehen«, notierte einer seiner Mitarbeiter.

Dass der Vorschlag zu der Begegnung vor Neufundland von Roosevelt ausgegangen war, stimmte Churchill zuversichtlich: Das hätte der Präsident nicht getan, meinte er, »wenn er nicht einen weitergehenden Schritt im Auge hätte«. Aber Roosevelt verkündete nicht die von Churchill erhoffte Waffenbrüderschaft.[52] Stattdessen nötigte ihn der Präsident, eine Erklärung, die »Atlantik-Charta«, zu unterschreiben, die das Ende des Britischen Empire bedeutete, denn sie bekräftigte das Selbstbestimmungsrecht der Völker, frei ihre Regierungsform zu wählen sowie gleichberechtigten Zugang zum Welthandel und zu Rohstoffen zu haben.[53]

Churchill durfte gerade mal ein paar Ausnahmen für das Commonwealth zu Protokoll geben. Der amerikanische Journalist Joseph P. Lash, ein enger Freund Eleanor Roosevelts, beschreibt die Tragik des Premiers: »Churchill dominiert in den Kriegsjahren die Weltpolitik als der größte Staatsmann des 20. Jahrhunderts. Dennoch spült der Strom der Geschichte die Institution hinweg, deren Bewahrung ihm am meisten am Herzen liegt: die scheinbar geordnete Welt des Britischen Empire unter einem mächtigen Monarchen.«[54] Immerhin brachte Churchill eine Formulierung unter, die ihm wichtig war: Der globale Frieden solle »nach der endgültigen Vernichtung der Nazi-Tyrannei« verwirklicht werden. Roosevelt, immer noch Repräsentant eines formal neutralen Landes, stimmte diesem Kriegsziel zu. So konnte Churchill hoffnungsvoll nach England zurückkehren.

Von nun an gebrauchte er häufig eine Geste, die er zwar nicht erfunden hat, aber populär machte: Er formte mit gespreiztem Zeige- und Mittelfinger das »Victory«-Zeichen.[55]

Während die Briten aufatmeten, sah die sowjetische Führung die Zukunft ihres Landes düster. Gegenüber seinem Botschafter in London, Iwan Maiski, äußerte Stalin Ende August 1941 zum ersten Mal während des Krieges den Gedanken einer möglichen Niederlage der Sowjetunion: »Unter uns muss ich Ihnen offen sagen, dass, wenn die Engländer in den nächsten zwei, drei Wochen in Europa keine zweite Front schaffen, wir und unsere Verbündeten dann diese Geschichte verlieren könnten. Das wäre traurig, aber es kann so kommen.«[56]

Die Vorstellung, dass eine Niederlage der Sowjetunion nur durch den sofortigen Beginn von Kampfhandlungen in Westeuropa abgewendet werden könne, deutete Stalin einige Tage später auch gegenüber Churchill an: »Ohne diese beiden Hilfeleistungen [die zweite Front und die Lieferung von Gütern für die UdSSR] wird die Sowjetunion entweder eine Niederlage erleiden oder so geschwächt werden, dass sie für lange Zeit außerstande sein wird, ihren Verbündeten durch aktive Operationen an der Kampffront gegen den Hitlerfaschismus Hilfe zu leisten.«[57]

Churchill wich jeglicher Festlegung aus, auch wenn er seine Briefe an Stalin gern mit der Schlussformel »Ihr Freund und Kriegskamerad« unterschrieb. Es gab nachvollziehbare militärische Gründe, mit einer Landung an der französischen Atlantik- oder Kanalküste zu zögern. Die starken deutschen Befestigungen würden zwangsläufig zu hohen Verlusten der Alliierten bei der Erstürmung führen. Nach Meinung seiner Stabschefs, die Churchill teilte, sollte eine groß angelegte Invasion erst gewagt werden, wenn der Gegner deutlich geschwächt war. Dann würde die Eröffnung einer zweiten Front im Westen dem Nazireich den Todesstoß versetzen.[58]

Im Sommer 1941 war den Briten ein anderer Kriegsschauplatz wichtiger. Mussolinis Italien, das 1934 in Nordafrika drei Provinzen erobert und Libyen vereinigt sowie 1935 Abessinien besetzt hatte, bedrohte die britische Herrschaft in Ägypten. Nachdem Mussolini England den Krieg erklärt hatte, überrannten britische Truppen weite Teile Libyens. Im Januar 1941 eroberten sie das Wüstenfort Tobruk. Hitler beschloss, seinem Verbündeten zu Hilfe zu kommen; er fürchtete, dass ein Sieg der Briten in Nordafrika deren Stellung im Mittelmeerraum stärken würde und eine britische Invasion in Italien zur Folge haben könnte. Daher schickte Hitler im Februar 1941 deutsche Truppen nach Libyen, die, wie auch die italienischen Verbände, unter dem Befehl des als wagemutig und schlau geltenden Generalleutnants Erwin Rommel standen.

Das deutsche Afrikakorps begann Ende März mit der Rückeroberung der ostlibyschen Provinz Cyrenaica. Durch die erfolgreiche Taktik des mobilen Wüstenkriegs warfen Rommels Truppen überlegene britische Verbände 800 Kilometer zurück. Dann aber stoppte der Vormarsch wegen Nachschubmangels an der ägyptischen Grenze. Ein britischer Großangriff im November trieb das deutsche Afrikakorps bis zum Jahresende auf seine Ausgangsstellung am Westrand der Cyrenaica zurück.

Am Abend des 7. Dezember 1941, einem Sonntag, bewirtete Churchill zwei Gäste aus Übersee in seinem Herrenhaus in Chequers: den US-Botschafter John Winant, der dem nazifreundlichen Joseph Kennedy nachgefolgt war, und Roosevelts Sondergesandten Averell Harriman. Nach dem Dinner schaltete Churchill ein Kurzwellenradio ein und hörte vom Angriff der Japaner auf Pearl Harbor. Er ließ sich sofort telefonisch mit Roosevelt verbinden. »Herr Präsident, was ist das mit Japan?«, fragte er. »Es ist wahr«, bestätigte Roosevelt. »Sie haben uns in Pearl Harbor angegriffen. Jetzt sitzen wir alle in einem Boot.« Churchill antwortete: »Damit wird alles viel einfacher. Gott sei mit Ihnen.«

Churchill hatte sein wichtigstes Ziel erreicht. Zwei Jahre und drei Monate nach der Kriegserklärung des britischen Königreichs an das Deutsche Reich standen die »englisch sprechenden Demokratien« endlich in einer Waffenbrüderschaft.

In der ersten Fassung seiner Erinnerungen an den Zweiten Weltkrieg schrieb Churchill, er habe auf seinem Landsitz zusammen mit dem US-Botschafter eine Art Freudentanz aufgeführt – eine schwer vermittelbare Reaktion auf ein Ereignis, das für Tausende junger Amerikaner den Tod bedeutete. In der veröffentlichten Version findet sich deshalb von Churchills Freudentanz nichts. »Übersättigt von Aufregung und Gefühlsstürmen, ging ich zu Bett und schlief dankbar den Schlaf des Geretteten«, schreibt er später.

»Er ist ein anderer Mann, seit Amerika in den Krieg eingetreten ist«, beobachtete Lord Moran, Churchills Leibarzt, während einer Überfahrt nach Amerika Ende Dezember 1941. »Die Müdigkeit und die Glanzlosigkeit ist aus seinen Augen verschwunden.«[59]

Churchill war an Bord des Schlachtschiffs »Duke of York« auf dem Weg zur »Arcadia«-Konferenz in Washington. Zehn Tage dauerte die stürmische Atlantik-Überquerung, bis der britische Premier am 22. Dezember in Washington eintraf. Hier kamen die nunmehr auch offiziell Verbündeten zum ersten Mal zusammen, um ihre strategischen Ziele abzustecken. Die Konferenz dauerte 24 Tage.

In dieser Zeit wohnte Churchill im »Queen's Bedroom« gegenüber Hopkins' Apartment, wenige Schritte vom Oval Study des Präsidenten entfernt.[60] Zu den unumstößlichen Gepflogenheiten Roosevelts gehörte die tägliche Cocktailstunde um 18 Uhr, die er »Kinderstunde« nannte. Wer gerade zu Besuch im Weißen Haus weilte, musste mit dem Präsidenten trinken. Besonders mochte Roosevelt einen Martini-Mix aus Gin, Wermut, Fruchtsaft und einem Schuss Rum. Churchill fand das Getränk widerlich süß. Deshalb täuschte er vor, wie ein anderer Gast einmal beobachtete, den Cocktail zu trinken; tatsächlich ging er ins Bad, schüttete den Martini ins Waschbecken und füllte das Glas mit Leitungswasser auf.[61]

Eines Morgens wollte Roosevelt dem englischen Gast spontan mitteilen, dass ihm in der Nacht der Name eingefallen war, den die neue Weltorganisation erhalten sollte: »Vereinte Nationen«. Deshalb ließ er sich in seinem Rollstuhl zu Churchills Zimmer schieben. Die Tür stand offen, als der Premier gerade nass und nackt aus dem Badezimmer kam. Roosevelt wollte sich diskret abwenden, doch Churchill bat ihn herein: »Bleiben Sie, bleiben Sie, der britische Premier hat vor dem amerikanischen Präsidenten nichts zu verbergen.«[62]

Die anglo-amerikanische Sonderbeziehung glaubte Churchill in seiner eigenen Person zu verkörpern. Sein Großvater mütterlicherseits war Leonard Jerome, zeitweilig Eigentümer der *New York Times*. So erklärte Churchill am 26. Dezember 1941 vor dem Kongress in Washington, dass er als Abgeordneter in diesem Parlament sitzen könnte, wenn sein Vater Amerikaner und seine Mutter Engländerin gewesen wäre statt umgekehrt. Aus Roosevelts Sicht war es ein Segen, dass Churchills Vater Engländer war.[63]

Im August 1942 besuchte Churchill zum ersten Mal seinen anderen, den schwierigeren Verbündeten: Josef Stalin. Der Premier musste dem Sowjetführer nahebringen, dass eine Landung der Westalliierten in Nordfrankreich in diesem Jahr nicht mehr in Frage komme. Aber da die Royal Air Force seit dem Frühjahr systematisch deutsche Städte bombardierte, konnte Churchill argumentieren, dies sei ja gewissermaßen eine zweite Front.[64] De facto war die Bomberflotte die einzige Offensivwaffe, die Großbritannien zur Verfügung stand.[65]

Die erste Begegnung von Churchill und Stalin verlief zunächst frostig. Zwei Stunden, berichtet der Brite in seinen Memoiren, »verstrichen in düsterer, schlechter Stimmung«. Der »große Revolutionshäuptling« habe »sehr finster« dreingeschaut, als der Londoner Regierungschef ihm erklärte, warum eine Landung an der französischen Kanalküste nicht in Frage komme: Krieg sei »kein Narrenspiel«, sagte Churchill, und es sei »töricht, eine Katastrophe heraufzubeschwören, die niemand Nutzen brächte«. Stalin widersprach heftig: Wer nichts wage, könne keinen Krieg gewinnen. Seine Erfahrung habe ihn gelehrt, dass »Truppen in der Schlacht bluten müssten«.[66]

Churchill entfaltete eine Karte Südeuropas, des Mittelmeers und Nordafrikas. Ob denn, fragte er Stalin, die zweite Front unbedingt an der Nordsee aufgebaut werden müsse? Oder ob es nicht auch eine Alternative gebe, »die der gemeinsamen Sache zum Vorteil« gereiche?

Dann offenbarte Churchill, weshalb er überhaupt nach Moskau gekommen war. Er sei von Roosevelt ermächtigt, Stalin vertraulich über die geplante Operation »Torch« zu informieren, auf die sich Engländer und Amerikaner kurz zuvor geeinigt hatten: eine Landung in Nordafrika, um Hitlers Machtsphäre von der Südflanke her aufzurollen. »Wenn wir ums Jahresende im Besitze Nordafrikas sind«, sagte Churchill zu Stalin, »könnten wir das Hitler'sche Europa am Bauch bedrohen.« Churchill zeichnete den europäischen Kontinent als stilisiertes Krokodil und erläuterte anhand der Skizze, wie man »den weichen Bauch und die harte Schnauze der Bestie gleichzeitig angreifen« wolle. Da wurde der Atheist Stalin, einst Schüler eines orthodoxen Priesterseminars, geradezu religiös: »Möge Gott diese Unternehmung segnen.«[67]

So überliefert es Churchill. Der Ausspruch kann aber auch spöttisch gemeint gewesen sein. Denn Stalin verdächtigte Churchill nicht zu Unrecht, dieser habe es darauf angelegt, dass sich die Sowjetunion und Deutschland wechselseitig zermürbten, bis Amerika und England am Ende ohne allzu große eigene Opfer zu einem Sieg über Hitler kämen. Für den britischen Premier war es ein schrecklicher Gedanke, dass die Rote Armee rasch westwärts vorrücken könnte, wenn Hitler Soldaten und Waffen von der Ostfront abziehen musste, um sich in Frankreich den Westalliierten entgegenzustemmen. Wenn es hingegen, so Churchills Kalkül, gelänge, mit einer angloamerikanischen Offensive von Süden her ins östliche Mitteleuropa, bis Prag oder womöglich Warschau, vorzustoßen, dann würden die sowjetischen Truppen nicht über ihre jetzigen Landesgrenzen hinauskommen und Amerikaner und Briten würden Europa allein beherrschen. In dieser Konstellation, glaubte Churchill, könnte England den befreiten Kontinent dominieren.[68]

»Warum«, fragte Stalin am 6. November 1942 in seiner Rede zum 25. Jahrestag der Oktoberrevolution, »war Deutschland an unserer Front so erfolgreich? Weil es keine andere Front gibt, auf die es starke Kräfte verwenden müsste! Die Westmächte machen keine! Sie scheuen das Risiko! Wir bekämpfen auf eigenem Boden 240 deutsche Divisionen, die Engländer in Afrika vier!«[69]

Stalin rühmte seine Armee: »Ich denke, kein anderes Land und keine andere Armee hätten einem derartigen Ansturm der vertierten Banden der faschistischen deutschen Räuber und ihrer Bundesgenossen standhalten können.« Er sei jedoch sicher, dass die zweite Front noch komme, »früher oder später«. Denn sie werde »nicht nur deshalb kommen, weil wir sie brauchen, sondern vor allem, weil unsere Verbündeten sie nicht weniger brauchen als wir«. Die Verbündeten müssten »unbedingt begreifen, dass nach dem Ausscheiden Frankreichs das Fehlen einer zweiten Front gegen das faschistische Deutschland für alle freiheitsliebenden Länder, darunter auch für die Verbündeten selbst, ein schlechtes Ende nehmen kann«.[70]

Natürlich bedeutet die Abschweifung über Nordafrika einen gewaltigen Zeitverlust; der direkte Weg über Frankreich würde im Erfolgsfall schneller zum Ziel führen. Die amerikanischen Militärs drängten ungeduldig auf eine Invasion am Ärmelkanal. Aber Churchill wusste: Amerika lag, was Vorbereitung und Führung dieses Krieges betraf, gegenüber England zwei Jahre im Rückstand. Wenn Amerika nicht tatenlos zusehen wollte, bis seine Kriegsrüstung in zwei oder drei Jahren einen eigenen Feldzug ermöglichen würde, dann musste es sich, zumindest fürs Erste, auf Englands Krieg einlassen, wie er sich gerade darbot. Und England war bereits engagiert – in Nordafrika.[71]

Dort sah es allerdings den größten Teil des Jahres 1942 nicht gut aus für die Briten. Durch massive Luftangriffe unterstützt, konnte Rommels Panzerarmee im Januar wieder in die Offensive gehen. Schnell stießen die deutsch-italienischen Truppen bis nach Ägypten vor. Im Juni mussten auch die alliierten Verteidiger der wichtigen libyschen Hafenstadt Tobruk kapitulieren. 33 000 Soldaten, neben Briten vor allem Südafrikaner und Inder, wurden gefangen genommen, 5000 Tonnen Versorgungsgüter und 10 000 Tonnen Treibstoff fielen den Eroberern in die Hände. Rommel, der »Wüstenfuchs«, wurde daraufhin zum Generalfeldmarschall befördert.

Als Churchill die Nachricht vom Fall Tobruks erhielt, war er gerade bei Roosevelt in Washington, um mit ihm die Operation »Torch« zu beschließen. »Ich versuchte gar nicht erst, mein Entsetzen vor dem Präsidenten zu verbergen«, bekannte er später. »Der Augenblick war zu bitter. Niederlage ist eines, Schande ein anderes.«[72]

Auch im Juli hatte Churchill nach eigenen Worten »nicht einen Schimmer militärischen Erfolgs aufzuweisen«, und seine »politische Stellung« war »schwach wie nie«.[73] Die Japaner eroberten Malaya und Burma. Indien strebte mit Kampagnen zivilen Ungehorsams nach Unabhängigkeit, die Freiheitsführer Gandhi und Nehru wurden ein letztes Mal in englische Gefängnisse geworfen.[74]

Dass Briten und Amerikaner noch nicht für eine groß angelegte Landung im deutsch besetzten Nordfrankreich gerüstet waren, zeigte ein im August 1942 katastrophal gescheitertes Experiment englischer und kanadischer Einheiten bei dem Badeort Dieppe an der Kanalküste. Ein »Wahnsinnsunternehmen«, spottete Goebbels.[75]

Zwar hatte der Befehlshaber des Stabes für amphibische Operationen, Vizeadmiral Lord Louis Mountbatten, die handstreichartige Besetzung des Kriegshafens von Dieppe nur als »Aufklärungsunternehmen« geplant; die Soldaten sollten sich nach erfolgreicher Erstürmung der deutschen Verteidigungsanlagen wieder zurückziehen. Aber die Möglichkeit einer späteren Invasion sollte dabei schon ausgelotet werden. Die Lehren waren erschreckend. An den Steilküsten zu beiden Seiten des Ortes standen schwere deutsche Küstenbatterien; von den hohen Felsen konnten sie die Angreifer auf dem Hauptstrand unter Feuer nehmen. Von den mehr als 6000 Soldaten kehrten nur 1450 zurück. Den britischen Planern wurde klar, dass eine künftige große Landung nur an flachen Stränden fernab stark befestigter Häfen gelingen könnte. Das Debakel von Dieppe weckte bei Churchill traumatische Erinnerungen an Gallipoli.

Durch die militärischen Misserfolge geriet Churchill auch innenpolitisch in Turbulenzen: Um ein Haar wäre er als Premier abgewählt worden. Einen Misstrauensantrag im Unterhaus hatte er im Juli zunächst überstanden, doch die Vertrauenskrise schwelte weiter. Im September erklärte der linke Labour-Politiker Stafford Cripps seinen Rücktritt als Lordsiegelbewahrer und Mitglied des Kriegskabinetts; in einer BBC-Sendung hatte Cripps, der zuvor britischer Botschafter in Moskau gewesen war, auf eindrucksvolle Weise die sowjetischen Kriegsanstrengungen geschildert. Aufgrund seiner so gewonnenen Popularität und der schwierigen Kriegslage sah es eine Zeitlang so aus, als würde sich eine Mehrheit der Allparteienkoalition auf Cripps als Nachfolger Churchills einigen. Cripps, »ein Asket von kaltfunkelnder Intelligenz« (Haffner), schien eher befähigt zu sein, das Land in den Frieden zu führen.[76] Churchill gelang es jedoch,

Cripps einen Aufschub seiner Demission bis zu den bevorstehenden großen Operationen in Nordafrika abzuringen.[77] Als diese die Kriegswende brachten, war Churchill gerettet und Cripps gescheitert. Churchill degradierte seinen Kontrahenten zum Minister für Luftrüstung.[78]

Vielleicht wäre Cripps, der Freund und Förderer Adam von Trotts, auf die deutschen Widerständler zugegangen. Im April 1942 hatte Willem A. Visser 't Hooft, der Generalsekretär des im Entstehen begriffenen Ökumenischen Rates der Kirchen in Genf, Cripps persönlich ein von Trott verfertigtes Memorandum überreicht, und der Minister hatte es Churchill vorgelegt. Doch der ließ es in der Schublade verschwinden. Trotz der entmutigenden Ignoranz der westlichen Staatsmänner verfolgt die deutsche Hitler-Opposition unbeirrt weiter das Ziel, mit einem Umsturzversuch, und sei er noch so hoffnungslos, wenigstens ein Zeichen zu setzen. Im Sommer 1944, kurz vor dem Attentat auf Hitler, wird Trott, der später hingerichtet wird, seinem ebenfalls im Auswärtigen Amt tätigen Mitstreiter Franz Josef Furtwängler sagen: »Was soll denn sonst der Cripps von mir denken? Dass ich den ganzen Krieg hier nur Beamtenarbeit getan habe?«[79]

Der Umschwung, der Churchills politisches Überleben sicherte, war ein militärischer Erfolg über Feldmarschall Rommel. Dessen Heer stand im Oktober 1942 vor el-Alamein, noch 240 Kilometer bis Kairo. Hitler träumte davon, dass die siegreichen Afrikakämpfer bald, von Süden her, in den Russlandfeldzug eingreifen könnten. Aber Rommel war krank, und ihm fehlten Soldaten, Panzer und Benzin; der von Hitler und Mussolini versprochene Nachschub blieb aus. Im Mittelmeer versenkten die Briten die Schiffe der Achsenmächte, in der Wüste griff die Royal Air Force die Konvois an.

Churchill ließ 300 »Sherman«-Panzer nach Ägypten bringen, und er wechselte sein Personal aus. Auf Vorschlag von Generalstabschef Alan Brooke übernahm Bernard Montgomery den Oberbefehl über die britische 8. Armee. Am 23. Oktober griffen Montgomerys Truppen an, am 4. November war die Schlacht geschlagen, im Empire läuteten die Kirchenglocken. Rommel musste den Rückzug

Richtung Tunesien antreten. Endgültig aussichtslos wurde die militärische Lage für die Achsenmächte, als über 100 000 Soldaten der Alliierten in Marokko und Algerien landeten und eine zweite Front im Rücken von Rommels Afrikakorps eröffneten.

Am 12. Dezember schrieb Rommel seiner Frau: »Ich wäre Dir dankbar, wenn Du mir durch einen Geheimkurier ein kleines englisch-deutsches Wörterbuch schicken würdest. Ich denke, dass ich es bald brauchen kann.«[80]

»Vor el-Alamein hatten wir keinen Sieg, nach el-Alamein hatten wir keine Niederlage mehr«, soll Churchill gesagt haben. Im Kriegskabinett erklärte der Premier, er werde Hitler umbringen lassen, sollte er ihm in die Hände fallen: »Dieser Mann ist die treibende Kraft des Bösen.« Als Hinrichtungsmethode empfahl er »den elektrischen Stuhl für Gangster«. Die Ausrüstung könne ja aus Amerika besorgt werden, auf der Basis des Leih- und Pachtgesetzes, wie Churchill scherzte.[81]

DE GAULLE

Wir wissen genau, dass die französischen Besitzungen in Nordafrika mit Verrätern durchsetzt sind, die nur auf ihre Chance warten und vielleicht auch auf einen Anführer.

Rick Blaine verließ Paris, als die Wehrmacht vor den Toren der Stadt stand. In einer Rückblende erzählt der Film, wie Rick den letzten Abend mit Ilsa im Café »La Belle Aurore« verbrachte. Mit Lautsprecherwagen und in Sonderausgaben der Zeitungen, die Straßenverkäufer verteilten, wurden der Bevölkerung Verhaltensmaßregeln erteilt. Man schrieb, wie das Titelblatt des *Paris-soir* zeigt, den 11. Juni 1940.

»War das Artilleriefeuer?«, fragte Ilsa beim letzten Rendezvous, als Rick ihr einen Heiratsantrag machte. »Oder klopft mein Herz so laut?« Rick antwortete ganz unromantisch: »Das ist die neue deutsche 8,8«[1] – eine von der Düsseldorfer Waffenschmiede Rheinmetall-Borsig entwickelte Flugabwehrkanone. »Nach der Lautstärke zu urteilen, sind sie noch etwa 35 Meilen entfernt.« Dass der Amerikaner am Kanonendonner das Kaliber und die Entfernung abschätzen konnte, zeigt, dass er sich mit Kriegswaffen bestens auskannte.[2]

An diesem 11. Juni flog Winston Churchill von London aus nach Briare an der Loire, um der französischen Regierung den Rücken zu stärken. Das Kabinett des Ministerpräsidenten Paul Reynaud, der auch das Amt des Verteidigungsministers übernommen hatte, war aus der vom Feind bedrohten Hauptstadt geflohen und hielt sich im Château du Muguet auf. Dort hatte General Maxime Weygand, der Oberkommandierende der französischen Streitkräfte, sein Hauptquartier aufgeschlagen. Reynaud empfing Churchill im Beisein des 84-jährigen Marschalls Philippe Pétain. Den populären Veteranen des Ersten Weltkriegs, der als »Held von Verdun« verehrt wurde, hatte der Regierungschef am 18. Mai zu seinem Stellvertreter ernannt. Anwesend waren auch Admiral François Darlan, der Befehlshaber der französischen Kriegsmarine, und der jüngst zum Brigadegeneral beförderte Charles de Gaulle. Ihn hatte Reynaud fünf Tage zuvor im Rang eines Staatssekretärs zu seinem Verbindungsmann im Verteidigungsministerium berufen und mit der französisch-britischen Koordination betraut. Als Oberst einer Panzerdivision war es de Gaulle nach der deutschen Invasion als einzigem französischem Kommandeur gelungen, vorübergehend einen 14 Kilometer tiefen Streifen zurückzuerobern.

Einst war de Gaulles Karriere von Pétain gefördert worden, aber vor dem Krieg hatten sie sich zerstritten. Der alte Marschall hielt modernes Kriegsgerät wie Panzer und Flugzeuge für nutzlosen Unfug. Er sei anmaßend und schlecht erzogen, sagte Pétain über de Gaulle; der wiederum warf dem Marschall Selbstsucht, Unzuverlässigkeit und Profitgier vor.[3]

De Gaulle war am 9. Juni nach London gekommen, um der britischen Regierung im Auftrag Reynauds zu versichern, dass die Franzosen so lange wie möglich im Mutterland durchhalten und den Kampf von Nordafrika aus fortsetzen wollten. Dies war die erste Begegnung de Gaulles mit Churchill gewesen, und er hatte beim Premier tiefen Eindruck hinterlassen.[4] Churchills Privatsekretär John Colville notierte in seinem Tagebuch, dass sein Chef auf den »jungen französischen General« – de Gaulle war 49 Jahre alt – »große Stücke hält«.[5] Auch dem amerikanischen Präsidenten schwärmte Churchill von de Gaulle vor. Aus Briare schrieb er Roosevelt, an der Besprechung habe ein General teilgenommen, »der überzeugt ist, dass man noch etwas tun kann«. Es war das erste Mal, dass Roosevelt den Namen de Gaulle las, aber in seiner Antwort ging er nicht darauf ein.[6]

Nicht wissend, dass Weygand bereits befohlen hatte, die Hauptstadt den Deutschen ohne Gegenwehr zu überlassen, plädierte Churchill dafür, Paris durch Häuserkampf und Guerillataktik zu verteidigen. Der Ratschlag erschreckte Weygand und Pétain; der Marschall warnte: »Das wäre die Zerstörung des Landes.«[7]

Vergebens wartet Rick auf einem Pariser Bahnhof auf Ilsa, um zusammen mit ihr im letzten Zug nach Marseille vor der näherrückenden deutschen Wehrmacht zu fliehen. Der Pianist Sam übergibt ihm einen Abschiedsbrief Ilsas.

»Jetzt hält sie nichts mehr auf«, sagte Rick zu Ilsa. »Mittwoch, spätestens Donnerstag sind sie hier in Paris.« Rick lag nur knapp daneben: Die Deutschen besetzten Paris am Freitag, dem 14. Juni 1940. Noch anderthalb Jahre später, beim Wiedersehen in Casablanca, erinnerte sich Rick an diesen Tag: »Die deutschen Truppen trugen Grau, und du trugst Blau.«

Kampflos zogen die Wehrmachtssoldaten in die Stadt ein. Paris wirkte menschenleer. Zwei Drittel der drei Millionen Hauptstadtbewohner waren auf der Flucht in den französischen Süden, außerdem vier Millionen Franzosen aus den nördlichen Provinzen sowie sechs Millionen Belgier, Niederländer und Luxemburger, die zuvor nach Frankreich geflohen waren. Tausende kamen bei dem Exodus ums Leben, denn die Deutschen nahmen die Flüchtlingstrecks immer wieder unter Feuer.[8]

De Gaulle glaubte, dass es möglich sei, den Krieg aus den französischen Kolonien weiterführen zu können. Doch Weygand schüttelte nur den Kopf, die Vorstellung sei »kindisch«. Trotzdem wollte de Gaulle die britische Regierung bitten, bei der Verlegung von einer halben Million französischer Soldaten nach Marokko und Algerien zu helfen. In London traf er am 16. Juni einen Landsmann, der eine ganz verwegene Idee hatte: Jean Monnet, der ehemalige stellvertretende Generalsekretär des Völkerbundes, nun Koordinator der französischen und britischen Beschaffung von Rüstungsgütern in den USA, schlug vor, Großbritannien und Frankreich sollten einen vereinigten Staat bilden, mit gemeinsamer Regierung, gemeinsamem Parlament und einheitlicher Staatsbürgerschaft. Das lief zwar de Gaulles nationalem Selbstverständnis zuwider, aber er erkannte, dass die Geste den Franzosen Mut machen könnte. Es gelang Monnet, auch Churchill für den Plan zu gewinnen. Telefonisch informierten sie Reynaud, der anderntags mit seinem inzwischen nach Bordeaux weitergezogenen Kabinett beriet. Pétain lehnte das Projekt als »Hochzeit mit einer Leiche« vehement ab – wobei ja eher Frankreich bereits dahingeschieden war. Andere Regierungsmitglieder schimpften, ob man denn wolle, dass Frankreich ein britisches Dominion werde; dann schon lieber eine Nazi-Provinz.[9]

Ministerpräsident Reynaud gab resigniert sein Amt auf, Marschall Pétain trat an die Spitze der Regierung, die einen Waffenstillstand herbeiführen sollte. Pierre Laval, ursprünglich Sozialist, aber längst ins extrem rechte Lager abgedriftet, wurde stellvertretender Ministerpräsident, Weygand übernahm das Verteidigungsministerium. De Gaulle, der zu spät in Bordeaux eingetroffen war, um den Lauf der Dinge aufhalten zu können, flog umgehend zurück nach London.

Am 18. Juni, dem 125. Jahrestag von Waterloo, richtete de Gaulle über den französischsprachigen BBC-Sender »Radio Londres« einen pathetischen Appell an seine Landsleute: »Ich, General de Gaulle, derzeit in London, rufe alle französischen Offiziere, Soldaten, Ingenieure und Facharbeiter auf britischem Boden dazu auf, Verbindung zu mir aufzunehmen. Die Flamme französischen Widerstandes darf und wird unter keinen Umständen erlöschen.« Zwar habe der »Geist der Verzagtheit« zur Niederlage Frankreichs geführt, »aber uns bleiben ein großes Kolonialreich und eine intakte Flotte«.[10]

Der Anführer des Freien Frankreich, General Charles de Gaulle, richtete in der Londoner BBC am 18. Juni 1940 einen pathetischen Appell an seine Landsleute, den deutschen Besatzern Widerstand zu leisten und den Krieg von Nordafrika aus fortzusetzen.

Das britische Kabinett hatte die Rede aus Rücksicht auf die verbündete französische Regierung verhindern wollen, aber Churchill verhalf de Gaulle zu seinem Rundfunkauftritt. »Was hätte ich, ein verzweifelter, an den Ufern Englands gestrandeter Schiffbrüchiger, ohne seine Hilfe tun können?«, erkannte de Gaulle.[11]

Der General war erfüllt von einem großen Sendungsbewusstsein. Schon als Jüngling zweifelte er »nicht daran, dass die eigentliche Aufgabe meines Lebens darin bestehe, eines Tages dem Land einen außergewöhnlichen Dienst zu erweisen, und dass ich die Gelegenheit dazu finden würde«.[12] Dass dies keine nachträgliche Verklärung war, belegt ein Brief, den de Gaulle 1929 als Bataillonskommandeur schrieb: »In wenigen Jahren werden sie sich an meine Rockschöße klammern, dass ich Frankreich retten soll.« Jetzt aber wurde die Kapitulation besiegelt.

Am 22. Juni ließ Pétain den von den Deutschen diktierten Waffenstillstandsvertrag unterzeichnen. Frankreich wurde geteilt: Der

Norden und Westen standen künftig unter deutscher Militärverwaltung; der südliche Teil, etwa 40 Prozent der Landesfläche, blieb unbesetzt.

Um die Franzosen zu demütigen, bestanden die Deutschen darauf, dass der Akt im Wald bei Compiègne stattfand, wo das Deutsche Reich im November 1918 seine Niederlage gegen Frankreich und England hatte eingestehen müssen. Hitler ließ sogar eigens den Salonwagen, in dem seinerzeit die Unterschriften geleistet worden waren, aus dem Museum holen. General Weygand, Jahrgang 1867, war schon damals dabei gewesen, allerdings auf Seiten der Sieger.

Hitler gab sieben Richtlinien für den Vertrag vor. Eine davon lautete, dass die französische Regierung als »souveräner Faktor bestehen bleiben« müsse, »um das französische Kolonialreich daran zu hindern, auf die englische Seite überzugehen«.[13] Deshalb wurde dem unbesetzten Frankreich eine 100 000 Mann starke Armee zugestanden. Über die Einhaltung der Bedingungen wachte eine Deutsche Waffenstillstandskommission mit Sitz in Wiesbaden, die dem Oberkommando der Wehrmacht unterstand.

Pétain habe Frankreich der Sklaverei preisgegeben, beklagte de Gaulle am 26. Juni in der BBC. Für vaterlandstreue Franzosen müsse es jetzt darum gehen, überall dort, wo dies noch möglich sei, eine französische Streitmacht zu bilden. »Ich, General de Gaulle, werde diese nationale Aufgabe hier in England übernehmen.«[14]

Aber de Gaulle fand nur wenige Mitstreiter. Die Kommandeure der Truppen in Frankreichs Überseeprovinzen unterwarfen sich der verklärten Autorität Pétains. Ältere und ranghöhere Befehlshaber mit drei und vier Sternen auf dem Schulterstück wollten mit dem hochmütigen Zweisternegeneral de Gaulle nicht zusammenarbeiten. Auch unter den fast 200 000 französischen Soldaten, die nach England evakuiert worden waren, fanden de Gaulles Werber wenig Widerhall: Lediglich 7000 Freiwillige schlossen sich den »Freien Französischen Streitkräften« an, die fortan an der Seite der Briten kämpften.[15]

»Sie sind allein?«, fragte Churchill. »Nun gut, dann werde ich Sie eben allein als Frankreich anerkennen.« Auf Anregung Churchills gründete de Gaulle das »Komitee Freies Frankreich«. Die britische Regierung erklärte am 28. Juni 1940, dass sie de Gaulle als »Führer aller freien Franzosen, wo immer sie sich befinden«, betrachte.[16] Damit vollzog England den Bruch mit dem Pétain-Regime, während die Vereinigten Staaten die Regierung anerkannten, die ihren Sitz am 1. Juli nach Vichy, einem Kurort in der Auvergne, verlegte.

Pierre Laval, der in den 1930er-Jahren schon einmal Ministerpräsident gewesen war, sorgte dafür, dass die Nationalversammlung Pétain die Vollmacht zur Ausarbeitung einer neuen Verfassung übertrug. Die seit der Französischen Revolution heiligen Prinzipien »Freiheit, Gleichheit, Brüderlichkeit« wurden durch die völkische Parole »Arbeit, Familie, Vaterland« ersetzt. Pétain und Laval sahen Frankreichs Zukunft nicht mehr als souveräne Nation, sondern als Protektorat, für das sie größtmögliche Autonomie in einem dann großgermanischen, faschistischen Europa anstrebten.

Vichy-Verteidigungsminister Weygand nahm Churchills Anerkennung der Freien Franzosen zum Anlass, de Gaulle zum Oberst zu degradieren und vor einem Militärgericht wegen Fahnenflucht und Hochverrats anzuklagen. In Abwesenheit wurde de Gaulle zunächst zu vier Jahren Haft und, weil Weygand diese Strafe zu milde erschien und er Einspruch einlegte, in einem Revisionsverfahren zum Tode verurteilt. Pétain bestätigte das Urteil.[17]

Am 22. Juli bezog de Gaulles Komitee einige Räume in einem eleganten Gebäude an den Carlton Gardens in unmittelbarer Nähe der Downing Street, dem Amtssitz des britischen Regierungschefs. Anders als Amerika, das sich gegen europäische Emigranten weitgehend abschottete, nahm England politische Flüchtlinge vom Kontinent mit offenen Armen auf. London beherbergte – neben den Freien Franzosen – die Exilregierungen von neun Ländern, die von Achsenmächten besetzt waren. Darunter befand sich auch der Tschechoslowakische Nationalausschuss, der nach der Zerschlagung des Landes zunächst in Paris ansässig gewesen war; deshalb hatte in »Casablanca« der aus einem deutschen KZ entkommene Victor Laszlo die französische Hauptstadt aufgesucht. Nachdem die Wehrmacht Paris eingenommen hatte, war die tschechoslowakische Exilregierung nach London ausgewichen. Laszlo hätte logischerweise also nicht Amerika zum Ziel gehabt, sondern hätte versuchen müssen, England zu erreichen.

Seit sich die Niederlage Frankreichs abgezeichnet hatte, wurde Churchill von Albträumen geplagt, dass die schlagkräftige französische Flotte den Deutschen in die Hände fallen und gegen England eingesetzt werden könnte. Das deutsch-französische Waffenstillstandsabkommen sah zwar ausdrücklich vor, dass die Vichy-Regierung die Kontrolle über die Flotte behalten sollte. Aber Churchill war skeptisch, ob Pétain einen Zugriff der Deutschen auf die Kriegsschiffe verhindern könnte. Deshalb forderte er ultimativ, dass die schon vor der Kapitulation ins Mittelmeer ausgelaufenen Schiffe entweder britische Stützpunkte ansteuern oder sich selbst versenken sollten; ansonsten müssten sie durch britische Seestreitkräfte vernichtet werden.

Ein in Alexandria liegendes Geschwader, etwa ein Zehntel der Flotte, unterstellte sich dem Vizeadmiral Émile Muselier, der als erster Flottenchef zu de Gaulle übergelaufen war. Der größte Teil der Vichy-Flotte, der im französischen Kriegshafen Mers-el-Kébir bei Oran in Algerien lag, widersetzte sich jedoch dem britischen Ultimatum. Daraufhin ließ Churchill die dort ankernden Schiffe am 3. Juli 1940 zerstören. Rund 1200 französische Seeleute kamen dabei ums Leben.

De Gaulle wurde von der Aktion überrumpelt. Die Schiffe hätten der Kern einer modernen Seestreitmacht unter seinem Kommando sein sollen. Am 8. Juli sagte de Gaulle im Rundfunk, dass er Mers-el-Kébir als Tragödie empfinde, die ihn mit Schmerz erfülle. Dennoch sei es ihm lieber, dass Engländer französische Schiffe versenkten, als dass die Deutschen mit französischen Schiffen gegen England kämpften. England bleibe Frankreichs Hoffnung. Wenn England falle, sei Frankreich zu ewiger Sklaverei verdammt. Frankreich gehe mit England unter oder triumphiere mit England.[18]

Vier äquatorialafrikanische Kolonien schlossen sich den Freien Franzosen an, das schließlich über ein Staatsterritorium von fast 1,4 Millionen Quadratkilometern Fläche und ein Staatsvolk von zwölf Millionen Einwohnern verfügte. De Gaulle, der nicht als Marionette Londons erscheinen wollte, rief Brazzaville am Kongo zur vorläufigen Hauptstadt der Freien Franzosen aus.

Roosevelt war enttäuscht, dass die französische Regierung den Deutschen so wenig Widerstand entgegengesetzt hatte. Für ihn war Frankreich als Staat erledigt. Umso mehr hätte er Sympathien für die Freien Franzosen de Gaulles haben müssen. Aber dann entsandte er Ende 1940 einen persönlichen Freund, den pensionierten Admiral William Daniel Leahy, als Botschafter nach Vichy. Leahy war von Pétain beeindruckt, und seine Ehrfurcht vor dem greisen Marschall übertrug sich auf Roosevelt. Der Präsident zeigte Verständnis für Pétains Beweggründe, »in Ehren den Weg der Kollaboration« zu betreten, »um die Einheit Frankreichs zu erhalten«. Frankreich, erklärte Pétain, sei »durch zahlreiche Verpflichtungen gegenüber dem Sieger gebunden«, aber »zumindest bleibt es souverän«.[19] Der alte Herr machte sich etwas vor. Den Anspruch de Gaulles, die Grande Nation zu verkörpern, hielt Roosevelt für anmaßend und lächerlich. Darin wurde er von Joseph Kennedy, Amerikas Botschafter in London, bestärkt. Kennedy schilderte ihm de Gaulle als aufgeblasenen Oberst, der Fahnenflucht begangen und schon deshalb kein Recht habe, im Namen Frankreichs zu handeln.[20]

Auch Churchill hatte oft seine liebe Not mit dem arroganten General. »Jeder hat sein Kreuz zu tragen«, sagte er, »meines ist das lothringische.« Damit spielte er auf das Symbol der Freien Franzosen an, das de Gaulle als Kampfansage an das Hakenkreuz der Nationalsozialisten eingeführt hatte.

In »Casablanca« ist das Lothringerkreuz mit den zwei Querbalken zweimal zu sehen. In einer frühen Szene umklammert die Hand des unter einem riesigen Pétain-Plakat erschossenen Flüchtlings ein Flugblatt mit dem Emblem. Später gibt sich der norwegische Widerstandskämpfer Berger gegenüber Laszlo mit einem aufklappbaren Ring zu erkennen, in dem das Lothringerkreuz verborgen ist.

Churchill hielt de Gaulle auch die Treue, nachdem der Anführer der Freien Franzosen Großbritannien im September 1940 in ein gescheitertes Abenteuer hineingezogen hatte. De Gaulle hatte geglaubt, mit britischer Unterstützung den strategisch wichtigen Hafen Dakar in dem von Vichy verwalteten Westafrika, im heutigen Senegal, unter seine Kontrolle bringen zu können. Dazu wollte er die dort stationierten Vichy-Truppen unter Androhung militärischer Gewalt zum Überlaufen bewegen. Doch die Vichy-Streitkräfte verhielten sich loyal zu Pétain und verteidigten Dakar.

Um dieselbe Zeit schuf Pétain das Amt eines »Generaldelegierten der Regierung in Französisch-Afrika« mit Sitz in Algier und übertrug es seinem bisherigen Verteidigungsminister Weygand. Dessen Aufgabe bestand vor allem darin, die Kontrolle Vichys über die zivilen Verwaltungen der Kolonie zu sichern und de Gaulles Einfluss abzublocken. Roosevelt entsandte den Diplomaten Robert Murphy, ein langjähriges Mitglied der amerikanischen Botschaft in Paris und zuletzt Geschäftsträger in Vichy, nach Algier, um mit Weygand über wirtschaftliche Zusammenarbeit zu verhandeln.

Im Februar 1941 trafen Murphy und Weygand eine Vereinbarung. Sie sah vor, dass die Amerikaner im Austausch gegen Rohstoffe Lebensmittel und andere Verbrauchsgüter nach Nordafrika lieferten, die an die einheimische Bevölkerung verteilt werden sollten. Die Franzosen sicherten zu, dass nichts davon in den Besitz der Achsenmächte kommen würde. Die Amerikaner durften sich durch eigene Inspektoren überzeugen, dass die Garantie eingehalten wurde.[21]

Der eigentliche Auftrag der Kontrolleure war jedoch Spionage. Das Pentagon und das State Department konnten aufgrund der Übereinkunft Nordafrika mit einem Netz von Agenten überziehen. Deren Informationen flossen in dem im Juli 1941 gegründeten zentralen Nachrichtendienst COI (»Coordinator of Information«) zusammen, aus dem im Juni 1942 das OSS (»Office of Strategic Services«) hervorging. Die zwölf als »Vizekonsuln« getarnten amerikanischen Geheimdienstler, scherzhaft auch »die zwölf Apostel« genannt, waren später bei der Vorbereitung der Operation »Torch« behilflich.[22]

Die Aufklärung durch amerikanische Agenten war auch deshalb bedeutsam, weil Hitler Anfang 1941 anordnete, in Casablanca einen Ableger der Deutschen Waffenstillstandskommission, die »Kontrollinspektion Afrika« (KIA), zu etablieren. Von hier aus sollten die militärischen Einrichtungen Frankreichs in Marokko und Algerien inspiziert und die Einhaltung der Waffenstillstandsbedingungen überprüft werden. Seit dem 16. Mai 1941 befand sich Marokko – mit Ausnahme der an Algerien angrenzenden Region Oudjda – unter deutscher Kontrolle.[23] Die anfangs rund 200 Offiziere und Soldaten zählende KIA bezog unter anderem im Anfa-Hotel Quartier. Geleitet wurde sie von Paul Schultheiß, einem Generalmajor der Luftwaffe.

Major Strasser in »Casablanca« ist denn auch kein »Gestapo-Major«, wie selbst seriöse Filmografien behaupten, sondern, in der Uniform eines Luftwaffenoffiziers, Mitglied der Deutschen Waffenstillstandskommission. Die Gestapo kannte keine militärischen Dienstbezeichnungen, sondern Kriminalräte und Kriminaldirektoren. Gegen Ende des Films, als Strasser zu dem für ihn tödlichen Finale auf dem Flughafen aufbricht, sieht man für einen kurzen Moment das Schild an seiner Bürotür: »German Commission of Armistice«.[24] Strasser ist, trotz seines niedrigeren Dienstrangs, das Filmpendant zu Schultheiß.

In der Filmvorlage »Everybody comes to Rick's« fungierte Strasser als Hauptmann und Attaché am deutschen Generalkonsulat in Casablanca. Laut Organisationsplan der Kontrollinspektion Afrika war Generalkonsul Theodor Auer als »Vertreter des Auswärtigen Amtes« der Militärbehörde beigeordnet.[25] Die Drehbuchautoren von »Casablanca« stellten den Bezug zum Konsulat in der Person des »Herrn Heinze« her, der quasi den Generalkonsul verkörpert. Er trägt zwar Uniform, wird aber wie ein Zivilist angesprochen.[26]

Zunächst waren die Angehörigen der Kontrollinspektion gehalten, »außer Dienst außerhalb des Unterkunftsbereiches Zivil zu tragen«. So ging man Konflikten mit dem französischen Generaldelegierten Weygand aus dem Weg, auf dessen Geheiß deutsche Militärs in der Öffentlichkeit keine Uniformen tragen durften. Weygand war auch darauf bedacht, die deutschen Amtsträger zu isolieren. So verbot er französischen Offizieren, ihnen die Hand zu geben oder mit ihnen zu essen.[27]

Major Strasser, ein Mitglied der Deutschen Waffenstillstandskommission, wird auf dem Flughafen von Casablanca von Capitaine Renault begrüßt. Laut Regieanweisung lässt sich am Verhalten des Franzosen nicht ablesen, ob er »unterwürfig ist oder spottet«. Neben ihnen steht »Herr Heinze«, das Filmpendant zum realen deutschen Generalkonsul Auer.

Weygand schuf innerhalb des Geheimdienstes »Service des Renseignements« eine Abteilung, welche die deutschen Aktivitäten in Marokko observierte. Die Telefone deutscher Beamter wurden angezapft und heimlich Mikrofone in ihren Amtsstuben platziert. Der amerikanische Vizekonsul Kenneth Pendar in Marrakesch wollte sogar erfahren haben, dass die Franzosen von jedem aus der Kontrollinspektion abgesandten Schriftstück ein Foto erhielten.[28]

Die deutschen Kontrolleure besichtigten die französischen Kasernen, rechneten Mannschaftsstärken und Waffenvorräte nach, durchwühlten selbst die Kleiderkammern und zählten die Essensportionen in der Küche. Die Franzosen verstanden es allerdings, den Überwachern manchen Bären aufzubinden und große Waffen- und Treibstofflager vor ihnen zu verstecken.[29] Besichtigungen verweigerten sie gern mit der Begründung, bei den Bekleidungs- und Verpflegungsdepots handle es sich nicht um militärische, sondern um zivile Einrichtungen, die nicht kontrolliert werden dürften.

Mitglieder der »Kontrollinspektion Afrika«, einem in Casablanca stationierten Ableger der Deutschen Waffenstillstandskommission, überprüften die Einhaltung der bei der französischen Kapitulation diktierten Bedingungen. Die Franzosen waren wenig kooperativ und boten den deutschen Kontrolleuren oft Anlass zur Beschwerde.

Die Deutsche Waffenstillstandskommission in Wiesbaden legte bei der Vichy-Regierung scharfen Protest gegen die Insubordination ein. Die französischen Dienststellen in Nordafrika müssten erkennen, »dass ihre Politik des Widerstandes und der mehr oder weniger versteckten Sabotage der zwischen den Regierungen erstrebten Zusammenarbeit zum Nachteile Frankreichs ausschlägt«. Die Kontrollinspektion wurde angewiesen, »mit allem Nachdruck und aller Deutlichkeit den deutschen Standpunkt zu vertreten«. Es dürfe keine »Handlungen oder Äußerungen« geben, »die auch nur den Anschein eines Nachgebens oder eines Werbens machen könnten«.[30]

Die zwischen Servilität und Aufsässigkeit schwankende Haltung der Vichy-Repräsentanten spiegelt sich in »Casablanca«-Dialogen wider. So begrüßt Capitaine Renault Major Strasser auf dem Flughafen mit den Worten: »Das unbesetzte Frankreich heißt Sie willkommen in Casablanca.« Die Autoren, hier die Epstein-Brüder, gaben dazu die Regieanweisung: »Es ist schwer zu sagen, ob er unterwürfig ist oder spottet.« Im gleichen Tonfall sagt Renault zu Rick: »Major Strasser hat wesentlich dazu beigetragen, dass das Dritte Reich den Ruf genießt, den es heute hat.«[31] Honi soit qui mal y pense.

Seit Mitte November 1941 wollen die Deutschen zeigen, wer Herr in Französisch-Nordafrika ist. Eine neue Verordnung bestimmt: »Die Wahrung des Ansehens der Inspektion und damit der deutschen Wehrmacht in den Augen der Bevölkerung erfordert, dass deutsche Soldaten in allen Städten Marokkos auch in Uniform im Straßenbild erscheinen.« Denn: »Der deutsche Soldat ist der lebendige Propagandist unseres Führers!«[32]

Ein Etablissement wie »Rick's Café Américain« in militärischer Montur aufzusuchen war Angehörigen der Kontrollinspektion allerdings strikt untersagt. »Die deutsche Uniform ist ein Ehrenkleid«, heißt es in einer Anordnung vom 13. November 1941. »Deshalb ist das Betreten von Bars, anrüchigen Lokalen und Auftreten mit zweifelhaften Personen, vor allem Frauen, verboten.« Ansonsten verhalten sich die Filmfiguren jedoch gemäß den geltenden Vorschriften. »Bei tätlicher Beleidigung ist rücksichtslos von der Waffe Gebrauch zu machen«, bestimmte die neue Dienstanweisung. Und: »Wird in Lokalen die ›Marseillaise‹ gespielt und erheben sich die Franzosen, dann mit aufstehen und in Uniform mit dem deutschen Gruß grüßen (in Zivil Hut abnehmen).«[33]

Die Tage des Generaldelegierten Weygand, in den Augen der Deutschen für die Kratzbürstigkeit der französischen Beamten und Offiziere verantwortlich, waren nun gezählt. Staatspräsident Pétain musste ihn auf Weisung Hitlers am 20. November von seinem Posten abberufen und nach Vichy zurückbeordern.

Den stets um Authentizität bemühten »Casablanca«-Drehbuchautoren unterlief an dieser Stelle ein Fehler. Der Schwarzhändler Ugarte bietet Rick zwei Transitvisa an, die, wie der Schauspieler Peter Lorre in der amerikanischen Originalversion nuschelt, »von General de Gaulle unterschrieben« sind. Dies wäre freilich absurd, denn warum sollten die ermordeten Nazi-Kuriere Papiere mit sich führen, die der Anführer der Freien Franzosen unterzeichnet hat? Logischerweise konnten die Dokumente nur von der Vichy-

Regierung ausgestellt worden sein. De Gaulle hatte in Nordafrika keinerlei Autorität. Mehr noch: Wer in Casablanca Transitvisa mit der Unterschrift de Gaulles vorgezeigt hätte, wäre sofort verhaftet worden.

In der später veröffentlichten Version des Drehbuchs ist hinter »General de Gaulle« in Klammern eingefügt: »Marshal Weygand«. In der deutschen Synchronfassung von 1975 sagt Ugarte tatsächlich »General Weygand«. Historisch plausibel ist aber auch dies nicht. Denn die Transitvisa wurden, wenn man der Filmhandlung folgt, elf Tage nach Weygands Abberufung gestohlen. Sie hätten also von seinem Nachfolger, General Alphonse Juin, oder einem anderen Vichy-Repräsentanten unterzeichnet sein müssen.[34]

In Wirklichkeit hat es derartige Visa gar nicht gegeben. Die Papiere, die »nicht widerrufen, ja nicht einmal in Frage gestellt werden« können, wie in einem Dialog erklärt wird, wurden allein aus dramaturgischen Gründen erfunden: Victor und Ilsa können Marokko nur verlassen, wenn sie in den Besitz der Transitvisa kommen, die zufällig in Ricks Hände geraten sind. Wofür sie überhaupt ausgestellt wurden, was sie bezwecken sollen und wie sie funktionieren, wird nicht näher erläutert. Victor muss sie am Ende des Films nicht einmal vorlegen, es genügt, dass er sie in der Tasche hat. Damit sind die Visa die von Umberto Eco beschriebenen »magischen Schlüssel«, wie es sie in Märchen gibt.[35]

Die Visa sind ein »MacGuffin«, ein von Alfred Hitchcock erfundener Begriff für einen filmischen Kunstgriff. Damit wird ein beliebiges Objekt bezeichnet, das allein dazu dient, eine Handlung auszulösen oder voranzutreiben. Zu Beginn von »Casablanca« wird der Diebstahl der Visa gemeldet, und von da an verstecken oder suchen alle Personen diese Dokumente.

Auch wenn die Transitvisa von einem falschen (de Gaulle) oder entmachteten Mann (Weygand) unterschrieben sind, geben die Dialoge die politische Situation nach der Abberufung des aus Nazi-Sicht allzu patriotisch-selbstbewussten Generaldelegierten zutreffend wieder. Polizeipräfekt Renault verhält sich so willfährig, wie die neue Situation es erfordert. Als Major Strasser ihn fragt: »Capitaine, sind Sie ganz sicher, auf welcher Seite Sie stehen?«, antwortet Renault: »Ich habe keine Überzeugung, wenn Sie das meinen. Ich drehe mich nach dem Wind. Und der vorherrschende Wind weht nun mal aus Vichy.« Strasser hakt nach: »Und wenn der Wind sich dreht?« Worauf Renault lakonisch feststellt: »Diese Möglichkeit lässt das Reich bestimmt nicht zu.«

Mancher Dialog wurde hingegen nur wegen der Symbolik geschrieben. »Uns geht es um mehr als Casablanca«, sagt Strasser. »Wir wissen genau, dass die französischen Besitzungen in Nordafrika mit Verrätern durchsetzt sind, die nur auf ihre Chance warten und vielleicht auch auf einen Anführer.« – »Einen Anführer wie Laszlo?«, fragt Renault zurück. Die Frage klingt abwegig, denn Laszlo will ja weg aus Casablanca. Eigentlich hätte er fragen müssen: »Einen Anführer wie de Gaulle?« Das hätte der politischen Konstellation entsprochen, weil die Deutschen ebenso wie die Vichy-Anhänger die Anziehungskraft des Résistance-Führers fürchten. Aber es hätte die Filmhandlung gesprengt, in der Laszlo die Freiheit und Unabhängigkeit kleinerer Nationen verkörpert.

Wenige Tage nach dieser Filmepisode trat Amerika in den Krieg ein, so dass de Gaulle neue Hoffnung schöpfen konnte, auch wenn der kühle Franzose keinen Freudentanz wie Churchill aufführte. Er wusste: Nur ein Sieg der westlichen Alliierten würde die Wiederherstellung eines unabhängigen Frankreich ermöglichen. Doch Roosevelt mochte de Gaulle und die Freien Franzosen nicht. De Gaulle wollte Frankreich nicht nur als Groß-, sondern auch als Kolonialmacht wiedererstehen lassen. Das missfiel Roosevelt, weil der Anspruch nach seiner Ansicht mit den Grundsätzen der künftigen Vereinten Nationen unvereinbar war.[36]

Mit der handstreichartigen Besetzung zweier kleiner, von einem Vichy-Gouverneur regierter Inseln südlich von Neufundland durch Admiral Muselier im Dezember 1941 verscherzte de Gaulle es sich endgültig mit Roosevelt. De Gaulle blieb deshalb von der »Arcadia«-Konferenz Churchills und Roosevelts um die Jahreswende 1941/42 in Washington ausgeschlossen, und auch zu dem Treffen am Neujahrstag 1942, als Vertreter von 26 Nationen, darunter sieben Exilregierungen, die »Deklaration der Vereinten Nationen« unterzeichneten, waren die Freien Franzosen nicht eingeladen. Die demonstrative Zurücksetzung erfüllte de Gaulle mit bitterem Groll.[37]

Churchill war hin- und hergerissen zwischen der für England lebensnotwendigen Treue zu Amerika und der Unterstützung seines französischen Protegés. Er unternahm jedoch nichts, um de Gaulle in die bilateralen Gespräche einzubeziehen. Der britische Premier wusste, dass jeder Versuch gescheitert wäre und ihn obendrein bei Roosevelt in Misskredit gebracht hätte. Der Präsident pflegte eine ins Irrationale reichende Antipathie gegen den General und seine Ambitionen. Da es Churchill darauf ankam, eine persönlich-politische Freundschaft besonderer Art mit dem amerikanischen Präsidenten zu unterhalten, musste er dessen Aversion gegen de Gaulle hinnehmen.[38] »Ihr seid nett zu Vichy«, scherzte Churchill mit Roosevelt bei der »Arcadia«-Konferenz, »wir sind nett zu de Gaulle.« Der Brite sah darin eine gute Arbeitsteilung.[39]

Amerikas freundliches Verhältnis zu Vichy nahm freilich im April 1942 Schaden. Pétain, der seinen Stellvertreter Laval im Dezember 1940 entlassen und durch Darlan ersetzt hatte, weil Laval selbst in den Augen des Marschalls den Nazis zu ergeben war, musste ihn auf Druck Hitlers erneut zum Ministerpräsidenten berufen. Daraufhin zog Roosevelt seinen Botschafter Leahy aus Vichy ab. Laval drängte Pétain immer mehr in den Hintergrund. Er intensivierte die Zusammenarbeit mit Nazi-Deutschland gerade auch bei der »Umsetzung der Endlösung der Judenfrage« und sorgte ab Juli 1942 dafür, dass jüdische Kinder aus Frankreich in deutsche Vernichtungslager deportiert wurden.

Selbst diese schändliche Anbiederung Lavals an die Nazis konnte Roosevelt nicht für de Gaulle einnehmen. Der Präsident verhinderte, dass der Führer der Freien Franzosen vorab in das Unternehmen »Torch« eingeweiht wurde. Da bei Beginn der Landung in Nordafrika ein Franzose in Abstimmung mit den Amerikanern und Briten die Befehlsgewalt über die dort stationierten französischen Truppen übernehmen sollte, ließ Roosevelt den amerikanischen Generalkonsul in Algier, Robert Murphy, diskret nach einer Persönlichkeit suchen, die Deutschland feindlich gesinnt sein sollte, sich zugleich mit Pétain gut verstand und Autorität in der französischen Armee genoss.

Murphys Wahl fiel zunächst auf Weygand, seinen früheren Verhandlungspartner. Aber der Ex-General lebte jetzt als Pensionär in Cannes und wollte sich nicht reaktivieren lassen.

Im September 1942 wurde Murphy auf Henri Giraud aufmerksam. Der Fünfsternegeneral war vor dem Krieg als Befehlshaber der Militärregion Metz Vorgesetzter de Gaulles gewesen und hatte sich heftig mit dem damaligen Oberst über dessen Ansichten moderner Kriegführung gestritten. Wenige Tage nach Beginn des Frankreichfeldzugs war Giraud in deutsche Kriegsgefangenschaft geraten und mit anderen hochrangigen Militärs in der sächsischen Festung Königstein interniert worden. Am 17. April 1942 war ihm unter abenteuerlichen Umständen die Flucht aus dem auf einem hohen Sandsteinfelsen gelegenen Kastell gelungen: Der 63-Jährige hatte aus Fäden, die seine Frau in mitgebrachte Kuchen eingebacken hatte, ein Seil geflochten und sich damit an einer 40 Meter hohen Felswand heruntergelassen. Trotz einer Großfahndung der deutschen Behörden hatte er sich in die Schweiz durchschlagen können und am 25. April Vichy erreicht.[40] Ein Auslieferungsbegehren der Deutschen lehnte Pétain ab, doch in die Armee trat Giraud nicht mehr ein, sondern ließ sich bei Lyon nieder.

Murphy gewann den eitlen und ehrgeizigen Giraud für das alliierte Landungsvorhaben. Am 19. Oktober vereinbarten sie, dass Giraud den Oberbefehl über alle französischen Truppen in Nordafrika erhalten sollte. Am 5. November brachte das britische U-Boot »Seraph« Giraud von Le Lavandou in Südfrankreich nach Gibraltar zu General Eisenhower, den Oberbefehlshaber der amerikanischen Truppen in Europa. Girauds Wunsch, als Kommandeur der gesamten Operation »Torch« eingesetzt zu werden, beschied Eisenhower jedoch abschlägig. Giraud war beleidigt und flog erst am 9. November, dem zweiten Tag der Invasion, von Gibraltar nach Algier.

Roosevelt informierte Pétain kurzfristig über das bevorstehende Unternehmen. Den Briefentwurf gab er Churchill zu lesen, der ihn als »viel zu freundlich« verwarf. Der Premierminister erinnerte den Präsidenten daran, dass Pétain »sein Prestige dazu benutzt hatte, unserer Sache so viel Schaden zuzufügen, wie ein geringerer Mann es nicht hätte tun können«. Roosevelt strich daraufhin die Anrede »Mein lieber alter Freund« und alle anderen herzlichen Floskeln. Entsprechend kühl antwortete Pétain: »Mit Entsetzen und Trauer erfuhr ich heute Abend den Angriff Ihrer Truppen auf Nordafrika. Ich habe Ihre Botschaft gelesen. Sie berufen sich auf Vorwände, die durch nichts gerechtfertigt sind. Frankreich und seine Ehre stehen auf dem Spiel. Wir sind angegriffen; wir werden uns verteidigen; ich gebe den Befehl dazu.«[41]

Die Amerikaner gingen davon aus, dass Giraud vor Beginn der alliierten Landung in Algier sein und den Oberbefehl über die französischen Streitkräfte übernommen haben würde. Doch Giraud war nicht eingetroffen. Hektisch versuchte Murphy, inzwischen Roosevelts persönlicher Bevollmächtigter für Französisch-Nordafrika im Rang eines Ministers, französischen Widerstand gegen die Invasion zu verhindern. Pétains Generaldelegierter Juin war geneigt, dem Wunsch zu entsprechen. Aber er wollte nicht ohne Admiral Darlan entscheiden, der sich zufällig bei seinem schwerkranken Sohn in Algier aufhielt. Der Oberkommandierende aller Vichy-Truppen spielte jedoch auf Zeit, um Klarheit über die Stärke und das Ausmaß der alliierten Operation zu gewinnen. Auch wollte er abwarten, ob die Achsenmächte zu einem Gegenschlag ausholen würden. Deshalb gab er den Befehl zur militärischen Verteidigung.[42]

In den frühen Morgenstunden des 8. November, einem Sonntag, tuckerten mehrere Hundert Landungsboote auf die nordafrikanische Küste zu. Die alliierten Planer hatten im Vertrauen auf die Kooperation mit Giraud jede Form von Artillerievorbereitung oder Bombenangriffe unterlassen. Sie hofften, dass die französischen Soldaten dieses Signal der Friedfertigkeit verstehen würden. Statt von Detonationen wurden die Küstenwachen deshalb von riesigen Lautsprechern geweckt. »Nicht schießen, nicht schießen!«, dröhnte es gegen vier Uhr morgens über das Wasser zur Küste: »Wir sind eure Freunde. Wir sind Amerikaner.« Die Landungsboote waren noch zwei, drei Kilometer vom Strand entfernt, als die Antwort kam: Mündungsblitze französischer Küstenartillerie. Die französische Marine in Marokko wehrte sich verbissen, obwohl sie hoffnungslos unterlegen war. Vor Casablanca versenkten US-Kriegsschiffe einen leichten Kreuzer, drei Zerstörer und acht U-Boote der Franzosen.

Besonders überraschte die Invasoren, die sich als Befreier verstanden, das vehemente Feuer des Schlachtschiffs »Jean Bart«. Denn das jüngste Großkampfschiff der französischen Marine war noch gar nicht ganz fertiggestellt. Es verfügte nur über vier einsatzfähige Geschütze und lag im Hafen von Casablanca fest. Es war daher ein leichtes Ziel für amerikanische Granaten und Bomben. Dennoch brach die »Jean Bart« den ungleichen Kampf erst nach mehreren Treffern ab.

Spontanen Beifall für die Gegenwehr erhielt Darlan von unvermuteter Seite. Als de Gaulle in London von der Landung der Alliierten erfuhr, bebte er vor Zorn: »Hoffentlich werfen die Vichy-Leute sie ins Meer«, schrie er. »Frankreich ergibt sich keinen Einbrechern!«[43] Churchill konnte ihn bei einem Lunch auf seinem Landsitz Chequers nur mühsam besänftigen. Roosevelt, auf dessen »Goodwill« er angewiesen sei, habe ihn verpflichtet, die Freien Franzosen von der Invasion auszuschließen und über die »Torch«-Pläne zu schweigen. De Gaulle nahm Churchills Erklärung zur Kenntnis und rief seine Landsleute in Nordafrika öffentlich auf, »vom einen bis zum anderen Ende des Mittelmeers wieder aktiv« zu werden, dann werde der Krieg »gewonnen dank Frankreich«. Mitglieder der Résistance in Nordafrika unterstützten nun die Operation »Torch«. Sie glaubten, dass nach einem Sieg der Alliierten die wegen ihrer Kollaboration mit den Nazis diskreditierten Vichy-Vertreter durch Angehörige der Freien Franzosen ersetzt und demokratische Verhältnisse hergestellt würden.

Auch Giraud hielt gleich nach seiner Ankunft in Algier eine »außerordentlich hasserfüllte Rede gegen das Reich«, wie Goebbels notierte: »Er schwindelt von tollen Gräueltaten, die wir uns in Frankreich hätten zuschulden kommen lassen.« Giraud versuche, »das ganze französische Volk gegen uns aufzuhetzen«. Der Propagandachef empörte sich: »Dass dieser Mann uns durch die Finger gegangen ist, das ist eine der unverständlichsten Absonderlichkeiten dieses Krieges.«[44]

Inzwischen war jedoch bereits Darlan zum entscheidenden Verhandlungspartner der Amerikaner geworden.[45] Der ehemalige Vichy-Ministerpräsident war, obwohl er im April 1942 durch Laval abgelöst worden war, immer noch der designierte Nachfolger Pétains. Der Marschall hatte Darlan gleich zu Beginn der Vichy-Ära vertraulich angewiesen, im Fall einer Totalbesetzung des französischen Mutterlandes nach Nordafrika auszuweichen und dort die Regierungsgewalt zu übernehmen. Obendrein bestimmte ein Verfassungszusatz vom Februar 1941, dass, falls Pétain »aus welchem Grund auch immer« an der Ausübung seiner Funktion gehindert sei, der Admiral an seine Stelle treten solle.

Als am Morgen des 11. November 1942 deutsche und italienische Truppen in den bislang unbesetzten Teil Frankreichs einmarschierten, berief sich Darlan auf diese Verfügungen. Nun, da Pétain seiner Entscheidungsgewalt endgültig beraubt war, konnte Darlan behaupten, »im Namen des Marschalls« zu handeln, und er befahl, das Feuer in ganz Französisch-Nordafrika einzustellen.[46]

Hilflos protestierte Pétain gegen den Einmarsch; damit werde das Waffenstillstandsabkommen gebrochen. Einen Tag später wurde Pétains ehemaliger Generaldelegierter Maxime Weygand von der Waffen-SS verhaftet. Er wird an verschiedenen Orten in Deutschland interniert; während der Casablanca-Konferenz befindet er sich in der SS-Unterführerschule in Radolfzell am Bodensee, wo ein Außenkommando des Konzentrationslagers Dachau eingerichtet ist. Dort schreibt er am 12. Januar 1943, kurz vor seinem 76. Geburtstag, einen Brief an die deutsche Regierung mit der Bitte, ihn freizulassen. Das Schreiben wird Außenminister Joachim von Ribbentrop vorgelegt. Dieser verlangt jedoch, ebenso wie Hitler, dass es ignoriert werde.[47] Weygand wird erst im Mai 1945 in Tirol befreit.

Das Vichy-Regime hat mit der Besetzung seine ohnehin kaum vorhandene Handlungsfreiheit vollends eingebüßt. Trotzdem hielt es Hitler für klug, »die Fiktion einer französischen Regierung mit Pétain aufrechtzuerhalten«. Man solle, sagte er, Pétain »ruhig als eine Art Gespenst beibehalten und ihn von Zeit zu Zeit etwas von Laval aufblasen lassen, wenn er etwas zu sehr zusammensinkt«.[48]

Die Kontrollinspektion Afrika, seit April 1942 geleitet von Generalleutnant Heinz-Hellmuth von Wühlisch, hatte einen englisch-amerikanischen Angriff schon lange erwartet. Sie hatte die Monate Mai bis Oktober als günstigsten Zeitraum für eine Landung eingeschätzt. Erstaunlicherweise erkannte die Kommission den tatsächlichen Termin dann doch nicht im Voraus, obwohl sie genügend Gelegenheit hatte, auch nachrichtendienstliche Quellen auszuschöpfen. Seit Monaten gab es zahlreiche amerikanische Beamte, Offiziere und Agenten in Marokko, die die geplante Landung vorbereiteten und dabei nicht zu übersehende Aktivitäten entwickelten.[49] Aus Algier beispielsweise wurde berichtet, dass die amerikanischen Kontrollbeamten in den Buchhandlungen der nordafrikanischen Städte fast alle aktuellen Michelin-Karten aufgekauft hatten.[50]

Erst im Nachhinein teilte Wühlisch dem Oberkommando der Wehrmacht mit, dass »nach zuverlässigen Berichten in Marokko von französischen Heeres- und Luftwaffen-Offizieren seit langem heimtückische Vorbereitungen für die Landung der Amerikaner getroffen« worden seien; Admiral Darlan sei »schon am 11. November zu den Amerikanern übergegangen«.[51]

Unmittelbar nachdem Darlan den Kampf gegen die Amerikaner eingestellt hatte, besetzten französische Soldaten die Unterkünfte der Kontrollinspektion. Wühlischs Amtssitz wurde umstellt, die Trikolore auf dem Gebäude gehisst. Die KIA-Offiziere durften Marokko in Zivil per Flugzeug verlassen.[52]

Die Invasion hatte eine schwere Vertrauenskrise zwischen den Verbündeten zur Folge. Eisenhower setzte, ohne die Briten zu fragen, Darlan als »Hochkommissar für Nordafrika« ein und ernannte Giraud zum Befehlshaber der französischen Truppen. Als dies in Amerika und England bekannt wurde, erhob sich ein Sturm moralischer Entrüstung. Der Aufschrei in den Medien und in der Öffentlichkeit war groß, dass der Oberbefehlshaber der alliierten

Streitkräfte ausgerechnet einem hohen Vichy-Repräsentanten die politische Führung in Nordafrika anvertraute.

Roosevelt ruderte zurück. Eisenhowers Entscheidung gelte nur »vorläufig«: Man könne nicht »einen von Hitlers Kollaborateuren, der sich wie ein Faschist benimmt, länger behalten, als es unbedingt nötig ist«.[53] Die USA hätten die Freilassung aller in Nordafrika inhaftierten Nazi-Gegner und die Aufhebung aller von den Nationalsozialisten inspirierten Rassengesetze und -verordnungen in den Darlan unterstellten Gebieten verlangt. Doch Darlan war offensichtlich weder willens noch fähig, Roosevelts Forderungen nach einer Demokratisierung Nordafrikas zu erfüllen. Die Vichy-Gesetze, die Juden diskriminierten, wurden weiterhin angewandt, politische Gefangene in Konzentrationslager im Süden Algeriens eingesperrt, Offiziere, die sich während der Operation »Torch« der Résistance angeschlossen hatten, ihrer Kommandos enthoben und unter Hausarrest gestellt.[54]

Noch heftiger als die amerikanische reagierte die britische Öffentlichkeit auf Darlans Ernennung. Churchill musste sich im Unterhaus rechtfertigen, und er eierte gewaltig herum. Der Premier hatte zwar eine starke Abneigung gegen Darlan, er war aber auch der ständigen Wutausbrüche de Gaulles überdrüssig. Für ihn war die Solidarität mit den Amerikanern wichtiger als alle anderen Erwägungen. »Im Krieg läuft nicht immer alles so, wie man es sich wünscht«, erklärte er. »In der Zusammenarbeit mit Verbündeten passiert es manchmal, dass sie eigene Ansichten entwickeln.« Außerdem sollten die Abgeordneten nicht glauben, dass de Gaulle ein unerschütterlicher Freund Großbritanniens sei; vielmehr sei er »einer jener aufrechten Franzosen, die in ihren Herzen einen jahrhundertealten Groll gegen die Engländer hegen«.[55]

Die britische Regierung betrieb weiterhin Darlans Entfernung aus dem Amt. Londons Kompromissvorschlag, dass Harold Macmillan, im Rang eines Ministers Repräsentant der britischen Regierung beim alliierten Hauptquartier im westlichen Mittelmeerraum, zeitweilig die Verwaltung in Nordafrika übernehmen solle, wiesen die Amerikaner zurück. Die amerikanisch-britischen Beziehungen waren noch getrübt, als der Streitfall auf unerwartete Weise obsolet wurde: Am 24. Dezember erschoss ein junger französischer Monarchist Darlan in dessen Amtssitz.[56]

Vermutlich war de Gaulle über die Vorbereitung des Attentats informiert. Öffentlich distanzierte er sich davon. Führende Gaullisten wurden als angebliche Mitwisser des Mordkomplotts verhaftet. De Gaulle hatte vorgehabt, nach Washington zu reisen; er wollte Roosevelts Zustimmung zu einem Befreiungskomitee einholen, das Giraud militärisch und er, de Gaulle, politisch führen sollten. Er saß schon mit gepacktem Koffer auf dem Flughafen, als er die Nachricht erhielt, dass sein Besuch in Washington wegen des Mordes unerwünscht sei.

Darlans Tod wurde von den Amerikanern allerdings nicht bedauert. Roosevelt bemerkte gegenüber einem Gast bei der Silvesterfeier im Weißen Haus kühl, Darlan sei ein »Hurensohn« gewesen.[57] Eisenhower hielt sich wie selbstverständlich für befugt, einen Nachfolger Darlans zu bestimmen, und er ernannte Giraud. De Gaulle sah in Eisenhowers Eigenmächtigkeit einen unerträglichen Eingriff in die inneren Angelegenheiten Frankreichs – abgesehen davon, dass er Giraud für untauglich auf diesem Posten hielt. Er entwarf ein wütendes Protestschreiben an Roosevelt. Churchill riet ihm, seinen Zorn zu zügeln und es sich nicht noch mehr mit dem amerikanischen Präsidenten zu verderben. De Gaulle solle abwarten, die Zeit arbeite für ihn. De Gaulle folgte dem Rat und unterließ den Protest. Stattdessen schlug er Giraud ein Treffen vor, um mit ihm über die Bildung einer vorläufigen Regierung zu beraten, die Herrschaftsbefugnisse in allen nicht besetzten Gebieten des französischen Weltreichs haben sollte. Giraud würdigte de Gaulle keiner Antwort, worauf dieser seine Einladung am 2. Januar 1943 in einer Rundfunkansprache publik machte.[58] Roosevelt und Churchill ärgerten sich über die Einladung und mehr noch über deren öffentliche Bekanntgabe.

Die Administration in Washington setzte auf Giraud nicht nur wegen seiner geschmeidigen Anpassungsfähigkeit und seines höheren Rangs, sondern auch, weil Roosevelt durch die Berichte der Diplomaten William D. Leahy und Robert Murphy gegen de Gaulle voreingenommen war. Dabei hatte der General wiederholt erklärt, die von ihm beanspruchte Autorität sei nur provisorischer Natur und werde sofort nach der Befreiung Frankreichs wieder in die Hände des französischen Volkes zurückgegeben, das dann in freier Wahl die Regierung zu bestimmen habe. Aber es half nichts: Roosevelt unterstellte de Gaulle »Cäsarismus« und »Bonapartismus«.[59]

Mit seinem Faible für Giraud stieß Roosevelt vor allem bei den Mitgliedern der »Anglo-American Psychological Warfare Branch«, einer Abteilung zur psychologischen Kriegführung, auf Ablehnung. Sie standen auf der Seite der Freien Franzosen, trugen das Lothringerkreuz am Revers und taten alles, um gaullistische Untergrundkämpfer vor der unter Girauds Befehl stehenden Vichy-Polizei in Sicherheit zu bringen. Roosevelts Meinung wurde auch nicht von der in Algier stationierten »OSS Research and Analysis Branch« geteilt oder von Arthur Roseborough, dem Chef der Geheimdienstniederlassung in Nordafrika. Roseborough betrachtete Giraud als Windmacher ohne Rückhalt in der Bevölkerung; er forderte wiederholt Unterstützung für die Mitglieder der Freien Franzosen, die den Alliierten unter großem persönlichem Risiko geholfen hatten und immer noch von Giraud eingesperrt waren.[60]

Zynisch gingen die höchsten amerikanischen Militärs über die Einwände hinweg. Man solle sich »über die Juden und Kommunisten, die uns geholfen haben, keine Gedanken machen«, meinte Eisenhower, und General George Patton sagte über die 19 französischen Soldaten in Oran, die am Tag der alliierten Landung ihre Geschütze abgebaut hatten und dafür unter Arrest gestellt worden waren: »Sie haben es nicht besser verdient. Es war doch Verrat, oder etwa nicht?«[61]

Nach der Befreiung Nordafrikas warnte das Office of War Information die Hollywood-Studios vor Filmen über die verzwickte militärische und politische Lage Frankreichs. Daraufhin stoppte Warner Bros. die Arbeiten an dem geplanten Film »The De Gaulle Story«.[62] Dabei hatte Roosevelt den Streifen bei seinem Freund Jack Warner selbst in Auftrag gegeben; auch wenn der Präsident den französischen General nicht ausstehen konnte, so war ihm doch bewusst, dass de Gaulle in der amerikanischen Öffentlichkeit als Verkörperung des Freiheitswillens der Franzosen hoch angesehen war. Der Schriftsteller William Faulkner, der schon zu einiger Berühmtheit gelangt war (er wird 1950 den Literaturnobelpreis erhalten), wurde als Drehbuchautor engagiert und schrieb seit Juli 1942 in den Warner-Studios in Burbank. Fast vier Monate arbeitete er ununterbrochen an der Story. Faulkner verknüpfte das tatsächliche Geschehen um de Gaulles Befreiungskampf mit einer fiktiven Geschichte zweier Brüder, von denen der eine das Vichy-Regime unterstützt und der andere sich der Résistance anschließt.[63]

Obwohl Faulkners Drehbuch deutlich mit den Freien Franzosen sympathisierte, mäkelten zwei Vertreter de Gaulles in Amerika, die immer wieder konsultiert wurden, an dem Skript herum. Dem einen missfiel, dass ein deutscher Soldat in zu günstigem Licht erscheine, weil er einem Franzosen zur Flucht aus einem Nazi-Gefängnis verhilft. Der andere hatte grundsätzliche Einwände: De Gaulle gerate im Laufe des Films immer mehr in den Hintergrund zugunsten einer Liebesschnulze um die beiden Brüder. »De Gaulle besteht nicht darauf, dass seine ›Rolle‹ erhöht wird«, monierte er, »aber er meint, seinen Namen und seine Person nur für einen Film hergeben zu können, der zeigt, dass die von seiner Bewegung erbrachte Leistung zumindest geistig von seinen Aktivitäten beflügelt ist.«[64]

Dreimal schrieb Faulkner das Drehbuch um. Aber je mehr er versuchte, de Gaulles Rolle hervorzuheben, desto mehr sah er ein, dass es ein Fehler gewesen war, das Porträt einer lebenden Persönlichkeit in ein Spielfilmdrehbuch einzubauen. De Gaulles Vertraute wollten »ein Stück Propaganda für die Freien Franzosen sehen«, schrieb Faulkner an den Produzenten Robert Buckner, »keinen Film, in dem die Zuschauer ihre eigenen menschlichen Leidenschaften, ihren Kummer und ihre Sehnsüchte erkennen«.[65]

Am Ende war es Roosevelt, der das Projekt scheitern ließ. Die ständigen Querelen mit dem General ließen ihn zweifeln, ob ein Film über de Gaulle überhaupt ratsam sei. Freund Warner stoppte Faulkners Arbeit sofort. Roosevelt gab stattdessen einen Film über einen anderen Kriegshelden in Auftrag: Josef Stalin. Produzent

Subtile Kritik übt »Casablanca« an der Sympathie der Roosevelt-Administration für die französische Marionettenregierung in Vichy: Am Ende des Films wirft Capitaine Renault eine Flasche Vichy-Wasser verächtlich in den Papierkorb.

Buckner machte daraus das peinlich prokommunistische Heldenepos »Mission to Moscow«.[66]

In »Casablanca« wird die Vichy-freundliche Haltung der amerikanischen Regierung karikiert: Am Schluss des Films wirft Capitaine Renault verächtlich eine Flasche Vichy-Wasser in den Papierkorb und tritt mit dem Fuß nach, ehe er mit Rick weggeht, um sich den Freien Franzosen anzuschließen.[67]

Der Requisiteur Limey Plews hatte Schwierigkeiten, eine Originalflasche mit dem Vichy-Etikett aufzutreiben. Seit Beginn des Zweiten Weltkriegs durfte das Mineralwasser nicht mehr aus Frankreich exportiert werden. Schließlich fand er, durch Vermittlung des früheren Vichy-Vertriebsbüros in New York, nicht nur eine Flasche, sondern eine ganze Kiste. Sie lagerte im Keller des Hotels »Biltmore« in Los Angeles, eine halbe Autostunde von den Warner-Studios entfernt.[68] In diesem Hotel fanden in den letzten Jahren, außer 1940, stets die Oscar-Verleihungen statt. Die symbolhafte Entsorgung der Vichy-Flasche war später der Grund, warum

»Casablanca« auf Weisung des Office of War Information zunächst nicht vor amerikanischen Soldaten in Nordafrika gezeigt werden durfte – die Parteinahme gegen Vichy passte nicht ins politische Konzept Washingtons.[69] Dabei war Rücksicht auf Vichy zu dem Zeitpunkt, als »Casablanca« anlief, überflüssig geworden. Roosevelt hatte seinen Botschafter Leahy ja schon im April 1942 abberufen, nachdem Laval an die Spitze der Vichy-Regierung zurückgekehrt war. Im November, nach dem Einmarsch der Wehrmacht, musste die Vichy-Regierung auf deutschen Befehl die diplomatischen Beziehungen zu Washington ganz abbrechen.

DIE KONFERENZ

Was hat Sie nun in Gottes Namen nach Casablanca verschlagen? – Die Gesundheit. Ich kam nach Casablanca wegen der Quellen.

Das französische Schlachtschiff »Jean Bart«, das leck geschlagen im Hafen von Casablanca an einer Kaimauer liegt, ist ein Überbleibsel der Operation »Torch«. Das 248 Meter lange, schwer gepanzerte Großkampfschiff, benannt nach einem flandrischen Freibeuter aus dem 17. Jahrhundert, hatte der Stolz der französischen Marine werden sollen, das größte und modernste der ganzen Flotte. Es war im Juni 1940, kurz nach dem Stapellauf in Saint-Nazaire, vor den in Frankreich einrückenden Deutschen nach Marokko entkommen. Dabei war es erst zu drei Vierteln fertiggestellt: Nur einer der beiden 38-Zentimeter-Geschütztürme war eingebaut, die 15,2-Zentimeter-Batterie der Mittelartillerie fehlte ganz. Am 8. November 1942 beteiligte sich die »Jean Bart« auf Admiral Darlans Befehl an der Abwehr der amerikanischen Landungstruppen. Das amerikanische Schlachtschiff »Massachusetts«, das 35 Kilometer vor der Küste lag, schoss die »Jean Bart« mit mehreren 16-Zoll-Granaten scheinbar gefechtsunfähig. Zwei Tage später aber eröffnete die Besatzung überraschend erneut das Feuer auf den amerikanischen Schweren Kreuzer »Augusta«, auf dem im Sommer Roosevelt und Churchill vor Neufundland konferiert hatten. Nun gaben zwei 500-Kilo-Fliegerbomben der »Jean Bart« den Rest.[1] An der Steuerbordseite vor dem Turm A, wo der Gürtelpanzer 34,5 Zentimeter dick ist, klafft ein Loch von 15 mal 5 Metern, ein weiteres am Heck ist kaum kleiner. In jedes würde »ein kleiner Bungalow hineinpassen«, schätzt der amerikanische Luftwaffengeneral Henry H. Arnold.[2]

Außer der »Jean Bart« liegen drei französische Zerstörer und ein Kreuzer schwer beschädigt im Hafen. Auch die Stadt Casablanca selbst »trägt überall die Narben des Krieges«, wie Elliott Roosevelt bei einer ersten Besichtigungstour am Tag vor der Ankunft seines Vaters registriert. Bei der Landung der Invasionstruppen, stellt er fest, ist »böser Schaden angerichtet worden«. Jetzt blockieren auf den breiten Boulevards amerikanische Armeelastwagen und Panzer den Verkehr. Oben auf dem Hügel im vornehmen französischen Villenviertel, wo das Anfa-Hotel liegt, ist »alles in leichte Frühlingsfarben gehüllt«, es ist »warm, angenehm und freundlich«.[3]

Die britische Delegation trifft an diesem 13. Januar 1943 um elf Uhr vormittags in Casablanca ein. Churchill, der am selben Morgen mit der »Commando« gelandet ist, empfängt seine Stabsoffiziere auf dem Flugplatz in der Uniform eines Generalmajors der Luftwaffe.[4] »Wir sind eine ziemlich große Gesellschaft«, notiert Alan Brooke, der Chef des Generalstabs der Armee. Zur Delegation gehören neben vielen anderen Luftmarschall Charles Portal und Flottenadmiral Dudley Pound sowie Admiral Louis Mountbatten, der für die im August 1942 fehlgeschlagene Landung bei der nordfranzösischen Stadt Dieppe verantwortlich war.[5]

Die angereisten amerikanischen Militärs werden angeführt von Generalstabschef George C. Marshall und den Stabschefs Admiral Ernest J. King und General Arnold. Anwesend sind ferner General Dwight D. Eisenhower, der Chef des amerikanischen Hauptquartiers in Europa und Oberbefehlshaber der Operation »Torch«, sowie Averell Harriman, der Sondergesandte des Präsidenten in Europa, und Roosevelts Vertrauter Harry Hopkins.

Dieser Personenkreis nebst Präsidentensohn Elliott wird am Abend zum Eröffnungsdinner in Roosevelts Villa Dar es-Saada eingeladen.[6] Roosevelt ist erst 40 Minuten zuvor gelandet. Alle Teilnehmer sind müde, unterhalten sich aber angeregt.

»Ein einziger kleiner Zusammenstoß«, so Elliott Roosevelt, wirft allerdings »ein trübes Licht« auf den Beginn der Konferenz: Viele der anwesenden Offiziere, besonders die britischen, befürchten einen Überraschungsangriff der Deutschen, falls diese erfahren sollten, was in Casablanca gerade vor sich geht. Es ist erst zwei Monate her, seit die Mitglieder der Kontrollinspektion Afrika von hier vertrieben wurden, allenthalben sind noch die französischen Kollaborateure in ihren Ämtern, und in der Stadt wimmelt es von Spitzeln und Nachrichtenhändlern. Die Briten drängen darauf, die Konferenz sofort nach Marrakesch zu verlegen. Churchill unterstützt den Vorschlag lebhaft, aber Roosevelt ist strikt dagegen. Die Sicherheit scheint ihm gewährleistet: Amerikanische Ingenieure haben den zur Villa gehörenden Swimmingpool mit Stahlplatten von der »Jean Bart« zu einem Luftschutzbunker umgebaut. Nachdem Churchill mit seinem Sicherheitsargument nicht durchdringt, mokiert er sich darüber, dass in seiner Villa nur kaltes Wasser aus dem Hahn gekommen sei, als er ein Bad habe nehmen wollen. Nun will er deshalb nach Marrakesch umziehen. Roosevelt muss viel Überredungskunst aufbieten, um den Wunsch nach einem Quartierwechsel abzuwehren. Er hat sich nun mal für Casablanca entschieden.[7]

Die Festlegung des Konferenzorts war so wenig zwingend wie Ricks Begründung im Film, warum er nach Casablanca gekommen ist. Ricks Dialog mit Capitaine Renault ist höherer Nonsens. »Was hat Sie nun in Gottes Namen nach Casablanca verschlagen?«, will der Franzose wissen. »Meine Gesundheit«, antwortet der Amerikaner, »ich kam nach Casablanca wegen der Quellen.« Renault ist verblüfft: »Quellen? Was für Quellen? Wir sind in der Wüste.« Worauf Rick einen vermeintlichen Irrtum einräumt: »Man hat mich falsch informiert.«

Als sollten sich die Befürchtungen der Briten bewahrheiten, gibt es um halb zwei Uhr in der Nacht Luftalarm. Die Lichter im Haus werden gelöscht, bei Kerzenschein reden die Männer weiter. Die anglo-amerikanischen Waffenbrüder haben sich viel zu erzählen, es fließt reichlich Alkohol. Eisenhower hat aus Algier drei Kisten Gin und drei Kisten Whisky herbeischaffen lassen. Erst gegen drei Uhr morgens löst sich die Gesellschaft auf. Der Alarm hat sich als falsch erwiesen.[8]

In derselben Nacht trifft die britische 8. Armee unter General Bernard Montgomery letzte Vorbereitungen für einen Angriff auf deutsch-italienische Stellungen bei Buerat in Libyen, der acht Tage später zur Einnahme von Tripolis führen wird.[9]

Vom ersten Konferenztag an prallen die gegensätzlichen Meinungen über das weitere militärische Vorgehen hart aufeinander. Die Amerikaner, vor allem Marshall, wollen rasch ins Zentrum des europäischen Kontinents vorstoßen. Den Umweg über Italien betrachten sie als Zeitverschwendung. Man müsse den Nazis so schnell wie möglich den Garaus machen, fordern sie. Die Briten wenden dagegen ein, dass die westlichen Alliierten zu einem Landungsunternehmen an der französischen Kanal- oder Atlantikküste noch gar nicht in der Lage seien. Es fehle an Soldaten und Kriegsgerät, um gegen die vermuteten 44 deutschen Divisionen in Frankreich bestehen zu können; die Alliierten könnten allenfalls halb so viele Divisionen aufbieten.[10]

Klar ist: Erst wenn die Werften der Alliierten genügend dieser neuartigen, seltsam aussehenden Landungsboote gebaut haben, mit denen Soldaten, Panzer und Amphibienfahrzeuge an der Küste abgesetzt werden können, wird eine Invasion von See her möglich sein.[11] Die großen »Queen«-Passagierschiffe, von denen jedes bis zu 15 000 Mann befördern kann, transportieren einen wachsenden Strom amerikanischer und kanadischer Soldaten über den Atlantik. Aber was nützen zwei bis drei Millionen GIs in Großbritannien, wenn es ihnen an Gerät, Munition und Verpflegung mangelt?[12]

Die Vereinigten Staaten produzieren zwar unter Hochdruck gewaltige Mengen an Rüstungsgütern. Aber die deutschen U-Boot-Rudel im Atlantik machen erfolgreich Jagd auf die von Kriegsschiffen begleiteten Frachter, die Panzer, Flugzeuge und Munition nach England bringen sollen. Brooke weist schon beim ersten Treffen des Gemeinsamen Stabs in Casablanca darauf hin, dass die Möglichkeiten offensiver Operationen begrenzt seien, solange der Nachschub stockt. Er hält es sogar für möglich, dass die Alliierten den Krieg verlieren, wenn sie die von den U-Booten ausgehende Gefahr nicht bannen können.

Die Unterseeboote sind die einzige Waffe der Deutschen, mit der sie Amerika angreifen können. Aber sie sind, wie Roosevelts Berater Robert Sherwood feststellt, »eine Waffe von erschreckender Wirksamkeit«, und die Abwehr ist »in einem nicht zu entschuldigenden Grade unzureichend«. Die U-Boote versenken so viele

Frachtschiffe, »als ob Saboteure ein halbes Dutzend unserer größten Rüstungsbetriebe zerstört hätten«, zitiert Sherwood den amerikanischen Historiker Samuel Eliot Morison. Der rechnet vor, dass »der Feind 3000 erfolgreiche Bomberflüge unternehmen« müsste, »um dieselbe Menge an Rüstungsmaterial aus der Luft zu zerstören«.[13] Ende 1942 kommandiert Admiral Karl Dönitz 212 kampfbereite U-Boote, deutlich mehr als die 91, die zu Beginn des Jahres Jagd auf die Geleitzüge machen konnten.[14]

Allerdings verändert sich gerade zur Jahreswende 1942/43 das Kräfteverhältnis auf dem Atlantik. Zum einen ist es britischen Kryptoanalytikern in Bletchley Park gelungen, das neueste Verschlüsselungsverfahren der deutschen Marine zu knacken. Bald lesen die Alliierten die von der Chiffriermaschine »Enigma-M4« codierten Funksprüche mit. Dadurch können die Geleitzüge den U-Boot-Rudeln ausweichen.[15] Zum andern zieht Hitler plötzlich U-Boote aus dem Atlantik ab und lässt sie ins Nordpolarmeer verlegen. Sie sollen dort verhindern, dass die Rote Armee mit amerikanischen Waffen versorgt wird. Dieser Aspekt wurde für das Oberkommando der Wehrmacht immer wichtiger, nachdem die deutschen Truppen im Dezember 1941 vor Moskau gestoppt worden waren, der erstrebte Blitzkrieg gegen die Sowjetunion mithin gescheitert war.

Es waren jedoch konventionelle Kriegsschiffe – das Panzerschiff »Lützow«, der Schwere Kreuzer »Admiral Hipper« und sechs Zerstörer –, die am Silvestertag 1942 in der Barentssee einen von britischen Kriegsschiffen begleiteten Konvoi von 14 Frachtern angriffen, die Kriegsmaterial für die Sowjetunion an Bord hatten. Die Attacke scheiterte kläglich, vor allem wegen der schlechten Sicht. Hitler tobte, als er – ausgerechnet durch den britischen Radiosender BBC – von der Schlappe erfuhr, und bestellte Großadmiral Erich Raeder, den Oberbefehlshaber der deutschen Kriegsmarine, am 6. Januar 1943 zu sich. Der Großadmiral reichte seinen Rücktritt ein.

Hitler hat schon oft über die »Nutzlosigkeit« schwerer Kriegsschiffe geklagt. Jetzt will er sie abwracken lassen. Er setzt ganz auf die U-Boot-Waffe. Deren Kommandeur Dönitz wird Hitler am 30. Januar 1943 als Nachfolger Raeders zum Oberbefehlshaber der gesamten Kriegsmarine ernennen. Dönitz lässt zwar keine Kriegsschiffe verschrotten, aber alle Arbeiten an Neubauten einstellen.

»Der Atlantik ist mein westliches Vorfeld«, tönt Hitler. »Dort werden die U-Boote die Schlagader des Feindes durchschneiden.« Die U-Boot-Flotte soll noch schneller wachsen, jeden Monat sollen durchschnittlich 40 – statt wie bisher 30 – in Dienst gestellt werden. Doch es zeigt sich, dass die U-Boote, die eine starke Offensivwaffe waren, sich selbst kaum gegen wirksame Angriffe verteidigen können. Um das gleiche Volumen an Schiffsladungen zu versenken, müssen bald doppelt so viele U-Boote geopfert werden. Von Mitte des Jahres 1943 an werden deutsche U-Boote für die Alliierten keine ernsthafte Bedrohung mehr darstellen.[16]

Der Kampf der alliierten Geleitzüge gegen deutsche U-Boote ist auch das Thema eines Spielfilms, der in den Warner-Studios in Hollywood gedreht wird, während in Casablanca die beiden Regierungschefs und ihre Spitzenmilitärs konferieren. Zum ersten Mal seit »Casablanca« steht Humphrey Bogart wieder vor der Kamera. »Action in the North Atlantic« (»Einsatz im Nordatlantik«) erzählt vom heldenhaften Kampf amerikanischer Seeleute, die in einem Konvoi von Handelsschiffen kriegswichtige Güter in den sowjetischen Hafen Murmansk bringen und unterwegs von deutschen U-Booten angegriffen werden. Auch dieser Film wird komplett im Atelier gedreht, für Dramatik sorgen filmische Spezialeffekte. Warner Bros. versieht den Film mit einem Originalzitat aus einer Roosevelt-Rede: »Wir werden aus Schiffen zu unseren Alliierten eine Brücke bauen, über die das Kriegsgerät rollt.«[17] Auf dem Höhepunkt des Films stoßen sowjetische Flugzeuge durch die Wolken, um die Amerikaner nach Murmansk zu eskortieren, wo sich Russen und Amerikaner als Kameraden in die Arme fallen.[18] Hollywood ist wieder einmal auf der Höhe der Zeit.

Unter den Militärs, die in Casablanca um die richtige Strategie ringen, sind die Fronten klar. Die Haltung der politischen Chefs ist nicht so eindeutig: Churchill will es sich mit seinem Freund Roosevelt nicht verderben und plädiert mal für die eine, mal für die andere Lösung. Der US-Präsident verhält sich gegenüber seinen eigenen

Stabschefs wie eine Sphinx: Auch nach 13 Monaten amerikanischer Kriegsbeteiligung ist Roosevelt »noch immer eine Art Enigma für seine Berater«, sagt Marshall-Biograf Forrest Pogue; er »vermittelt keinen in sich geschlossenen Plan«.[19] Marshall ahnt von Anfang an, dass er seinen Kampf um die Kanalüberquerung noch im Jahr 1943 verlieren wird. Gleichwohl vertritt er weiter die Überzeugung, dass eine baldige Landung in Frankreich möglich sei.[20]

General Alan Brooke, später Feldmarschall und 1945 als Baron Alanbrooke in den Adelsstand erhoben, ist in seiner Funktion als Vorsitzender des »Chiefs of Staff Committee« Churchills wichtigster militärischer Berater. Er hadert mit dem Premier wegen dessen Wankelmütigkeit. Bisweilen sagt er ihm unverblümt seine Meinung, was zu heftigen Reibereien mit dem weitgehend beratungsresistenten Regierungschef führt.[21] In seinem Kriegstagebuch zieht der Chef des britischen Generalstabs heftig über den Premier her. Churchill, spottet Brooke, zweifle »nicht im Geringsten daran, dass er das ganze militärische Genie seines großen Ahnen Marlborough geerbt« habe. Seine militärischen Pläne schwankten »zwischen glänzendster Konzeption und wildester, ja gefährlichster Idee«. Churchill »von solchen verrückten Ideen abzubringen« erfordere »übermenschliche Anstrengung« und gelinge dennoch nie restlos, da er immer und immer wieder auf sie zurückkomme.[22] »Er kennt keine Einzelheiten, hat nur das halbe Bild im Kopf, redet absurdes Zeug und bringt mein Blut in Wallung, wenn ich seinen Unsinn höre«, giftet Brooke. »Verwunderlich« sei, »dass drei Viertel der Weltbevölkerung glauben, Winston Churchill sei einer der großen Strategen in der Geschichte, und das andere Viertel hat keine Vorstellung davon, was für eine öffentliche Gefahr er ist«.[23] Der Premier, zürnt Brooke, »glaubt mal dies und mal das. Heute soll der Krieg durch Luftangriffe gewonnen und alles andere dagegen zurückgestellt werden. Morgen sollen wir uns auf dem Kontinent verbluten, weil die Russen es auch tun.«[24]

»Er hasst mich«, sagt Churchill einmal zu seinem persönlichen Stabschef, General Hastings Ismay, über Brooke, »man kann den Hass in seinen Augen sehen.« Der Generalstabschef, dem dies von

Ismay zugetragen wird, widerspricht heftig: »Ich verehre ihn ungemein, ich liebe ihn, aber an dem Tag, an dem ich ihm sage, dass ich seiner Meinung bin, obwohl es nicht stimmt, muss er mich entlassen, weil ich ihm dann nicht mehr nützlich sein kann.« Ismay berichtet dies Churchill, der daraufhin in Tränen ausbricht: »Ach lieber Brookie«, schluchzt er.[25]

Für den Verlauf der Konferenz gibt es einen eng getakteten Zeitplan. Die Vereinigten Stabschefs halten 31 Treffen in elf Tagen ab. Dazu versammeln sie sich im großen Konferenzsaal des Anfa-Hotels. In der Mitte des Raums steht ein großer Tisch mit 16 Stühlen, seitlich davon befinden sich zwei kleinere Tische mit vier beziehungsweise sechs Plätzen.[26] In gewissen Abständen berichten die Militärs dem Präsidenten und dem Premier über die Fortschritte ihrer Beratungen, an denen beide Politiker nicht teilnehmen. Das gesamte Kriegsgeschehen, und zwar jeder Kriegsschauplatz weltweit, wird unter die Lupe genommen. Im Kommuniqué heißt es später: »Noch nie hat etwas stattgefunden, was sich mit dieser langen Diskussion der beiden Verbündeten vergleichen lässt.«

Bizarr mutet an, dass Brooke trotz der »anstrengenden« Tage, über die er in seinem Tagebuch wiederholt klagt, die Muße findet, seinem Hobby zu frönen. Um Vögel zu beobachten, unternimmt er immer wieder stundenlange Spaziergänge und notiert, was er alles gesehen hat: beispielsweise Distelfinken, Schwarzkehlchen, Buschsänger, Bachstelzen, Regenpfeifer und Steinwälzer.[27]

Brooke hält seine militärische Meinung für die einzig richtige. Keinen Moment kommt ihm in den Sinn, dass es auch eine andere Ansicht geben könnte. Als Admiral King einmal einwendet, die Öffentlichkeit in Amerika werde bestimmte Vorgänge nicht billigen, zuckt Brooke mit den Schultern und sagt: »Dann werden Sie sie eben erziehen müssen.«[28]

John Dill, Vorgänger Brookes als Chef des britischen Generalstabs, jetzt Leiter der britischen Stabsmission im Gemeinsamen Stab der Alliierten in Washington, löst schließlich das Patt auf. Er überzeugt mit einfachen Fakten. Die Amerikaner haben derzeit 150 000 Mann im Mittelmeerraum, die Briten aber dreimal so viele;

außerdem verfügen die Briten über die vierfache Zahl an Kriegsschiffen und fast ebenso viele Flugzeuge wie die Amerikaner. Die zahlenmäßige Überlegenheit in der Region spreche dafür, den britischen Plan zu realisieren.[29]

Dill warnt die versammelte Generalität: Wenn die Stabschefs keine Einigung erzielen könnten, müssten Churchill und Roosevelt als Schiedsrichter angerufen werden, was weder die britischen noch die amerikanischen Kommandeure wünschen könnten: »Sie wissen«, sagt Dill, »was für ein Chaos die anrichten würden.«[30]

Luftmarschall Charles Portal, Stabschef der britischen Luftwaffe und, so der britische Historiker John Keegan, »wahrscheinlich der Klügste unter den Stabschefs beider Seiten«, findet schließlich einen Kompromiss, der scheinbar beiden Parteien gibt, was sie fordern.[31] »Wir sind«, sagt Portal, »in der Rolle eines Mannes, der in seinem Testament den Hauptteil seines Vermögens seiner Geliebten vermachen will. Er muss jedoch auch der Ehefrau etwas vererben. Sein Problem besteht nun darin, zu entscheiden, was das Mindeste ist, das er ihr fairerweise zugestehen muss.«[32] Nach diesem Muster sollen beide Verhandlungspartner zufriedengestellt werden.

Churchill weiß, dass ein Vorstoß über Sizilien auf das europäische Festland die Errichtung einer zweiten Front in Frankreich im Jahr 1943 ausschließt. Die Amerikaner sind sich über diese Konsequenz nicht im Klaren; sie glauben, dass die Landung auf Sizilien sie nicht unbedingt von einem Angriff auf den »Atlantikwall« abhalten müsste. Es dauert fast ein Jahr, bis sie bemerken, dass selbst ihre gewaltige und expandierende Kriegsmaschinerie nicht genügend Ressourcen mobilisieren kann, um beide Unternehmen parallel auszuführen.[33]

Am fünften Konferenztag, dem 18. Januar, sind sich beide Seiten endlich einig. Brigadegeneral Albert C. Wedemeyer, Stabsoffizier in der Planungsabteilung des US-Kriegsministeriums, räumt die Niederlage der Amerikaner unumwunden ein: »Wir kamen, sahen und wurden besiegt.«[34] Die Schlappe führt er vor allem auf die personelle Überlegenheit der Briten wie auch auf ihre Gewieftheit zurück. »Sie überfielen uns wie Heuschrecken mit massenhafter Unterstützung von Planern und allerlei Assistenten mit vorbereiteten Plänen. Als Amerikaner wünschte ich, dass wir geschickter und besser gewappnet gewesen wären, um es mit diesen Superverhandlern aufzunehmen.«[35] Es sind fast doppelt so viele britische Stabsoffiziere anwesend wie amerikanische.[36]

Die lange Erfahrung in der Verwaltung des Empire hat die Briten gelehrt, welche Fallen auf Politiker, Regierungsbeamte und militärische Führer lauern, die sich von den Ereignissen überraschen lassen, statt sich im Vorhinein auf eine gemeinsame Position festzulegen. Und anders als die Amerikaner müssen sie im Verlauf der Konferenz nicht erst ihre internen Meinungsverschiedenheiten klären.[37]

Die britische Delegation ist nicht nur gut vorbereitet in Casablanca erschienen. Sie hat obendrein ein vollständig ausgerüstetes schwimmendes Kommunikationszentrum mitgebracht. Im Hafen von Casablanca liegt die »Bulolo«, ein ehemaliges Passagierschiff, das die Royal Navy im Frühjahr 1942 erworben hat und zu einem maritimen Hauptquartier umrüsten ließ. Der Umbau war im Oktober abgeschlossen worden, im November hatte die »Bulolo« an der Operation »Torch« in Algier teilgenommen. Churchill hat das Schiff nach Casablanca beordert, um mit seiner Hilfe die britische Mittelmeerstrategie umzusetzen. Die »Bulolo« ist mit modernster Technik ausgestattet. Sie kann mehr als dreißig verschlüsselte Nachrichten gleichzeitig drahtlos versenden. Dadurch stehen die britischen Konferenzteilnehmer in ständigem Kontakt mit der Regierungszentrale in London.[38]

Die amerikanischen Fernmeldetruppen haben zwar auch einiges an Technik in Roosevelts Villa installiert. Sie haben drei Telefonvermittlungszentralen und ein Nachrichtenzentrum eingerichtet sowie 65 Kilometer Telefonkabel verlegt. Aber ihre Apparaturen sind bei Weitem nicht so effizient wie das britische Kommandoschiff.

Ein Detail ist noch zu klären. Die Offiziere der gemeinsamen Planungssektionen wollen lieber in Sardinien als auf Sizilien angreifen, weil sie glauben, dass dies drei Monate früher möglich sei. Da die Insel nördlicher liegt, könnten die sardischen Flugplätze besser für die nächste Stufe der Bomberoffensive genutzt werden.[39] Aber

Churchill und die vereinigten Stabschefs sind überzeugt, dass die Invasion auf Sizilien wegen der kürzeren Entfernung zu Afrika leichter zu bewerkstelligen sei. Gemeinsam mit Roosevelt erteilt Churchill schließlich die Weisung, dass die Vollmondphase im Juli zur Landung in Sizilien auszunutzen sei.[40] Roosevelts Entscheidung, sich den britischen Vorstellungen anzuschließen, kommt für seine Stabschefs so überraschend wie Ricks Entschluss in »Casablanca«, Ilsa und Victor mit den Transitvisa ausreisen zu lassen. Brigadegeneral Wedemeyer macht Churchills »schädlichen Einfluss« auf Roosevelt für dessen Sprunghaftigkeit verantwortlich.[41]

In einem anderen Punkt erzielen die Amerikaner wenigstens einen Teilerfolg. Die Briten, die im August 1942 damit begonnen haben, deutsche Städte systematisch großflächig zu bombardieren, wollen die Amerikaner dafür gewinnen, sich an den Luftangriffen zu beteiligen. Gegenüber Stalin kann Churchill den Einsatz der Royal Air Force als Ersatz für das Ausbleiben der zweiten Front ausgeben. Tatsächlich besitzt Großbritannien gar keine andere Offensivwaffe.

Völlig konträr sind die Auffassungen der Verbündeten, wie der Bombenkrieg gegen Deutschland geführt werden soll. Die Briten wollen ausschließlich nächtliche Flächenbombardements gemäß dem Motto von Luftmarschall Arthur Harris (»Bomber-Harris«), die Royal Air Force müsse »alles zerstören, um mit Sicherheit etwas zu zerstören«; die Zivilbevölkerung soll demoralisiert und so Deutschland zur Kapitulation gezwungen werden. Demgegenüber halten die Amerikaner an ihrer Strategie fest, tagsüber mit »Fliegenden Festungen« vom Typ B-17 Präzisionsangriffe vorzugsweise gegen Industrieanlagen zu richten.

Während der Konferenz von Casablanca verstärkt die Royal Air Force ihre Luftschläge. In der Nacht zum 17. Januar greifen 147 britische Bomber nach 14-monatiger Pause die Reichshauptstadt an. 148 Menschen kommen ums Leben, mehr als 10 000 Berliner verlieren ihr Dach über dem Kopf. Das bedeutendste Gebäude, das dabei zerstört wird, ist die Deutschlandhalle am Messegelände, das größte Mehrzweckgebäude der Welt: Das Dach stürzt, von mehreren Brandbomben getroffen, komplett ein.[42]

Propagandaminister Joseph Goebbels, zugleich Gauleiter der NSDAP in Berlin, ahnt, dass »dieser Luftangriff ein kleiner Vorgeschmack dessen« ist, »was uns noch bevorsteht«. Doch sarkastisch gewinnt er der Situation auch etwas Positives ab: »Berlin hat zu lange in einem falschen Friedenszustand gelebt. Es muss der Reichshauptstadt wieder einmal klargemacht werden, dass Krieg ist.«[43] Hitler, der sich in seinem Hauptquartier »Wolfsschanze« in Ostpreußen aufhält, ordnet fünf Tage später an: »Da der Luftschutzbunker in der Reichskanzlei nur eine Deckenstärke von 1,6 Meter hat, ist im Garten sofort ein Bunker mit 3,5 Meter Deckenstärke, aber mit denselben inwendigen Abmessungen wie der jetzt vorhandene Führerbunker zu bauen.«

Amerikaner und Briten einigen sich in Casablanca schließlich auf eine Arbeitsteilung: Die Royal Air Force fliegt bei Nacht, die amerikanische Bomberflotte bei Tag. In einer Direktive der Combined Chiefs of Staff wird am 21. Januar das »primäre Ziel« festgelegt: »die zunehmende Zerstörung und Zerrüttung des deutschen militärischen, industriellen und wirtschaftlichen Systems und der Unterminierung der Moral des deutschen Volkes bis zu dem Punkt, an dem seine Fähigkeit zu bewaffnetem Widerstand entscheidend geschwächt ist«. Angegriffen werden sollen vor allem U-Boot-Werften, die Flugzeugindustrie, Verkehrsknotenpunkte, Anlagen für Ölgewinnung und -verarbeitung sowie weitere Ziele der Kriegsindustrie.[44] Am 27. Januar wird Wilhelmshaven als erste deutsche Stadt von 59 amerikanischen Bombern angegriffen. Sie attackieren Hafenanlagen und Lagerhäuser.

Die Vereinbarung, die Roosevelt und Churchill treffen, verfolgt neben der Schwächung des Gegners zwei politisch-strategische Ziele: Die Bombardierung soll den ungeduldig auf eine zweite Front drängenden Stalin besänftigen, und zugleich soll der Verbündete aber nur in begrenztem Maße von den Luftschlägen profitieren.

Was wie eine Verschwörungstheorie klingt, hat, wie der Militärhistoriker Rolf-Dieter Müller darlegt, einen plausiblen Grund. Amerikanische und britische Geheimdienstler halten es nämlich für möglich, dass die Rote Armee nach dem sich abzeichnenden Untergang der Deutschen bei Stalingrad rasch westwärts marschieren könnte. An einem schnellen Geländegewinn Stalins sind die Westalliierten jedoch nicht interessiert, da sie noch vollauf damit beschäftigt sind, die deutschen U-Boote aus dem Atlantik zu vertreiben. Ein baldiger Zusammenbruch der deutschen Front im Osten würde bedeuten, dass Stalin künftig den Kontinent beherrscht. Deshalb setzen Roosevelt und Churchill die Bomberwaffe nur dosiert ein. Briten und Amerikaner wollen mit ihrer Luftoffensive die »Fähigkeit« der Deutschen, »bewaffneten Widerstand zu leisten«, zwar entscheidend schwächen, aber in einem Prozess »zunehmender Zerstörung«, nicht auf einen Schlag, wozu sie durchaus imstande wären. Die deutsche Wehrmacht soll in den folgenden zwölf Monaten genügend Kampfkraft behalten, um die Rote Armee auf ihrem Weg nach Westen zu bremsen und zu verschleißen; aber sie soll zugleich so weit geschwächt werden, dass die Westalliierten im Sommer 1944 ungefährdet am Ärmelkanal landen und rasch ins Reich vorstoßen können. Roosevelt und Churchill verständigen sich auch darüber, die Entwicklung der Atombombe voranzutreiben. Durch sie würde es den westlichen Verbündeten möglich, die Deutschen notfalls mit einem Schlag zur Kapitulation zu zwingen.[45]

Der Zweck der Casablanca-Konferenz ist »eigentlich ausschließlich militärischer Natur«, schreibt Präsidentenberater Sherwood, aber Roosevelt und Churchill verwickeln sich »sogleich in die Politik, welche sich aus der unvermeidlichen französischen Frage« ergibt.[46] Churchill wollte in Casablanca auch über die Verwaltung der französischen Besitzungen in Afrika und die Beteiligung Frankreichs am Krieg sprechen, um auf diese Weise de Gaulle einzubinden. Roosevelt weiß, dass er in Casablanca einen Ausweg aus der »französischen Zwickmühle« finden muss.[47] Ihm ist klar, welcher Kritik er sich bei seiner Rückkehr nach Washington aussetzt, wenn er die Annäherung zwischen de Gaulle und Giraud nicht zustande bringt.[48] In der amerikanischen Öffentlichkeit ist der Führer der Freien Franzosen hoch angesehen. Aber der Diplomat Robert Murphy, der als persönlicher Vertreter des Präsidenten in Französisch-Nordafrika den Boden für die Operation »Torch« vorbereitete, hat Roosevelt gegen de Gaulle aufgewiegelt, den er als »Frankenstein-Monster« schmäht.[49] Roosevelt ist den Einflüsterungen Murphys erlegen, der nachdrücklich Giraud als Chef einer Übergangsregierung favorisiert; Giraud, schwärmt Murphy, sei »der befugteste und idealste Kandidat, der am meisten die amerikanische Unterstützung verdiene«.[50]

Seinem Sohn Elliott erläutert der Präsident in Casablanca seine Vorbehalte gegen de Gaulle. Dieser sei ebenso wenig wie Churchill am Verschwinden seines Weltreichs interessiert, sagte Roosevelt. Außerdem sei de Gaulle »darauf aus, in Frankreich eine Regierung zu errichten, bei der nur er etwas zu sagen hat«. Er könne sich keinen Menschen vorstellen, dem er mehr misstrauen würde. Die ganze Bewegung der Freien Franzosen sei »gespickt mit Polizeispitzeln, die sein eigenes Volk ausspionieren«. Für de Gaulle bedeute Redefreiheit nur »Freiheit der Rede für ihn allein, ohne Gegenrede, ohne Kritik«.[51]

Roosevelt und Churchill haben in Giraud und de Gaulle jeder einen »Schoßhund«, wie Goebbels höhnisch in seinem Tagebuch vermerkt.[52]

Churchill schlägt vor, die Rivalen nach Casablanca zu bestellen, damit sie unter sanftem Druck eine Vereinbarung über die künftige Verwaltung der französischen Territorien träfen. Roosevelt lässt sich darauf ein. Gut, sagt er: »Wir bringen den Bräutigam her, Sie schaffen die Braut zur Stelle, und dann veranstalten wir eine Zwangshochzeit.«[53]

Giraud kommt sofort aus Algier nach Casablanca. Er hat am 17. Januar eine gut einstündige Unterredung mit Roosevelt. Der Franzose, beobachtet Elliott Roosevelt, sitzt die ganze Zeit gerade und steif in seinem Stuhl. Er wiederholt immer wieder nur: »Gebt uns Waffen! Gebt uns Kanonen, Tanks und Flugzeuge! Das ist alles, was wir brauchen.«[54] Giraud geht es allein um eine militärische Lösung zur Befreiung Frankreichs. Er will an der Spitze der französischen Streitkräfte nach Paris zurückkehren; wie und von wem das Land künftig regiert wird, ist ihm egal.

Nach dem Gespräch ist Roosevelt ernüchtert: »Ich fürchte, wir lehnen uns da an einen sehr dünnen Grashalm«, sagt er zu seinem Sohn. »Das also ist der Mann, von dem Bob Murphy sagt, dass die

Franzosen sich um ihn scharen würden. Er ist eine Null als Verwalter und eine Null als Führer.«[55] Bei Roosevelt setzt sich die Einsicht durch, dass die Führungsfähigkeiten Girauds maßlos überschätzt werden; dessen undurchschaubare Haltung gegenüber Vichy macht es dem Amerikaner überdies schwer, gegen eine von den Briten unterstützte Regierung de Gaulles zu opponieren.[56]

Wie Hopkins notiert, besteht Roosevelt darauf, »dass Giraud in Nordafrika vorderhand nur vertretungsweise handeln dürfe, dass er in keiner Weise Frankreich repräsentiere und dass die Verständigung über alle anderen französischen Besitzungen erst ausgearbeitet werden« solle, wenn de Gaulle eintreffe.[57] Doch de Gaulle ziert sich, als ihm der britische Außenminister Anthony Eden am 17. Januar die Einladung Churchills überbringt. Er ist wieder einmal verstimmt, diesmal, weil er nicht im Voraus über die Konferenz unterrichtet worden ist. De Gaulle teilt Roosevelt und Churchill mit, dass er Giraud mehrfach eine persönliche Besprechung vorgeschlagen, aber keine Zusage bekommen habe. Weil nach der Ermordung Darlans etliche Résistance-Mitglieder verhaftet worden sind, hat de Gaulle die Verhandlungen mit Giraud wenige Tage vor der Casablanca-Konferenz abgebrochen.[58] Er wolle, lässt er Roosevelt und Churchill mitteilen, gern mit Giraud »offen und einfach« reden, aber nicht in der »zu offiziellen Atmosphäre einer Alliiertenversammlung«.[59]

Roosevelt sieht sich in seinem negativen Urteil über de Gaulle bestätigt. Wer denn für den Führer der Freien Franzosen »das Essen bezahle«, fragt er Churchill süffisant. Der Premier räumt die englische Alimentierung ein. Also, meint Roosevelt, solle die britische Regierung »die Fütterung doch einfach einstellen«. Seinem Außenminister Cordell Hull schreibt der Präsident: »Unseren Freunden gelingt es nicht, die Braut herbeizuschaffen. Die launische Dame de Gaulle benimmt sich sehr hochnäsig und hat nicht die geringste Neigung, mit Giraud ins Bett zu gehen.«[60]

De Gaulles Bockigkeit nervt auch Churchill. Er telegrafiert am 18. Januar an Eden, er solle de Gaulle ausrichten: »Wenn Sie sehenden Auges sich weigern, diese einmalige Gelegenheit zu ergreifen, werden wir versuchen, so gut es geht ohne Sie fertig zu werden.« Er weist Eden an, de Gaulle »zu seinem eigenen Besten ziemlich scharf anzufassen«.[61] Widerwillig fügt sich de Gaulle. »Die allgemeine Kriegslage und der vorläufige Zustand Frankreichs«, lässt er Churchill wissen, »erlauben es mir – trotz deren Form – nicht, die Einladung zu einem Treffen mit dem Präsidenten der Vereinigten Staaten und dem Premierminister Ihrer Majestät auszuschlagen.«

Am 22. Januar 1943, fünf Tage nach Giraud, kommt de Gaulle mit vier Begleitern in Casablanca an. Widerwillig lässt er sich zu einem Treffen mit Churchill überreden. Sie geraten schnell in Streit. De Gaulle beklagt sich bitter darüber, dass er auf französischem Boden wie ein Gefangener behandelt werde. Churchill belehrt ihn: »Nordafrika ist ein besetztes Land.« Dann erläutert er ihm, wie er sich die politisch-militärische Organisation auf diesem Territorium vorstellt: Ein gemeinsam von de Gaulle, Giraud und dem pensionierten Vichy-General Alphonse Georges geführter Ausschuss unter Kontrolle des Oberbefehlshabers der Besatzungstruppen, Eisenhower, solle die Verwaltung übernehmen, Giraud solle überdies das Kommando über die französische Streitmacht in Afrika erhalten.[62] De Gaulle platzt der Kragen: Das könne doch nicht Churchills Ernst sein. Churchill läuft rot an und blafft de Gaulle in seinem anglisierten Pidgin-Französisch an: »Wenn Sie sich mir in den Weg stellen, werde ich Sie liquidieren.«[63] De Gaulle quittiert dies mit den Worten: »Wenn Sie sich unbedingt entehren wollen – bitte!« und stolziert, wie Churchill berichtet, »mit hoch erhobenem Kinn aus der Villa und dem kleinen Garten«.[64]

In seinen Memoiren schreibt Churchill über de Gaulle: »Seine arrogante Haltung verstand und bewunderte ich, während ich sie gleichzeitig ablehnte. Wer war er denn: ein Flüchtling, der mit dem Todesurteil über seinem Haupt in fremdem Lande lebte und einzig vom Wohlwollen der britischen und neuerdings auch der amerikanischen Regierung abhing. Sein Vaterland war vom Feind erobert. Nirgends stand er auf festen Füßen. Dennoch trotzte er allen. Auch wenn er sich von seiner schlechtesten Seite zeigte, immer schien er das Wesen Frankreichs widerzuspiegeln, das Wesen einer großen Nation in ihrem Stolz, ihrem Ehrgeiz und ihrer Größe.«[65]

So unerfreulich wie das Gespräch mit de Gaulle setzt sich der Abend für Churchill fort. Er ist zu einem Dinner eingeladen, das Roosevelt für den marokkanischen Sultan Mohammed gibt. Aus Rücksicht auf den muslimischen Gast werden keine Cocktails, kein Wein und kein Digestif serviert, sehr zum Leidwesen des trinkfesten Premiers.

Die Franzosen haben Mohammed, weil sie ihn für gefügig hielten, 1927 als 17-Jährigen seinen älteren Brüdern vorgezogen und zum Sultan gemacht. Der Vichy-Regierung hat Mohammed anfangs seine Loyalität erklärt, doch schon bald sympathisierte er mit den Freien Franzosen. Die Vichy-Franzosen drängten den Sultan zur Flucht, als die U.S. Army im November 1942 bei Casablanca landete. Aber Mohammed erklärte: »Die Amerikaner sind meine Freunde. Ich werde sie hier begrüßen.« Mit den Vichy-Statthaltern legte sich Mohammed sogar wegen seiner jüdischen Untertanen an. Viele leben seit altersher in Marokko. 1942 sind es rund 300 000, etwa vier Prozent der Bevölkerung (erst seit den 1950er-Jahren wandern sie zahlreich aus). Zu den einheimischen Juden kommen zeitweise etwa 7700 größtenteils jüdische Flüchtlinge aus Europa.[66] Als die Vichy-Behörden auch in Marokko die antisemitischen Gesetze durchsetzen und die Juden verpflichten wollten, den gelben Stern zu tragen, sagte der Sultan, dann würden auch er und seine Familienangehörigen einen solchen Stern anlegen. Es solle »den Juden kein Leid zugefügt werden, das nicht zuerst meine Familie und mich selbst befällt«.[67]

Befremdlich wirkt gerade vor diesem Hintergrund, wie sich Roosevelt in Casablanca ehemaligen Vichy-Vertretern anbiedert, mit denen er nach der alliierten Besetzung Nordafrikas kooperieren will. Gegenüber General Charles Noguès, dem von der Vichy-Regierung eingesetzten französischen Generalresidenten in Rabat, den er fünf Tage vor dem Sultan in Anfa empfangen hat, äußerte er unverhohlen Sympathien für die antisemitischen Nazi-Gesetze. Um sozialen Unruhen vorzubeugen, meinte Roosevelt, solle man Juden nur in solcher Zahl zu akademischen Berufen zulassen, dass ihr prozentualer Anteil nicht ihren Anteil an der Gesamtbevölkerung übersteigt. Hätte man diesen Grundsatz in Deutschland beachtet, wären »die

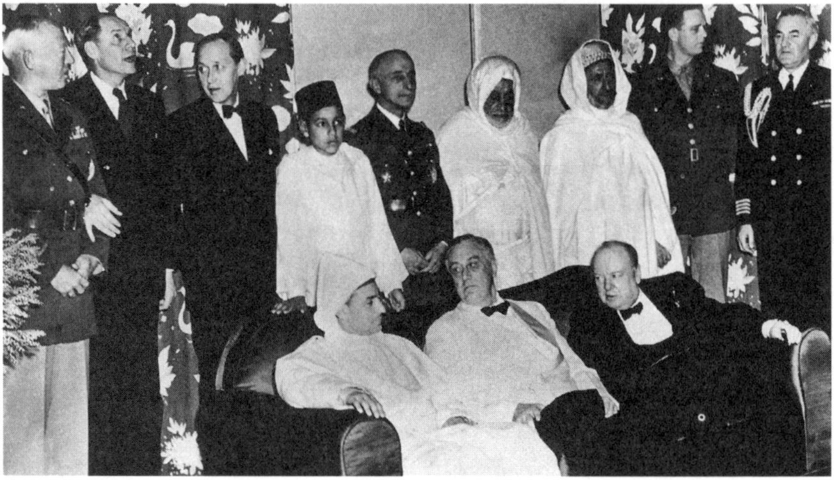

Bei der Casablanca-Konferenz trafen Roosevelt und Churchill auch den marokkanischen Sultan Mohammed (links auf dem Sofa). Dieser sympathisierte während der Besetzung seines Landes eindeutig mit dem Freien Frankreich und vertraute auf die Amerikaner, die er als seine »Freunde« bezeichnete.

verständlichen Klagen der Deutschen über die Juden in Deutschland«, die »mehr als 50 Prozent der Rechtsanwälte, Ärzte, Lehrer, Professoren usw.« ausgemacht hätten, gegenstandslos gewesen.[68] Roosevelts Äußerungen im Beisein mehrerer Zeugen, darunter General George Patton und Robert Murphy, aufgezeichnet von seinem Marine-Attaché John L. McCrea, zeugen nicht nur von erschreckender Unkenntnis, sondern belegen auch seine zumindest latenten antisemitischen Vorurteile. Sie bestimmten wohl auch die restriktive amerikanische Flüchtlingspolitik während des Zweiten Weltkriegs.

Der Sultan, der 1957 als Mohammed V. erster König des unabhängigen Marokko wird, kommt mit seinem 13 Jahre alten Sohn, dem Kronprinzen Hassan, sowie seinem Großwesir und seinem Zeremonienmeister zum Gespräch mit Roosevelt. Die Gäste sind in wallende Bzoui-Dschellabas aus einer Mischung von feinster Wolle und Seide gekleidet. Sie bringen Geschenke mit: einen goldbeschlagenen Dolch in einer mit Intarsien verzierten Schatulle aus Teakholz für Roosevelt sowie zwei goldene Armbänder und ein hohes goldenes Diadem für die Ehefrau des Präsidenten. Hinterher lästern die Amerikaner über die orientalischen Gaben. Präsidentensohn Elliott Roosevelt ergötzt sich an der Vorstellung, »wie Mutter bei irgendeiner offiziellen Gelegenheit mit diesem imponierenden Gegenstand auf ihrem Haar präsidieren würde«.[69] Hopkins erscheint der Kopfschmuck »wie eine Tiara«, die ihn »an die Mädels im Zirkus erinnerte, wenn sie auf Schimmeln reiten«.[70]

Der Sultan sitzt zur Rechten Roosevelts, Churchill zur Linken. Der Premier ist trotz der aufgenötigten Alkoholabstinenz zunächst noch ganz gut gelaunt. Aber im Lauf der Unterhaltung wird Churchill immer einsilbiger. Denn Roosevelt und Mohammed unterhalten sich lebhaft über die natürlichen Reichtümer Marokkos, die von ausländischen Unternehmen, vor allem britischen und französischen, geplündert werden. Der Präsident versichert dem Sultan, dass »die Ära der kolonialen Ausbeutung« zu Ende gehe, und verspricht amerikanische Hilfe beim Aufbau eines modernen Erziehungs- und Gesundheitswesens.[71] Churchill sitzt, wie Hopkins beobachtet, »mürrisch« daneben und scheint sich »regelrecht zu langweilen«.[72]

Mohammed wäre gern noch länger geblieben, aber er wird kurz vor halb elf hinauskomplimentiert, weil de Gaulle im Anmarsch ist. Der General ist wieder einmal verärgert. Diesmal wurmt ihn, dass der Sultan – in seinen Augen lediglich autochthoner Fürst einer französischen Kolonie, der als ein Vorkämpfer der Unabhängigkeit auftritt – überhaupt empfangen wurde, und dann auch noch vor ihm. Hopkins empfindet de Gaulles Auftreten als »kalt und hochmütig«. Der Vertraute des Präsidenten bemerkt amüsiert, dass in den umliegenden Räumen schwer bewaffnete Sicherheitsleute Posten bezogen haben, »hinter dem Vorhang, oben auf der Galerie des Wohnzimmers und auf alle Zugangstüren verteilt«. Auf seine Nachfrage, was das zu bedeuten habe, sagen ihm Roosevelts Personenschützer, sie könnten es nicht darauf ankommen lassen, dass dem Präsidenten etwas zustoße. »Niemand war auf diesen Hokuspokus verfallen, als Giraud beim Präsidenten war«, wundert sich Hopkins, und er zieht daraus die Erkenntnis, »in was für eine Atmosphäre des Misstrauens de Gaulle in Casablanca geraten« ist.[73]

De Gaulle trifft Roosevelt zum ersten Mal. Der amerikanische Präsident parliert unter vier Augen auf Französisch mit ihm. Doch trotz der guten Sprachkenntnisse Roosevelts verstehen sie einander nicht. Der Präsident macht zur künftigen Rollenverteilung unter den französischen Rivalen denselben Vorschlag wie Churchill, wenn auch nicht so forsch wie der Brite, sondern auf die ihm eigene charmante Art. Aber de Gaulle fällt nicht darauf herein. »Hinter seiner höflichen Maske betrachtete mich Roosevelt ohne Wohlwollen«, bemerkt de Gaulle. Der Präsident glaube, »dass der Frieden ein amerikanischer Frieden sein müsse, überzeugt, dass er allein sein Aussehen zu diktieren habe und dass besonders Frankreich ihn als Retter und Vermittler anerkennen solle«.[74] Auch Roosevelt äußert sich nach dem Treffen abfällig über seinen Gast. Zu seinem Sohn Elliott sagt er, de Gaulle wolle wohl Frankreichs Diktator werden, und es gebe niemanden, dem er weniger vertraue.[75]

Am Vormittag des letzten Konferenztages, es ist der 24. Januar 1943, empfängt Roosevelt zunächst noch einmal Giraud, dann kommt de Gaulle hinzu. Draußen versammeln sich bereits etwa 50 Journalisten, die kurzfristig aus Algier nach Casablanca eingeladen worden sind. Roosevelt will ihnen ein Ergebnis präsentieren, dass sich de Gaulle und Giraud unter amerikanisch-britischer Schirmherrschaft geeinigt hätten. Die Öffentlichkeit verlange nach öffentlichen Schaustellungen, erklärt er de Gaulle. Man müsse halt irgendeinen Kompromiss vorweisen. »Überlassen Sie das mir«, erwidert de Gaulle knapp, »es wird ein Kommuniqué geben.« Ob er auch bereit wäre, sich mit Giraud fotografieren zu lassen, setzt Roosevelt nach. »Aber gern«, sagt de Gaulle, »schließlich halte ich Giraud als Soldat in höchsten Ehren.« Und ob er sich womöglich überwinden könne, Giraud die Hand zu reichen, fragt Roosevelt. »Für Sie werde ich das tun«, sagt de Gaulle auf Englisch.[76]

Churchill und die beiden Franzosen gehen auf den Rasen hinter der Villa, Roosevelt wird auf seinem Stuhl hinausgetragen. De Gaulle nimmt zwischen Roosevelt und Churchill Platz, Giraud rechts neben dem amerikanischen Präsidenten. So müssen die Rivalen nicht direkt nebeneinandersitzen. Dann stehen die beiden Hünen

Roosevelt und Churchill wollten in Casablanca auch die Frage lösen, wer künftig Frankreich repräsentieren sollte. Die Generäle Henri Giraud und Charles de Gaulle stritten um die politische und militärische Führung. Der US-Präsident und der britische Premier nötigten die beiden Rivalen zu einem versöhnlichen Händedruck vor Kameras.

auf – de Gaulle misst 1,95 Meter, Giraud ist nur wenige Zentimeter kleiner – und reichen sich die Hände, zweimal sogar, weil den ersten Händedruck nicht alle Fotografen mitbekommen. Steif und mit unbewegter Miene lassen die Kontrahenten das Blitzlichtgewitter über sich ergehen. Roosevelt, der seine gelähmten Beine mithilfe seiner Hände übereinandergeschlagen hat, schaut amüsiert zu den beiden auf; Churchill blickt grimmig zu Boden.

Das Kommuniqué, das de Gaulle angekündigt hat, ist nichtssagend: »Wir haben uns getroffen und miteinander gesprochen. Wir verfolgen das gleiche Ziel, die Befreiung Frankreichs und den Triumph der menschlichen Freiheit durch die totale Niederlage des Feindes. Dieses Ziel werden wir durch die Vereinigung aller kämpfenden Franzosen an der Seite all ihrer Verbündeten erreichen.«

Der Film »Casablanca« nimmt die weitere historische Entwicklung vorweg. So wie sich Capitaine Renault am Ende der Résistance anschließt, obsiegt auf längere Sicht de Gaulle über Giraud, indem er ihn 1944 aus dem zunächst dreiköpfigen Führungsgremium ausbootet; der von Roosevelt und Churchill oktroyierte dritte Mann, der Ex-General Alphonse Georges, zieht sich bereits im November 1943 zurück.

De Gaulle und Giraud verlassen den Schauplatz. Die Kriegsreporter werden gebeten, sich im Halbkreis um Roosevelt und Churchill auf dem Rasen niederzulassen. Der Präsident trägt am linken Ärmel seines abgewetzten hellgrauen Anzugs eine breite schwarze Trauerbinde, obschon seine Mutter, derer er auf diese Weise gedenkt, bereits im September 1941 gestorben ist; außerdem hat er sich eine schwarze Krawatte umgebunden. Der Premierminister ist in einen dunkelgrauen Nadelstreifenanzug gekleidet und hat einen zerbeulten Homburg auf dem Kopf. Die Sonne brennt vom Himmel. Fürsorglich fragt Churchill den Präsidenten: »Wollen Sie einen Hut?« Roosevelt lehnt eine Kopfbedeckung mit der Bemerkung ab, er sei »ohne Hut geboren« worden.[77] Beide rauchen: Roosevelt hält seine lange Zigarettenspitze in der Hand, Churchill pafft eine seiner allgegenwärtigen dicken Zigarren.[78]

Die Journalisten bestürmen Roosevelt mit Fragen, wie er sich die künftige Politik gegenüber Deutschland vorstelle. Da gibt der Präsident die Parole aus: Von nun an verfolge man nur noch ein Kriegsziel, die »bedingungslose Kapitulation« der Achsenmächte. Churchill sitzt schweigend daneben.

Später wird der britische Premier behaupten, er sei von Roosevelts Aussage überrumpelt worden, und Roosevelt wird eine Erklärung nachliefern, dass ihm die Formulierung spontan eingefallen sei. Ihm sei, sagt Roosevelt, just in diesem Moment der amerikanische Bürgerkriegsgeneral Ulysses Simpson Grant in den Sinn gekommen, der 1862 als Oberbefehlshaber der Unionstruppen ein Südstaatenheer bei Fort Donelson belagerte. Grant erfand, als er den Eingeschlossenen die Friedensbedingungen diktierte, ein Wortspiel mit Anfangsbuchstaben: Der »unconditional surrender« hatte dieselben

Zum Abschluss der Konferenz informierten Roosevelt und Churchill kurzfristig aus Algier eingeladene Kriegsreporter. Auf dem Rasen seines Quartiers Villa Dar es-Saada verkündete der US-Präsident als Kriegsziel der Alliierten die »bedingungslose Kapitulation« der Achsenmächte.

Initialen wie sein eigener Vor- und Mittelname und ebenso wie die seines Landes, der »United States«.[79]

»Aus irgendeinem Grunde«, wundert sich Sherwood, liebt es Roosevelt, »sich als einen recht frivolen Burschen auszugeben, der die Folgen zufälliger Bemerkungen nicht genügend bedenkt«. Keineswegs sei ihm aber »in der Hitze des Augenblicks ein unbedachtes Wort entschlüpft«.[80]

Genauso wenig ist Churchill so überrascht, wie er später vorgibt. Im britischen Unterhaus behauptet er, er habe »diesen Ausdruck zum ersten Mal von Präsident Roosevelt gehört«. Er sei »vorher nicht befragt« worden, sondern habe »an Ort und Stelle blitzschnell entscheiden« müssen, »ob unsere weltpolitische Situation mich dazu berechtigte, meine Unterstützung zu versagen«. In seinen Memoiren wird Churchill diese Aussage zurücknehmen: Er habe »zweifellos einige irrtümliche Behauptungen über die Entstehungsgeschichte der Formel ›bedingungslose Kapitulation‹ aufgestellt«.[81]

Die Wahrheit ist: Die Forderung nach bedingungsloser Kapitulation ist ein wohlkalkulierter Schritt, dem mehr als ein Jahr lang gemeinsame Überlegungen Washingtons und Londons vorausgegangen sind. Amerikaner und Briten sind fest entschlossen, Deutschland nicht wieder wie 1918 milde Waffenstillstandsbedingungen anzubieten. Damals hatte der amerikanische Präsident Woodrow Wilson eine tolerante Politik gegenüber dem militärisch geschlagenen und innerlich zerrütteten Deutschland verfolgt. Aber die maßvolle Politik zahlte sich nicht aus. Die politische Rechte erfand die Dolchstoßlegende von der angeblich »im Felde unbesiegten« Armee, die brüchige Friedensordnung führte zum Aufstieg der radikalen Nazi-Bewegung und zur Remilitarisierung, bis Hitler einen zweiten, die gesamte westliche Zivilisation bedrohenden Weltkrieg vom Zaun brach. Dies sollte sich nicht wiederholen können, hatte sich Roosevelt geschworen, der im Ersten Weltkrieg Staatssekretär in Wilsons Regierung gewesen war.[82] Deshalb muss, nach Roosevelts Vorstellung, Deutschland vollständig entmilitarisiert und der Nationalsozialismus, die ideologische Grundlage des deutschen Weltherrschaftsanspruchs, ausgemerzt werden. Um dieses Ziel zu erreichen, hält Roosevelt die bedingungslose Kapitulation für erforderlich. Damit würde der Weg frei, das besiegte Land für eine Übergangszeit militärisch zu besetzen, um die Sicherheitsbestimmungen umzusetzen und sie nicht von der Annahme durch eine deutsche Regierung abhängig zu machen.

Bereits im Januar 1942, wenige Wochen nach Amerikas Kriegseintritt, wurde auf Vorschlag von Außenminister Hull und mit Billigung Roosevelts eine Kommission für die Nachkriegsplanung eingesetzt. Sie bestand aus Persönlichkeiten des öffentlichen Lebens mit wissenschaftlicher oder politischer Erfahrung sowie Beamten des State Department. Den Vorsitz übernahm Roosevelts Vertrauter im Außenministerium, Staatssekretär Welles. In einem Zwischenbericht des »Security Subcommittee« Ende Oktober 1942 hieß es im

Hinblick auf das Kriegsende schließlich, »bedingungslose Kapitulation statt Waffenstillstand sollte von Deutschland gefordert werden«. Im Dezember 1942 erklärte Roosevelt dem Ministerpräsidenten der polnischen Exilregierung, General Władisław Sikorski: »Wir haben nicht vor, diesen Krieg mit einem Waffenstillstand oder Friedensvertrag zu beenden. Deutschland muss bedingungslos kapitulieren.«[83]

Churchill machte sich diese Überlegungen zu eigen. Am 20. Januar, vier Tage vor dem Ende der Konferenz in Casablanca, teilte er seinem Vize Attlee und dem Londoner Kriegskabinett in einem Telegramm mit: »Wir beabsichtigen, eine Presseerklärung über die Arbeiten der Konferenz zu entwerfen. Ich möchte das Kriegskabinett um seine Ansicht über einen in diese Erklärung aufzunehmenden Passus bitten, wonach die Vereinigten Staaten und das Britische Reich entschlossen seien, den Krieg bis zur ›bedingungslosen Kapitulation‹ Deutschlands und Japans unbarmherzig weiterzuführen.« Indem Italien ausdrücklich nicht erwähnt werde, verfolge man die Absicht, »dort einen Umschwung zu begünstigen«.[84]

Churchill bestätigt später, dass er »die Formel ›bedingungslose Kapitulation‹ dem Kriegskabinett mitgeteilt und dieses keinen Einwand erhoben« habe. Es habe lediglich »gewünscht, dass Italien nicht ausgenommen werde«.[85] Die offizielle gemeinsame Erklärung, »ein sorgsam ausgewogenes, sehr offiziell gehaltenes Dokument«, das von den Beratern der beiden Regierungschefs und den Stabschefs entworfen wurde, habe die Formel allerdings nicht enthalten. Deshalb sei er »einigermaßen erstaunt« gewesen, als er »den Präsidenten in der Pressekonferenz am 24. Januar sagen hörte, wir würden die ›bedingungslose Kapitulation‹ aller unserer Feinde erzwingen«.[86]

Roosevelt zieht bei der Pressekonferenz schriftliche Notizen zu Rate, die offensichtlich nicht mit dem vereinbarten Dokument identisch sind. Darin steht auch dieser Absatz: »Der Präsident und der Premierminister sind in Ansehung der gesamten Kriegslage mehr denn je dazu entschlossen, dass nur eine totale Beseitigung der deutschen und der japanischen Kriegsmacht der Welt den Frieden bringen kann. Dies führt zu der einfachen Formulierung der Kriegsziele, welche eine bedingungslose Kapitulation Deutschlands, Japans und

Italiens zum Inhalt hat. Die bedingungslose Kapitulation dieser Mächte kann allem Ermessen nach den Weltfrieden für Generationen sichern. Bedingungslose Kapitulation bedeutet nicht die Vernichtung der deutschen, der japanischen oder der italienischen Bevölkerung, sie bedeutet vielmehr die Zerstörung einer Weltanschauung in Deutschland, Italien und Japan, die auf der Eroberung und Unterjochung anderer Völker beruht.«[87]

Unmittelbar nach der Pressekonferenz brechen Roosevelt und Churchill nach Marrakesch auf. Der Engländer hat den Amerikaner überredet, noch einen Abstecher in die »Perle des Südens« zu machen. »Sie können doch nicht die weite Reise nach Nordafrika gemacht haben, ohne Marrakesch aufzusuchen«, hat er Roosevelt bestürmt, der nach Abschluss der Konferenz sofort nach Hause fliegen wollte. »Lassen Sie uns zwei Tage dort verbringen«, insistierte der Premier. »Wenn Sie den Sonnenuntergang über dem Atlasgebirge beobachten, möchte ich Ihnen gerne Gesellschaft leisten.«[88]

Churchill hat seine Liebe zu Marrakesch in den 1930er-Jahren entdeckt, als er politisch kaltgestellt war. Für ihn ist die Stadt das »Paris der Sahara«. Den Winter 1935/36 verbrachte er dort, um zu malen. Dieses Talent hatte er nach dem Dardanellen-Desaster 1915 bei sich entdeckt; es wurde ihm »ein Lebenstrost, eine Art Droge oder Medizin«.[89] In Marrakesch faszinierte ihn der Kontrast zwischen der Wüstenstadt und der Kulisse des Atlasgebirges, was ihn zu zahlreichen Aquarellzeichnungen inspirierte.

Um 13.05 Uhr, das amerikanische Protokoll hält es exakt fest, verlässt die Wagenkolonne Casablanca in Richtung Süden. Nach anderthalb Stunden unterbricht die Reisegruppe die Fahrt für ein Picknick mit hartgekochten Eiern und Hackbraten. Um 17.45 Uhr erreicht die Karawane Marrakesch.[90]

Im Herzen von Marrakeschs europäischem Viertel steht, umgeben von einem prächtigen Garten, die »Villa Taylor«. Der amerikanische Industrielle Moses Taylor hat sie Mitte der 1920er-Jahre im maurischen Stil erbauen lassen. Taylors Ehefrau Edith war eine Enkelin von Ulysses S. Grant, jenem Feldherrn, auf den sich Roosevelt in Casablanca berief und der 1869 bis 1877 als amerikanischer Präsident amtierte. Die Villa ist eine Oase der Ruhe inmitten der quirligen Metropole, ein subtropisches Refugium, wo Springbrunnen den Lärm der Stadt dämpfen.[91] Jetzt residiert hier der amerikanische Vizekonsul Kenneth Pendar.

Zur Villa gehört, inmitten eines Olivenhains, ein 20 Meter hoher Turm. Zwei Begleiter Roosevelts tragen den Präsidenten auf ihren verschränkten Armen die 60 Stufen einer Wendeltreppe hinauf bis auf eine Plattform unter dem Dach. Seine gelähmten Beine »baumeln herunter wie die Puppe eines Bauchredners«, beobachtet Churchills Leibarzt Charles Moran.[92] Es dämmert schon. Präsident und Premier kommen gerade noch rechtzeitig, um zu beobachten, wie die glutrote Sonnenscheibe hinter den verschneiten Gipfeln des Atlasgebirges verschwindet. Die beiden Männer sitzen still auf der Aussichtskanzel und hören den Muezzinrufen von den Minaretten zu. »Dies ist der schönste Platz der Welt«, sagt Churchill.[93]

Zum Dinner lässt der Vizekonsul Langusten und Filet Mignon servieren. Pendar bringt das Gespräch auf de Gaulle, aber Churchill fährt ihm in die Parade: »Wir wollen nicht über ihn reden. Wir nennen ihn Johanna von Orleans und suchen noch einige Bischöfe, um ihn auf dem Scheiterhaufen zu verbrennen.«[94]

Es wird ein langer, feuchtfröhlicher Abend in der Villa Taylor. Bis tief in die Nacht essen und trinken, reden und singen Roosevelt und Churchill, obwohl der Abflug des Präsidenten bereits für halb acht Uhr am nächsten Morgen geplant ist. Bei einem Absacker sagt Roosevelt zu Churchill: »Winston, Sie brauchen morgen früh nicht aufzustehen, um sich von mir zu verabschieden. Ich lasse mich in Ihr Zimmer schieben.« Churchill widerspricht: »Das kommt überhaupt nicht in Frage, Mr. President. Ich kann in Nullkommanichts meinen Strampelanzug anziehen und stehe parat, um Sie zu verabschieden.« Doch Churchill liegt noch im Bett, als Roosevelt vier Stunden später in Churchills Zimmer kommt, um Adieu zu sagen. Der Premierminister lässt sich nicht davon abbringen, Roosevelt zum Flughafen zu begleiten. Schnell schlüpft er in einen roten, mit schwarzen Drachen bedruckten Morgenrock und in bestickte schwarze Samtpantoffeln. Es ist, sagt Hausherr Pendar, »das eigenartigste Outfit,

Nachdem Roosevelt aus Marrakesch abgereist war, malte Churchill ein Panorama der Stadt und der Landschaft – sein einziges Bild, das während des Krieges entstand. Später schenkte er es dem amerikanischen Präsidenten.

das ich je gesehen habe«. Und schon sitzt Churchill neben dem Präsidenten in dessen Limousine.[95]

Churchill begleitet Roosevelt noch ins Flugzeug. Nachdem er sich verabschiedet hat, wendet er sich zu Pendar: »Lassen Sie uns nach Hause fahren. Ich mag nicht zusehen, wie sie abheben.« Während der Vizekonsul dem in den marokkanischen Morgenhimmel aufsteigenden Flugzeug nachschaut, sagt Churchill: »Erzählen Sie mir nichts von dem Start. Es macht mich viel zu nervös. Ich könnte es nicht ertragen, wenn diesem Mann etwas passiert.«[96]

Am Nachmittag steigt Churchill noch einmal auf den Turm und malt ein Landschaftspanorama mit der berühmten Katoubia-Moschee, der ockerfarbenen Stadtmauer und den schneebedeckten Bergen des Atlas, auf die purpurne Schatten fallen. Es ist das einzige Bild, das er während des Krieges malt. Später schenkt er es Roosevelt.[97]

DER FILM

Zu der Erkenntnis, dass die Probleme dreier Menschen in dieser verrückten Welt völlig ohne Belang sind, gehört nicht viel.

»Casablanca« lief seit der kurzfristig angesetzten Premiere am 26. November 1942 ausschließlich in Warners New Yorker »Hollywood Theater«. Der Filmstart war eigentlich erst im Frühjahr 1943 vorgesehen, weil er für die Oscars dieses Jahres nominiert werden und nicht gegen den Favoriten 1942, den MGM-Film »Mrs. Miniver«, konkurrieren sollte. Auch »Mrs. Miniver« ist ein Kriegsfilm; in dessen Mittelpunkt steht eine englische Mittelklassefamilie im zerbombten London. »Mrs. Miniver« räumt bei der Preisverleihung am 4. März 1943 tatsächlich sechs Oscars ab. Churchill gratuliert dem MGM-Boss Louis B. Mayer: Der Film habe »der Nation mehr genützt als eine ganze Zerstörerflotte«.[1]

Die alliierte Landung in Nordafrika, die Casablanca in die Schlagzeilen brachte, bestärkt Warner Bros. darin, mit dem landesweiten Vertrieb von »Casablanca« nicht bis zum Frühjahr zu warten, sondern ihn so weit wie möglich vorzuziehen.

Am 23. Januar 1943, einen Tag vor der Abschlusspressekonferenz Roosevelts und Churchills, beginnen einige Kinos in der amerikanischen Provinz, den Film zu zeigen, weitere folgen in den nächsten Tagen. In Los Angeles läuft »Casablanca« am Freitag, dem 29. Januar an, gleichzeitig in drei Warner-Kinos, »Hollywood«, »Downtown« und »Wiltern«. Schon am 25. Januar wird in der *Los Angeles Times* dafür geworben: »Am Freitag: So aufregend wie die Landung selbst!« Vom nächsten Tag an lautet die Schlagzeile der Annonce jedoch: »Die sensationelle Story aus der Stadt, die die Welt erschütterte«. Am Donnerstag wird angekündigt, dass der Film »Yankee Doodle Dandy«, der in diesen drei Warner-Kinos gerade in der zweiten Woche läuft, sich am folgenden Tag »für ›Casablanca‹ verabschiedet«.

Die amerikanischen Zeitungen berichten, wie die gesamte Weltpresse, am 27. Januar über das Gipfeltreffen in Casablanca. Mit den Journalisten, die drei Tage zuvor an der Pressekonferenz teilgenommen haben, war eine Sperrfrist vereinbart worden, über das Ereignis erst nach der Abreise Roosevelts und Churchills zu berichten, wenn sie von deutschen Jagdfliegern nicht mehr gefährdet werden können. Roosevelt trifft an diesem Tag in Brasilien ein, Churchill hält sich in Kairo auf.

Die *Los Angeles Times* erscheint mit einer zweizeiligen Headline über die gesamte Breite der Titelseite: »F.D.R. und Churchill treffen sich in Afrika: Fahrplan für den Todesstoß gegen die Achse«. Die *New York Times* widmet der Begegnung der beiden Staatsmänner sogar eine dreizeilige Überschrift über alle acht Spalten der Frontseite (»Roosevelt und Churchill planen die Kriegsstrategie 1943«) und weist auch auf die Vereinbarung der französischen Generäle Giraud und de Gaulle hin. In allen verbündeten Ländern verbreiten Zeitungen und Radios die Nachricht mit freudiger Zuversicht. Churchill telegrafiert Roosevelt aus Kairo: »Das Echo der Weltpresse scheint günstig zu sein.«

Warner Bros. scheint vom Bekanntwerden der Konferenz in Casablanca nicht sonderlich überrascht worden zu sein. Allenfalls das genaue Ende war nicht abzusehen. Die Wiederaufführung der Filmbiografie »Yankee Doodle Dandy«, die bereits im Mai 1942 Premiere hatte und ein Kassenschlager wurde, sowie die kurzfristige Absetzung vom Programm sind deutliche Anhaltspunkte dafür, dass die verfilmte Lebensgeschichte des Entertainers George M. Cohan nur ein Platzhalter war, um den Start von »Casablanca« flexibel disponieren zu können. Auch die Änderung der Anzeigenschlagzeile am 26. Januar deutet darauf hin, dass die Filmgesellschaft bereits informiert war, ehe die Zeitungen tags darauf mit ihren Berichten herauskamen.

Jack Warner ist erst am 18. Januar von einer ausgedehnten Reise durch die USA nach Los Angeles zurückgekehrt, bei der er auch

»lange Gespräche mit hohen Regierungsvertretern« in Washington geführt hat; dabei habe er, wie er in einer Pressemitteilung mit einer etwas schrägen Metapher erklären ließ, seinen Gesprächspartnern die Überzeugung vermitteln können, »dass Filme zwar nicht den Frieden herbeischreiben, aber zumindest die Feder in die Tinte tunken können«. Speziell »Casablanca« sei »Schlag zwölf an dem Tag fertig gewesen, als Casablanca aufhörte, ein Fleck auf der Landkarte zu sein, und ein Ort wurde, an dem Amerika das Leben vieler junger Menschen für die Freiheit einsetzte«.[2] Das ist so doppeldeutig formuliert, dass es sich sowohl auf die Landung in Nordafrika als auch auf die bei der Konferenz beschlossene Kriegsstrategie beziehen kann.

Auch liegt die Vermutung auf der Hand, dass der ehemalige US-Botschafter in Moskau, Joseph E. Davies, der während der Dreharbeiten zu »Mission to Moscow« zwischen November 1942 und Januar 1943 fast jeden Tag in den Warner-Studios verbrachte und stets engen Kontakt zu Roosevelt hatte, etwas durchsickern ließ.

Ein Zusammenwirken zwischen Regierung und Filmstudio lässt sich indes, trotz aller Indizien, nicht beweisen. Mündliche Absprachen mag es gegeben haben, schriftliche Vereinbarungen scheinen nicht zu existieren.[3] Der britische Historiker Dan Plesch schreibt in seinem 2010 erschienenen Buch »America, Hitler and the UN«, er habe »keinen Beleg gefunden, dass der Kinostart zeitlich so gelegt wurde, dass er mit dem Gipfel zusammenfiel; es scheint ein glücklicher Zufall gewesen zu sein«.

Auf jeden Fall bekommt »Casablanca« nach der alliierten Landung im November nun ein zweites Mal unverhoffte Publicity. Warner Bros. nutzt auch das Gipfeltreffen für die Filmwerbung. »Casablanca«, heißt es, zeige das »Gespür für den richtigen Moment«; ein Slogan lautet: »Hat es je einen aktuelleren Film gegeben?«

Der Kolumnist Edwin Schallert schreibt am 30. Januar 1943 in der *Los Angeles Times*: »Durch den Schauplatz in der nordafrikanischen Stadt, wo gerade ein berühmtes Kriegskonklave abgehalten wurde, ist ›Casablanca‹ dafür prädestiniert, ein großer Nutznießer dieses historischen Ereignisses zu werden.«

Die meisten Filmkritiker loben »Casablanca« überschwänglich. Etliche Rezensenten würdigen die politische Haltung des Films: »Großartige Propaganda gegen die Achsenmächte«, schreibt Hollywoods Fachblatt *Variety*.[4] Zwiespältig äußert sich der Filmkritiker James Agee in *The Nation*: »Es hat den Anschein, als würde sich ›Casablanca‹, ein Film, der mir, wie ich zugeben muss, ziemlich gut gefallen hat, einen durchaus ernsthaften Ruf als prächtiges Melodram erwerben. Warum? Der Film ist eindeutig eine Verbesserung gegenüber einem der schlechtesten Bühnenstücke der Welt, aber doch nicht so sehr, als dass man Letzteres vergessen könnte.«[5]

Sonderbar mutet der Trailer an, mit dem Warner Bros. für »Casablanca« wirbt. Darin wird unaufhörlich geflucht, geballert und gestorben – die wenigen Actionszenen, die der Film auch enthält, wurden herausgeklaubt und schamlos aneinandermontiert. Bedeutungsschwer hebt eine Stimme an: »Casablanca, Stadt der Hoffnung und der Verzweiflung in Französisch-Marokko in Nordafrika – Treffpunkt von Abenteurern, entlaufenen Sträflingen, Kriminellen und Flüchtlingen, die die Hoffnung, nach Amerika zu entkommen, in diese gefährliche Oase gelockt hat. Doch sie sind alle gefangen, denn es gibt kein Entkommen. Vor diesem faszinierenden Hintergrund entfaltet sich die Geschichte einer unsterblichen Liebe und die packende Saga von sechs verzweifelten Menschen, die sich zu einem Rendezvous mit dem Schicksal in Casablanca einfinden.«[6]

Zwischendurch wird ein weißer Schriftzug eingeblendet: »Der gefährlichste Mann in der gefährlichsten Stadt der Welt!« Das verfälscht den Inhalt auf grobe Weise: Der geläuterte Zyniker Rick ist alles andere als gefährlich, und Casablanca ist zwar ein heißes Pflaster, aber der Superlativ ist denn doch eine Übertreibung.[7]

Arthur Silver, der für Warner den Trailer gemacht hat, rechtfertigt die Reduzierung auf das Unpolitische: »Wenn man ein Haus verkauft, versucht man zuerst, den Swimmingpool zu verkaufen.« Er habe eben »das Abenteuer, die Action, die Liebesgeschichte und die Stars« verkauft.[8]

Nachdem die Konferenz in Casablanca bekannt geworden ist, schlägt das New Yorker Büro von Warner Bros. vor, Änderungen an

Capitaine Renault und Rick schauen dem Flugzeug nach, das Ilsa und Laszlo nach Lissabon bringt. Rick, so die politische Botschaft des Films, hat seine zur Schau getragene Gleichgültigkeit zugunsten der guten Sache aufgegeben.

dem fertigen Film vorzunehmen. Man könne doch irgendwo die Formel »bedingungslose Kapitulation« unterbringen. Aber als die Bosse in Burbank über diesen Vorschlag nachdenken, treffen Meldungen ein, dass der Ticketverkauf 50 Prozent über den Prognosen liege. Deshalb entscheidet Jack Warner, den Film so zu lassen, wie er ist.[9]

»Casablanca« übertrifft an den Kinokassen bald alle Erwartungen. Allein in der Region Los Angeles läuft der Film zehn Wochen lang und spielt die beträchtliche Summe von 225 827 Dollar ein. Viele Kinos im Land lassen »Casablanca« eine zweite und dritte Woche weiterlaufen und halten andere Filme zurück. Einige Kinos schmücken ihre Vorführungssäle mit der Fahne des Freien Frankreich, der Trikolore mit dem Lothringerkreuz in dem mittleren weißen Feld.[10]

Viele Menschen sehen den Film mehr als einmal, in manchen Kinos stehen die Zuschauer bei der »Marseillaise« auf, singen sie mit oder summen die Melodie. Oft quittiert das Publikum mit Gelächter die Szene, in der Rick dem Major Strasser empfiehlt, im Fall der Eroberung New Yorks durch die Deutschen bestimmte Viertel zu meiden. Und wenn Strasser am Ende erschossen wird, klatschen viele Zuschauer Beifall. In Spitzenzeiten kommen wöchentlich bis zu 5000 Briefe von »Casablanca«-Fans bei Warner an.[11]

Gleich nach dem Filmstart wird in der Öffentlichkeit und in Filmzeitschriften über Zusammenhänge zwischen der Spielhandlung und der aktuellen Politik spekuliert. Sehr schnell kommt die Vermutung auf, dass der Film eine Parodie auf die Beziehung zwischen Roosevelt und Churchill sei: Rick sei Roosevelt, Casablanca bedeute ja im Spanischen nichts anderes als Weißes Haus; und Laszlo sei Churchill, ein kluger und weltmännischer Europäer, der Roosevelt in den Kampf hineinzog – erfolgreich, wie Ricks Hinwendung zum Freien Frankreich zeigte.[12] Die Parallelen sind, wie ein amerikanischer Politologe schreibt, »verwirrend, aber nachvollziehbar«.[13]

Der Kassenerfolg lässt Warner Bros. über eine Fortsetzung von »Casablanca« nachdenken. »Brazzaville« soll sie heißen, Humphrey Bogart und Sidney Greenstreet sollen wieder dabei sein. Klatschkolumnisten wollen wissen, dass David O. Selznick diesmal Ingrid Bergman nicht mehr ausleihen würde, was die Spekulationen anheizt, wer dann Bogarts Filmpartnerin sein könnte. Der Drehbuchautor Frederick Stephani skizziert ein Skript, das an den Abgang von Rick Blaine und Capitaine Renault anknüpft, aber den Zeitpunkt auf den 8. November 1942 verschiebt, den Tag der alliierten Landung in Nordafrika. Die Handlung spielt in Tanger, das, abgegrenzt von Spanisch-Marokko, in einer Internationalen Zone liegt. Dort betreibt Rick eine Spielhalle und dringt in einen Nazi-Spionagering ein. Aber Warner Bros. gefällt der Plot nicht, und so lässt man die ganze Fortsetzungsidee fallen.[14]

Während »Casablanca« in rund 200 amerikanischen Kinos läuft, kehren Roosevelt und Churchill auf weiten Umwegen in ihre Hauptstädte zurück. Nach Kurzvisiten in Gambia und Liberia, einem der ersten unabhängigen afrikanischen Staaten, wo einst ehemalige afroamerikanische Sklaven angesiedelt wurden, trifft Roosevelt in Brasilien Präsident Getúlio Vargas. Das Land hat, weil brasilianische

Handelsschiffe vor der eigenen Küste von deutschen U-Booten angegriffen wurden, Deutschland und Italien im August 1942 den Krieg erklärt, bisher aber keine Soldaten in Kampfeinsätze geschickt. Nun vereinbaren die beiden Präsidenten, dass eine Gruppe des brasilianischen Heeres von US-Amerikanern ausgebildet und in eine US-Einheit eingegliedert wird; 26 000 Brasilianer kommen anderthalb Jahre später in Italien zum Einsatz.[15] Mit einem Lunch an Bord des »Dixie Clipper« feiert Roosevelt am 30. Januar über Haiti seinen 61. Geburtstag.

An diesem Tag kommt auch die säuerliche Antwort Stalins auf die Botschaft Roosevelts und Churchills nach Abschluss der Casablanca-Konferenz. Er »entnehme daraus«, schreibt der Sowjetführer in seinem Telegramm, »dass Sie sich die Aufgabe gestellt haben, Deutschland durch die Eröffnung einer zweiten Front in Europa im Jahre 1943 zu zerschmettern«. Dass es sich nicht um die von ihm ersehnte Landung der Alliierten in Frankreich, sondern in Italien handelt, lässt Stalin unerwähnt. Er bitte nur, über »die für diesen Zweck geplanten einzelnen Operationen und den Zeitpunkt ihrer Ausführung« informiert zu werden.[16]

Churchill fliegt von Marrakesch aus erst nach Kairo und dann weiter nach Adana in der südlichen Türkei. Die Türkei und Deutschland sind seit 1941 in einem Freundschaftsvertrag verbunden, das Land am Bosporus verhält sich im Krieg neutral. Churchill will bei seinem Besuch darauf hinwirken, dass sich die Türkei von Deutschland abwendet und den Alliierten Stützpunkte einräumt, von denen aus die rumänischen Ölfelder zu erreichen wären. Churchill hat »ein Memorandum für die Türken aufgesetzt, das ihnen wie Honig eingehen« soll. Es ist seiner Meinung nach »geradezu eine Werbung, mit mir und Präsident Roosevelt eine platonische Ehe einzugehen«.[17] Staatspräsident Ismet Inönü, mit dem Churchill am 30. Januar die Gespräche führt, ist jedoch nur zu geringen Zugeständnissen bereit; die Türkei wird erst am 1. März 1945 Deutschland den Krieg erklären, um in die Vereinten Nationen aufgenommen zu werden.

Von Adana fliegt Churchill nach Zypern, dann noch einmal nach Kairo, schließlich ins befreite Tripolis und nach Algier. Von dort tritt er am 7. Februar die Heimreise nach England an. In den vergangenen vier Wochen hat er 10 000 Meilen zurückgelegt. Es ist Churchills letzter Flug mit der »Commando«.[18] Der Bomber wird an die US-Marine zurückgegeben und zum Transporter umgebaut. Im Frühjahr 1945 stürzt das Flugzeug, wohl wegen eines Maschinenschadens, jedenfalls ohne Feindeinwirkung, kurz nach dem Start von den Azoren ab und verschwindet spurlos im Atlantik.[19]

Während Churchill in Algier auf den Abflug seiner »Commando« wartet, erfährt er, dass ein baugleiches »Liberator«-Flugzeug, das Teilnehmer der Konferenz von Casablanca an Bord hatte, auf dem Heimflug verunglückt ist. Nahe der walisischen Küste fiel einer der beiden Motoren auf der rechten Seite aus und stürzte ins Meer, und bei dem Versuch einer Notlandung versagte auch der zweite Steuerbordmotor, der Bomber überschlug sich und brach in Stücke. Zwei Mitglieder des britischen Planungsstabs starben im Schlaf, zwei weitere wurden schwer verletzt, 13 Passagiere kamen mit leichten Verletzungen davon.[20]

Churchill räsoniert mit seinem Adjutanten, Oberst Ian Jacob, über die Gefahren des Fliegens in Kriegszeiten und sagt mit trockenem Humor: Es wäre doch jammerschade, mitten in so einem interessanten Drama abgehen zu müssen, ohne das Ende zu kennen; andererseits wäre dies kein schlechter Moment zum Abtreten, denn nun sei ja alles auf gutem Weg, und das Kabinett würde den Rest auch ohne ihn hinkriegen.[21]

EPILOG

Ich seh' dir in die Augen, Kleines.

Von der Konferenz in Casablanca hat die deutsche Regierung nichts mitbekommen. Wohl haben Agenten in Spanisch-Marokko Gerüchte aufgeschnappt, dass sich Roosevelt und Churchill in Casablanca treffen würden. Da Casablanca jedoch wörtlich übersetzt »weißes Haus« heißt, glaubten die Nazis, die Begegnung finde im Amtssitz des amerikanischen Präsidenten statt.

»Man munkelt, dass Churchill sich wieder in Washington befinde«, notierte Goebbels am 21. Januar. Der Besuch sei »zwar noch nicht offiziell«, aber »an dieser Tatsache« sei »wohl kaum noch ein Zweifel erlaubt«. Denn der Premier sei »bei der Neueröffnung des englischen Unterhauses nicht zugegen gewesen«, was darauf hindeute, dass er außer Landes ist.[1] Noch zwei Tage nach dem Ende der Konferenz, am 26. Januar, scheint es für Goebbels »ziemlich feststehen, dass Churchill sich in Washington befindet«; die Engländer machten »daraus keinen Hehl mehr«. Bei der Konferenz, vermutet Goebbels, gehe es wohl »vor allem um die Errichtung eines gemeinsamen Oberbefehls«. Das werde allerdings »sehr schwer« sein, meint Hitlers Propagandachef, »da Churchill weder Roosevelt noch Roosevelt Churchill den Vortritt lassen will«.[2]

Das »Zusammentreffen zwischen Churchill und Roosevelt« sei »nun nicht mehr zu bestreiten«, hält Goebbels am 27. Januar fest, auch wenn man »zur Stunde noch nicht« wisse, »wo die beiden Obergangster sich getroffen haben«. Wütend kommentiert er am nächsten Tag, nachdem die in Casablanca mit den Journalisten vereinbarte Sperrfrist abgelaufen und »das sensationelle Ereignis« bekannt geworden ist: »Die Besprechungen haben also nicht, wie wir angenommen hatten, in Washington, sondern auf dem heißen Boden Afrikas stattgefunden. Unser Nachrichtendienst hat wieder einmal vollkommen versagt und nicht einmal den Ort der Besprechungen feststellen können. Diese haben fast vierzehn Tage gedauert und werden von der Feindpresse pompös als Pforte zum Siege aufgemacht.«[3]

In ihrem Kommuniqué hätten Präsident und Premier betont, »dass sie bis zur bedingungslosen Übergabe der Achsenmächte weiterkämpfen wollen«, schreibt Goebbels. »Da werden sie lange warten müssen«, höhnt er: »Die Kapitulation überhaupt und gar in diesem Umfange von uns zu verlangen, das heißt unsere Widerstandskraft und unsere Entschlossenheit vollkommen verkennen und unterschätzen.«[4] Die Formel »bedingungslose Kapitulation« zitiert Goebbels ausdrücklich nicht.

Obwohl Roosevelt explizit betont hat, dass bedingungslose Kapitulation nicht die Vernichtung der Bevölkerung bedeute, behauptet Goebbels das Gegenteil: »Roosevelt verlangt Vernichtung des deutschen Volkes.« Damit will er den Durchhaltewillen seiner Landsleute mobilisieren, denen – trotz der Sprachregelung in Radio und Presse – der Ernst der Lage in Stalingrad bewusst ist. Bei einer Kundgebung am 30. Januar 1943 im Berliner Sportpalast erklärt Goebbels: »Für uns war es seit jeher feststehender und unumstößlicher Grundsatz, dass das Wort Kapitulation in unserem Sprachschatz nicht existiert. Wir glauben an den Sieg, weil wir den Führer haben!«[5]

Es ist der zehnte Jahrestag der »Machtergreifung« Adolf Hitlers. Aber der »Führer« wagt es angesichts der depressiven Stimmung in Deutschland nicht, die Rundfunkrede zum Jubiläum zu halten. Er versteckt sich, mit dem Schicksal hadernd, in seinem ostpreußischen Hauptquartier »Wolfsschanze«. Statt einer Ansprache Hitlers wird Goebbels' Rede im Radio übertragen. Goebbels verliest darin eine »Proklamation des Führers«, in der dieser den »Heldenkampf unserer Soldaten an der Wolga« beschwört und fordert, »das Äußerste zu tun für den Kampf um Deutschlands Freiheit und unseres Volkes Zukunft«.[6]

Auch Hermann Göring, der Hitler versichert hatte, die Luftwaffe könne die 6. Armee in Stalingrad mit Nachschub versorgen, muss im Sportpalast sprechen. In seiner Rede versucht der Reichsmarschall, die militärische Katastrophe mit heroischem Wortgetöse zu kaschieren: »Noch in tausend Jahren wird jeder Deutsche mit heiligem Schauer von diesem Kampf in Ehrfurcht sprechen.«

An diesem Tag erprobt Goebbels erstmals öffentlich die Parole vom »totalen Krieg« und erntet von den anwesenden Parteigenossen, wie er mit der von ihm gewohnten Übertreibung festhält, »Orkane der Zustimmung«. Am 18. Februar wird er in der berüchtigtsten Rede, die er je gehalten hat, 14 000 Zuhörer im Sportpalast mit dem Schlagwort aufputschen.

Doch weder die eine noch die andere Goebbels-Rede ist eine Reaktion auf Roosevelts Forderung nach bedingungsloser Kapitulation. Für einen »totalen Krieg« hatte sich der Chefpropagandist der Nazis schon seit dem Jahreswechsel 1941/42, als der Vormarsch der Wehrmacht in der grimmigen Kälte des russischen Winters stecken geblieben war, bei Hitler und den Führungszirkeln von Partei und Staat nachdrücklich eingesetzt. Angesichts der besorgniserregenden Entwicklung an der Ostfront mahnte Goebbels im Jahr 1942 unablässig eine »Radikalisierung unserer Kriegführung« an. Nun gelte es noch mehr als zuvor, den Kampfgeist der Bevölkerung anzustacheln und die Entschlossenheit zur Mobilisierung aller Kräfte für den Kriegseinsatz nach außen zu dokumentieren. Falls sich die Alliierten Hoffnungen auf einen baldigen Zusammenbruch der deutschen Streitkräfte machten, so stehe dem die »totale Bereitschaft unseres Volkes zur Konzentration seiner Kräfte« gegenüber. Aus der Nation komme der »Schrei nach totalster Kriegsanstrengung«.[7]

»Ein Exposé über die totale Kriegführung ist mir von den dafür zuständigen Stellen des Ministeriums nach meinen Anweisungen ausgearbeitet worden«, diktierte Goebbels am 3. Januar für sein Tagebuch. Es ist nicht das erste »Exposé«, das Goebbels erwähnt. Schon oft hat er versucht, die totale Mobilisierung der Heimatfront durchzusetzen, um damit seine eigene Rolle im Machtapparat aufzuwerten. Die bedrohliche Lage in Afrika, vor allem aber die absehbare Niederlage in Stalingrad bieten ihm nun die ersehnte Gelegenheit, die »Optik des Krieges« auf den »totalen Krieg« hin auszurichten.

Als Goebbels am 22. Januar Hitler in der »Wolfsschanze« besuchte, wo immer neue Hiobsbotschaften aus Stalingrad und Afrika eintrafen, war man sich, wie der Propagandaminister festhielt, »klar darüber, dass die Lage an den Fronten in keiner Hinsicht Anlass zu besonderem Optimismus gibt«. Daraus folgerte er: »Wir müssen uns auf die Hinterbeine setzen und dürfen keine Kräfte schonen, um mit den besonderen Schwierigkeiten dieses Winters fertig zu werden.« Trotzdem konnte Goebbels den schlechten Nachrichten etwas Positives abgewinnen: Er stelle »zu meinem Erstaunen, ja zu meiner Beglückung fest, dass meine Vorarbeit auf dem Gebiet der Totalisierung des Krieges bereits tiefste Wurzeln geschlagen hat«.[8] Goebbels wähnte sich am Ziel: »Es wird sozusagen eine innere Diktatur aufgerichtet, bei der ich der psychologische Diktator und der motorische Antrieb der ganzen Aktion sein soll.«[9]

Im selben Sinne verfasste Goebbels einen Leitartikel, der am 24. Januar in der NS-Wochenzeitung *Das Reich* unter der Überschrift »Die Optik des Krieges« erschien. »In diesem Artikel«, kündigte er in seinem Tagebuch vorab an, »reite ich eine sehr scharfe Attacke gegen den kleinen Kreis von Parasiten und Faulenzern, der immer noch nicht einsehen will, dass dieser Krieg um unser Leben geht.«[10]

Das Motto »Totaler Krieg – kürzester Krieg«, das auf einem Spruchband am Rang des Sportpalasts zu lesen ist, soll der Bevölkerung massive zusätzliche Kriegsbelastungen plausibel machen. Die in Casablanca erhobene Forderung nach bedingungsloser Kapitulation nutzt Goebbels jedoch nirgendwo zur Instrumentalisierung, um eine bedingungslose Kriegsbereitschaft hervorzurufen. In seinen beiden Sportpalast-Reden erwähnt er sie nicht einmal.

Die Annahme, dass Roosevelt und Churchill in Casablanca Wasser auf die Mühlen der deutschen Propaganda geleitet hätten, ist daher nicht stichhaltig. Goebbels, der vielmehr auf seine Horrorvisionen vom »Ansturm der Steppe«, die anrückenden Sowjetdivisionen und die »jüdischen Liquidationskommandos« setzt, hält die Forderung der Alliierten offenkundig nicht für propagandawirksam. Die Direktiven seines Ministeriums für die deutsche Presse bezeugen dies für die Monate Januar und Februar 1943 ganz klar. Nicht einmal als Roosevelt am 12. Februar die Formel in einer Rundfunkansprache öffentlich wiederholt, geht die Nazi-Propaganda darauf ein: Die Rede sei »inhaltlich nicht bedeutsam und ausschließlich propagandistischen Zwecken dienend«, wird am nächsten Tag aus dem Propagandaministerium mitgeteilt: »Die Rede wird in der deutschen Presse dementsprechend nur kurz zu behandeln sein.«[11]

Einschneidender als für die Nazi-Regierung ist die Forderung nach bedingungsloser Kapitulation für die deutsche Opposition. Sie muss erkennen, dass jede deutsche Regierung, selbst eine von Widerständlern geführte, den Krieg nur beenden kann, indem sie sich der uneingeschränkten Autorität der Siegermächte unterwirft.[12] Damit ist jede Hoffnung deutscher Nazi-Gegner auf einen Kompromissfrieden zunichtegeworden. Man werde Deutschland die gleichen strengen Konditionen auferlegen, unabhängig davon, ob die Kapitulation von Deutschen komme, die es »gewagt hätten, Hitler zu widerstehen, oder von Hitlers Schergen«, bekräftigt Allen Dulles, der Vertreter des Geheimdienstes OSS in Bern.[13]

Dulles ist auch Anlaufstelle für Zuträger und Widerstandskämpfer aus Nazi-Deutschland. Zu ihm nimmt Adam von Trott zu Solz Ende Januar 1943, wenige Tage nach der Konferenz, Kontakt auf. Über den Kirchenmann Visser 't Hooft lässt er Dulles die Bitte übermitteln, »die pharisäische Generalverdammung Deutschlands zu revidieren« und »den deutschen Arbeitern gewisse Zusicherungen für die Nachkriegszeit zu machen«.[14] Doch Dulles ignoriert das Anliegen. Der OSS-Zentrale in Washington schreibt er, er sei nicht der Meinung, »dass es irgendeine ernsthafte Organisation der Widerstandsgruppen in Deutschland gibt«; ebenso wenig glaube er, »dass diese Gruppen, abgesehen von einem vollständigen militärischen Sieg der Alliierten, irgendeine Ermutigung von uns oder irgendwelche Verhandlungen mit uns erwarten sollten«.[15]

Die Formel der »bedingungslosen Kapitulation« setzt das »absolute Schweigen«, das sich die Alliierten gegenüber den deutschen Widerständlern auferlegt haben, konsequent fort. Sie lehnen strikt ab, was Trott bei seinem letzten Besuch in den Vereinigten Staaten als die »Hauptaufgabe« bezeichnet hat: »Dafür zu sorgen, dass nicht das Programm eines [alliierten] Vernichtungskrieges alle diejenigen Elemente zum Anschluss an die Nationalsozialisten zwingt, die begonnen haben, sich zum Sturz Hitlers zusammenzufinden.«[16]

Von nun an wird es kein Pardon mehr geben. Der Showdown hat in Casablanca begonnen. Die *New York Times* schreibt am 30. Januar 1943: »Vorbei sind die Tage, als die Demokratien vor Angst schlotterten und zwei schäbige Diktatoren am Brennerpass ihre Köpfe zusammensteckten. Jetzt müssen die Diktatoren grübeln und zittern.«

Der Kommentar erscheint, trotz der desaströsen Niederlagen der Wehrmacht in Stalingrad und in Afrika, etwas verfrüht. Anfang 1943 sind die Alliierten noch nicht in der Lage, die in Casablanca verabredeten militärischen Operationen erfolgreich umzusetzen. Die »Wolfsrudel« im Atlantik halten immer noch reiche Ernte. In einer einzigen Nacht im März 1943 schicken deutsche U-Boote 21 Fracht- und Begleitschiffe der Alliierten auf den Meeresgrund. Erst im Mai wendet sich das Blatt: Die Deutschen verlieren mehr U-Boote, als diese Schiffe der westlichen Verbündeten versenken können. Die U-Boot-Gefahr ist im Wesentlichen gebannt, so dass der Aufmarsch amerikanischer Truppen für eine Landung in Europa beginnen kann.[17]

Die ersten der in Casablanca vereinbarten Bombenangriffe auf Ziele in Deutschland finden von Ende Januar an statt, sind aber wegen des schlechten Wetters harmlos. Viele Bomber werden abgeschossen, von manchen Einsätzen kehrt nur ein Drittel unbeschadet zur Basis zurück. Die relativ erfolglose Periode dauert mehrere Monate, bis auch im Luftkrieg eine Wende eintritt.[18]

Rommels geschlagene Panzerarmee zieht sich ins südliche Tunesien zurück, wo sie sich mit frisch aus Europa herangeführten Einheiten vereinigt. An der Mareth-Linie leisten die deutschen und italienischen Truppen den anstürmenden Briten und Amerikanern erbitterten Widerstand. Am 20. Februar 1943, kaum einen Monat nach der Konferenz von Casablanca, treffen Einheiten der U.S. Army zum ersten Mal auf Soldaten der Wehrmacht. Am Kasserinpass im Süden Tunesiens greifen sechs Bataillone, Überreste des aus Libyen zurückgedrängten Afrikakorps, die zahlenmäßig überlegenen

Amerikaner an. Es ist die Feuertaufe der amerikanischen Truppen auf dem Kriegsschauplatz im Mittelmeerraum und in Europa. Die unerfahrenen, frisch rekrutierten Soldaten werden von den kampferprobten Deutschen in die Flucht geschlagen. Es ist, wie der amerikanische Historiker Paul Kennedy schreibt, »abgesehen von MacArthurs schwerer Niederlage auf den Philippinen Anfang 1942 dies wahrscheinlich der demütigendste Schlag für die Amerikaner im Zweiten Weltkrieg«.[19]

Aber für die Deutschen ist es ein letztes Aufbäumen. Am 13. Mai kapitulieren die Reste des Afrikakorps bei Tunis. Da Hitler verboten hat, die geschlagenen Truppen nach Europa übersetzen zu lassen, gehen 250 000 deutsche und italienische Soldaten in amerikanische Kriegsgefangenschaft. Insgesamt werden in 500 über ganz Amerika verstreuten »Prisoner of War Camps« fast 400 000 deutsche Kriegsgefangene interniert werden. Sie werden gut behandelt. Wer als zuverlässig und lernwillig gilt, darf sich in Schulungskursen – als Vorbereitung für die Zukunft daheim – mit demokratischen Ideen und Praktiken vertraut machen.[20]

Die alliierten Streitkräfte haben nun die Kontrolle über den westlichen Mittelmeerraum. Damit sind gute Voraussetzungen für die geplante Landung auf Sizilien geschaffen. Aber die Briten haben sich noch ein Täuschungsmanöver ausgedacht. Am 30. April 1943 zieht ein Fischer vor der südwestspanischen Küste bei Huelva eine Leiche aus dem Wasser. Der Tote trägt eine Uniform der britischen Royal Navy, seine Papiere weisen ihn als Major William Martin aus. An einer Kette um seinen Bauch ist eine Aktentasche befestigt. Der Fischer informiert die Polizei, die den spanischen Geheimdienst einschaltet. Denn in der Aktentasche befindet sich unter anderem ein Brief an den britischen General Harold Alexander in Tunesien, aus dem hervorgeht, dass die Alliierten von Nordafrika aus einen Angriff auf Sardinien und das von deutschen Truppen besetzte Griechenland planen. Der spanische Geheimdienst reicht eine Kopie des Schreibens an die deutsche Abwehr weiter. Daraufhin beordert Hitler Verstärkung nach Sardinien und Korsika, außerdem schickt er Feldmarschall Rommel nach Athen, um dort eine Heeresgruppe aufzustellen.

Tatsächlich landen Briten und Amerikaner jedoch, wie in Casablanca vereinbart, auf Sizilien – die Deutschen sind auf eine gezielte Desinformation des britischen Geheimdienstes MI5 unter dem Codenamen »Operation Mincemeat« (»Hackfleisch«) hereingefallen. Der Tote aus dem Meer war ein geistig verwirrter Obdachloser aus London, der an Rattengift gestorben ist. Die Leiche hatte der MI5 in einer Kiste mit Trockeneis an Bord des britischen U-Bootes »Seraph« schaffen lassen – demselben, mit dem General Giraud im November 1942 von Südfrankreich nach Gibraltar befördert worden war. Dem toten Bettler wurden Papiere eines tatsächlich existenten Marineoffiziers mitgegeben, den die deutsche Abwehr auf ihren Listen hatte. Vor der spanischen Küste ließ das U-Boot die Leiche ins Meer gleiten. Sie wurde von der Flut an den Strand gespült und erwartungsgemäß für einen abgestürzten Kurier gehalten. Am 14. Mai fängt der britische Geheimdienst eine interne deutsche Nachricht ab, die vor einem alliierten Angriff in der Ägäis oder auf dem Balkan warnt.

Der Plan ist aufgegangen, und Churchill, der sich gerade in Washington aufhält, wird telegrafisch informiert: »Hackfleisch verschluckt – mit Angel, Leine und Haken.«

*

Am 10. Juli 1943 beginnt die Operation »Husky«, die Invasion auf Sizilien. Da die Irreführung der Deutschen gelungen ist, stoßen die Alliierten nur auf wenig Widerstand. Am 24. Juli wird Mussolini gestürzt, der neue Ministerpräsident Pietro Badoglio führt Geheimverhandlungen mit den Alliierten, die im September auf dem Festland landen, und schließt mit ihnen einen Waffenstillstand. Daraufhin nehmen deutsche Truppen die italienischen Streitkräfte in Italien, Südfrankreich und dem Balkan gefangen und besetzen Rom. Italien wird faktisch geteilt, die von Badoglio regierte Südhälfte erklärt dem Deutschen Reich am 13. Oktober den Krieg. Stück um Stück drängen die Alliierten die in Italien eingefallene Wehrmacht nach Norden zurück.

Vom 28. November bis 1. Dezember 1943 konferieren Roosevelt und Churchill mit Stalin in Teheran. Sie einigen sich im Grundsatz darauf, Deutschland nach dem Krieg unter sich aufzuteilen. Die »Curzon-Linie« soll polnische Ostgrenze werden, als Kompensation soll Polen die deutschen Gebiete jenseits von Oder und Neiße erhalten. Dabei wird offenbar, dass sich der amerikanische Präsident mit dem sowjetischen Diktator gegen den britischen Premier verbündet: Russland wird in die Mitte Europas vorrücken, Churchills Vision eines restaurierten konservativen Europa wird zur Utopie, denn es wird gespalten werden.[21]

Die bei der Casablanca-Konferenz gefassten strategischen Beschlüsse zur Niederwerfung der Achsenmächte werden, trotz anfänglicher Rückschläge, nach und nach erfolgreich umgesetzt. Die Alliierten gewinnen die Kontrolle über die atlantischen Seewege und die Luftherrschaft über Westeuropa, die strategische Bombardierung Deutschlands bricht die Widerstandskraft des Gegners, die sowjetischen Bodenoffensiven drängen die deutschen Panzerarmeen zurück, die Landung am Ärmelkanal wird akribisch vorbereitet; gleichzeitig kämpfen sich die Amerikaner über strategisch wichtige Pazifikinseln ins Zentrum Japans vor. 18 Monate nach dem Casablanca-Gipfel, im Juni/Juli 1944, sind alle dort definierten operativen Herausforderungen erfüllt oder stehen kurz vor ihrer Lösung.[22]

In der Nacht zum 6. Juni 1944 beginnt die Operation »Overlord«. Mehr als 3100 kastenförmige Landungsboote setzen von Großbritannien an die Küste der Normandie über. Sie transportieren in ihren Ladebuchten Soldaten und abgedichtete Sherman-Panzer, die durch zusätzliche Propeller im Wasser fahren können. Lastsegler, extrem leichte Einwegflugzeuge, bringen Material an Land. Unter dem Feuerschutz von 1200 Kriegsschiffen und 7500 Flugzeugen landen im Morgengrauen rund 150 000 Amerikaner, Briten, Franzosen, Polen sowie Kanadier und weitere Commonwealth-Angehörige an fünf Strandabschnitten.

Und das ist erst der Anfang: Nach sechs Tagen verbinden rund 330 000 alliierte Soldaten mit 54 000 Flugzeugen die fünf Landungsköpfe zu einer zusammenhängenden Front. Bis Ende Juni 1944 wächst die alliierte Streitmacht auf knapp eine Million Soldaten und 150 000 Fahrzeuge.[23] Jetzt ist eingetreten, wofür die amerikanischen Militärs vor und bei der Casablanca-Konferenz geworben haben. Am 25. August wird Paris befreit. Die Invasion kostet bis zu ihrem Abschluss am 31. August schätzungsweise 50 000 deutsche und 65 000 alliierte Soldaten das Leben. Aber alliierte Truppen stehen nun auch im Westen auf dem europäischen Festland. Nazi-Deutschland ist umzingelt.

Bei ihrem Gipfeltreffen im Februar 1945 in Jalta auf der Krim koordinieren Roosevelt, Churchill und Stalin ihre Pläne für die endgültige Zerschlagung der Streitkräfte Hitler-Deutschlands und Japans. Sie beschließen, Deutschland in Besatzungszonen aufzuteilen und als Alliierte die oberste Regierungsgewalt zu übernehmen.

Die bedingungslose Kapitulation Deutschlands am 8. Mai 1945, die in Casablanca als Kriegsziel proklamiert worden ist, erlebt Roosevelt nicht mehr: Er stirbt, wenige Monate nach seiner vierten Wahl zum US-Präsidenten, am 12. April 1945. Hitler richtet sich selbst am 30. April 1945 in dem Bunker, dessen Bau er im Januar 1943 angeordnet hatte.

Die Briten wählen Churchill am 5. Juli 1945 als Premier ab, fast im Augenblick des Sieges. Das Ergebnis der ersten Unterhauswahlen nach fast zehn Jahren steht erst am 26. Juli fest, mitten in der Konferenz von Potsdam, und trifft ihn wie ein Blitz aus heiterem Himmel. Die Labour Party, die im Mai aus der Allparteienkoalition ausgetreten ist, gewinnt haushoch. Nicht über Churchills Leistungen im Krieg wurde abgestimmt, sondern über wirtschaftliche und soziale Fragen, die den Wiederaufbau im Frieden bestimmen. Für innenpolitische Probleme hatte sich der Premier in seiner Amtszeit wenig interessiert.[24]

Als Oppositionsführer im Unterhaus arbeitet Churchill unermüdlich an seinem Comeback. Tatsächlich wird er im Oktober 1951 an der Spitze einer knappen konservativen Mehrheit noch einmal Premierminister. Aber der nunmehr fast 77-Jährige ist zu alt, um dem Amt physisch noch gewachsen zu sein; er ist schwerhörig, oft kränkelnd, leidet unter Gedächtnisverlust, verwechselt manchmal sogar seine Minister. Am 5. April 1955 tritt er zurück. Die Londoner Zeitungen streiken gerade, und so gibt es keine Abschiedsartikel. Zum ersten Mal in seinem Leben liefert Churchill keine Schlagzeilen.[25]

Der ehemalige Vichy-Ministerpräsident Pierre Laval wird im Oktober 1945 wegen Hochverrats zum Tode verurteilt und von einem Erschießungskommando nahe Paris hingerichtet. Dem Ex-Präsidenten Henri Pétain bleibt das erspart: Charles de Gaulle als provisorischer Regierungschef Frankreichs begnadigt ihn zu lebenslanger Haft; er wird auf einer Atlantikinsel interniert, wo er 1951 stirbt.

Am 16. Juli 1945 wird in der Wüste von New Mexico testweise die erste Atombombe gezündet, eine mit Plutonium gefüllte Stahlkugel von zwei Metern Durchmesser. Damit ist Roosevelts »Manhattan Project«, das er im Dezember 1942 gestartet hat, am Ziel. Die nukleare Waffe, ursprünglich aus der Sorge entstanden, die Deutschen könnten Amerika bei der Entwicklung einer einsatzfähigen Atombombe zuvorkommen, richtet sich jetzt nur noch gegen Japan. Am 6. August 1945 wird eine mit Uran gefüllte Atombombe über Hiroshima abgeworfen, drei Tage später eine Plutoniumbombe über Nagasaki.

Mehrere Jahre nach Kriegsende wird Albert Einstein von moralischen Skrupeln geplagt. Zu seinem alten Freund Linus Pauling sagt er: »Ich habe einen schweren Fehler in meinem Leben gemacht – als ich den Brief an Präsident Roosevelt mit der Empfehlung zum Bau von Atombomben unterzeichnete; aber es gab eine gewisse Rechtfertigung dafür – die Gefahr, dass die Deutschen welche bauen würden.«

Das Anfa-Hotel, Schauplatz der Casablanca-Konferenz, wird in den 1970er-Jahren abgerissen, um einer neuen Hotelanlage Platz zu machen.

*

Die Oscars für die Filme des Jahrgangs 1943 werden am 2. März 1944 in Grauman's Chinese Theater in Los Angeles verliehen. Bisher fand die glamouröse Gala immer in großen Hotels als geschlossene Veranstaltung der Filmschaffenden statt; diesmal ist zahlendes Publikum zugelassen, das Eintrittsgeld von zehn Dollar kommt einem Wohltätigkeitsfonds für Kriegsopfer zugute.[26] Die Oscars sind – wie schon im Vorjahr und in den beiden folgenden Jahren – aus bemaltem Gips statt aus der üblichen vergoldeten Bronze, weil im Krieg an der Verwendung von Metallen gespart werden muss.

»Casablanca« ist für acht Oscars nominiert. Der Film wird schließlich in drei Kategorien ausgezeichnet: als bester Film, für die beste Regie und für das beste adaptierte Drehbuch. Humphrey Bogart ist als bester Hauptdarsteller nominiert, geht aber leer aus. Bei der Preisverleihung kommt es zu einem Eklat: Als verkündet wird, dass »Casablanca« den Oscar als bester Film gewonnen hat, will Produzent Wallis die Trophäe entgegennehmen, doch Studioboss Jack Warner stürmt vor ihm auf die Bühne. Wallis ist darüber zutiefst verärgert und verlässt die Firma kurz darauf.

Im Jahr 2006 setzt die Writers Guild of America das »Casablanca«-Drehbuch auf Platz 1 der 101 besten Drehbücher aller Zeiten. Warner Bros. nutzt bis heute »As Time Goes By« als unverwechselbare Erkennungsmelodie im Vorspann aller ihrer Filme weltweit.

»Casablanca«, dessen Produktionskosten 1 039 000 Dollar betragen haben, beschert dem Studio während seiner ersten Laufzeit in den Vereinigten Staaten Einnahmen von 3 015 000 Dollar. Bis 1955 betragen die Bruttoeinnahmen, einschließlich des Kartenverkaufs im Ausland, 6 819 000 Dollar.[27]

Nach jahrelangen Rechtsstreitigkeiten mit Warner Bros. zahlt der Filmkonzern den Autoren Murray Burnett und Joan Alison je 100 000 Dollar und gewährt ihnen das Recht, das Stück auf die Bühne zu bringen. »Everybody Comes to Rick's« wird 1991 in London aufgeführt, aber nach weniger als einem Monat vom Spielplan abgesetzt.[28]

In der Bundesrepublik Deutschland wird »Casablanca« erstmals am 26. August 1952 gezeigt – in einer um 25 Minuten gekürzten und inhaltlich total verfälschten Fassung. Alle Hinweise auf den Weltkrieg und die Nazi-Herrschaft sind getilgt. Der tschechische Widerständler Victor Laszlo hat sich in einen norwegischen Physiker namens Viktor Larsen verwandelt. Er ist nicht aus einem KZ, sondern aus einem Gefängnis geflohen. Statt um politische Gegnerschaft geht es um mysteriöse »Delta-Strahlen«, derentwegen er gejagt wird. »Major Strasser vom Dritten Reich« landet nie in Casablanca. Der Name Conradt Veidt steht zwar noch im Vorspann, aber die Figur hat sich in Luft aufgelöst. Ein einziges Mal ist er für den Bruchteil einer Sekunde zu sehen; er sitzt in »Rick's Café« mit dem Polizeipräfekten Renault am Tisch und flüstert ihm etwas ins Ohr. Da diese Einstellung mit einem Song unterlegt ist, konnte die Szene nicht herausgeschnitten werden. Aber Strasser existiert einfach nicht; deshalb kann er zum Schluss auch nicht verhindern wollen, dass Humphrey Bogart und Ingrid Bergman das Flugzeug nach Lissabon besteigen, und Bogart muss ihn nicht erschießen.[29]

Ebenso fehlen die Nazi-Offiziere aus Strassers Entourage, die in einer Schlüsselszene die »Wacht am Rhein« grölen und in ohnmächtiger Wut hinnehmen müssen, dass Gäste und Personal mit Inbrunst die »Marseillaise« schmettern. Entfernt sind auch die Wochenschaubilder vom Vormarsch der deutschen Truppen auf Paris. Dooley Wilson, der schwarze Pianist Sam, singt seine Songs nicht, sondern klimpert sie nur auf dem Klavier; so ist auch der beziehungsreiche Text von »As Time Goes By« nicht mehr zu hören.[30]

Nichts soll die Deutschen im Wirtschaftswunderland der 1950er-Jahre an die unrühmliche Vergangenheit erinnern. So entsteht ein absurd verfremdetes Epos. Das *Film-Echo*, Fachorgan der Kinobesitzer, bringt den Inhalt des verhunzten Films auf einen kurzen Nenner: »Ein geheimnisvoller Mordfall bildet den Kern der Handlung.«

Verantwortlich für die Verstümmelung des Kinoklassikers ist der Filmverleih der Warner Bros. Studios. Deren deutsche Niederlassung erklärt auf die Anfrage eines Journalisten, »Casablanca« sei in seiner Originalversion »nicht mehr zeitgemäß und nicht zur Vorführung in Deutschland geeignet«. Deshalb hat der Kinokonzern Selbstzensur geübt und alle Stellen herausgeschnitten, die sonst die »Freiwillige Selbstkontrolle der Filmwirtschaft« beanstandet hätte. Dem deutschen Publikum glaubt man sieben Jahre nach Kriegsende keinen Anti-Nazi-Film mehr zumuten zu können.

»Casablanca« ist nicht der einzige Film, der von den Deutschland-Filialen amerikanischer Verleiher in eine »Neufassung« gebracht wird, um die restaurative Grundstimmung der Adenauer-Ära nicht zu stören.

Manche würden die Vorführung von »Casablanca« am liebsten sogar im Ausland verhindern. Im Oktober 1953 empört sich der westdeutsche Generalkonsul in Basel, Werner von Borries, über die in der Schweiz gezeigte Originalfassung. Dem Auswärtigen Amt in Bonn schreibt der Diplomat, »mehr als acht Jahre nach Einstellung der Feindseligkeiten«, wie er die deutsche Kapitulation nennt, sei »ein Film wiederaufgeführt worden, dessen deutschfeindliche Tendenz seine Wirkung auf das Publikum nicht verfehlt haben wird«.[31] Inzwischen seien »die Streitigkeiten« – gemeint ist der Krieg – beendet und die Welt habe sich »allmählich damit abgefunden, dass Deutschland weiter existiert und in die Gemeinschaft der westlichen Staaten hineingezogen werden muss«. Deshalb sei es »unklar, was mit Aktionen wie einer Wiederaufführung derartiger Hetzfilme gegen Deutschland heute noch bezweckt wird«.[32]

Erst am 5. Oktober 1975 strahlt die ARD »Casablanca« neu synchronisiert und ungekürzt aus. Nun wird der Hollywood-Streifen auch in Deutschland zum Kultfilm, von nachwachsenden Generationen immer wieder neu entdeckt und verehrt. Einige Dialogsätze avancieren zu geflügelten Worten, die bei allen möglichen Gelegenheiten zitiert werden. Der »Beginn einer wunderbaren Freundschaft« wird oft mit Ricks Worten beschworen, »die üblichen Verdächtigen« werden nicht nur mit Verhaftungen in Verbindung gebracht. Und mancher Verliebte turtelt: »Ich seh' dir in die Augen, Kleines«, obwohl der Spruch nur eine äußerst freie Übersetzung von »Here's looking at you, kid!« ist, auf Deutsch etwa »Hoch die Tassen!«

ANHANG

DANK

Bei der Entstehung dieses Buches kamen mir das Wissen und die Erfahrungen sachkundiger Freunde aus unterschiedlichen Fachgebieten zugute.

Prof. Thomas Bauermeister, der bis vor Kurzem an der Kunsthochschule für Medien Köln Dramaturgie und filmisches Erzählen lehrte, hat mir wertvolle Hinweise zur Geschichte des amerikanischen Kinos gegeben und mich auf Interviews der Drehbuchautoren Julius Epstein und Casey Robinson aufmerksam gemacht.

Die Theaterwissenschaftlerin Prof. Bettina Brandi und der Medienpädagoge Prof. Dr. Johann Bischoff, beide Halle (Saale), haben mir geholfen, komplexe Zusammenhänge zwischen Realität und Fiktion verständlicher darzustellen.

Der Literaturagent Thomas Karlauf in Berlin hat als erfahrener Buchautor und Lektor mein Manuskript durch seine Anmerkungen besser gemacht.

Der Hamburger Jurist und Historiker Dr. Dietrich Rauchenberger, ehemals Militärattaché an der Botschaft der Bundesrepublik Deutschland in Rabat, hat mir Informationen über Marokko und über die im Zweiten Weltkrieg in Casablanca stationierte »Kontrollinspektion Afrika« vermittelt.

Der in Hamburg lebende Journalist und Buchautor Volker Skierka, Verfasser einer Biographie Lion Feuchtwangers, hat mir die Situation jüdischer Emigranten in jenen dunklen Jahren veranschaulicht.

Ihnen allen gilt mein herzlicher Dank.

Ich danke Jens Dehning, dem Programmleiter des Siedler Verlags; er hat meine Idee, die Kriegsereignisse und die Entstehungsgeschichte des Kultfilms »Casablanca« zu verknüpfen, spontan aufgegriffen.

Ich danke Karen Guddas, die das Buchprojekt betreut hat, und Ditta Ahmadi für ihr sorgfältiges Lektorat, für die hervorragend mit dem Text korrespondierende Bildauswahl und ihre Gründlichkeit bei der Herstellung.

Und ich danke meiner Frau Petra Pötzl, die mich von Anfang an in der Verwirklichung der Idee bestärkt und mit großer Geduld meine Schreibarbeit begleitet hat.

ANMERKUNGEN

PREMIERE IM WEISSEN HAUS

1 www.fdrlibrary.marist.edu/daybyday/daylog/december-31st-1942.
2 ibiblio.org/pha/Gallup/Gallup 1941.htm.
3 Eleanor Roosevelt: »My Day«, Zeitungskolumne vom 1. Januar 1943.
4 Richard E. Osborne: *The Casablanca Companion. The Movie Classic and Its Place in History*, Indianapolis 1997, S. 182.
5 Jochen Thies: *Hitler's Plans for Global Domination*, New York/Oxford 2012, S. 143ff.
6 Paul D. Lunde: *Roosevelt's War: What Really Happened During World War II*, Bloomington, Indiana, 2012, S. 267.
7 William D. Crump: *Encyclopedia of New Year's Holidays Worldwide*, Jefferson, North Carolina/London 2008, S. 242.
8 Robert E. Sherwood: *Roosevelt und Hopkins*, Hamburg 1950, S. 127.
9 John und Claire Whitcomb: *Real Life at the White House: Two Hundred Years of Daily Life at America's Most Famous Residence*, New York/London 2000, S. 308.
10 Sherwood, *Roosevelt und Hopkins*, S. 152.
11 Carol Gelderman: *All the Presidents' Words. The Bully Pulpit and the Creation of the Virtual Presidency*, New York 1997, S. 15.
12 Sherwood, *Roosevelt und Hopkins*, S. 137.
13 Sherwood, *Roosevelt und Hopkins*, S. 152.
14 Volker Hentschel: *Hitler und seine Bezwinger. Churchill, Roosevelt, Stalin, de Gaulle*, Münster 2013, S. 639; www.fdrlibrary.tumblr.com/post/90848732236/day-44-visit-of-the-norwegian-royals-after.
15 Max Hastings: *Winston's War. Churchill 1940–1945*, New York 2010, S. 165.
16 Doris Kearns Goodwin: *No Ordinary Time. Franklin and Eleanor Roosevelt: The Home Front in World War II*, New York 1994, S. 153.
17 Hentschel, *Hitler und seine Bezwinger*, S. 639.
18 Grace Tully: *F. D. R.: My Boss*, New York 1949, S. 340.
19 Jean Edward Smith: *FDR*, New York 2007, S. 160.
20 Whitcomb, *Real Life at the White House*, S. 313.
21 Allan M. Winkler: *Franklin D. Roosevelt and the Making of Modern America*, London 2006, S. 202f.
22 Osborne, *Casablanca Companion*, S. 3.

23 Glen Jeansonne und David Luhrssen: *War on the Silver Screen: Shaping America's Perception of History*, Lincoln, Nebraska, 2014, S. 40.

24 Osborne, *Casablanca Companion*, S. 54.

25 Osborne, *Casablanca Companion*, S. 110.

26 Christoph Gunkel: »Wie die Vereinigten Staaten 937 jüdische Flüchtlinge abwiesen«, in *Spiegel Online*, 17. Februar 2017.

27 www.pbs.org/wgbh//amex/holocaust/peopleevents/pandeAMEX90.html.

28 Ronald D. Gerste: »Ein eisernes Paar«, in *Die Zeit*, 8. Oktober 1998.

29 Erika und Klaus Mann: »*Escape to life. Deutsche Kultur im Exil*, Boston 1939, S. 233.

30 Eveline Hasler: *Mit dem letzten Schiff. Der gefährliche Auftrag von Varian Fry*, Zürich 2013.

31 Mary Jayne Gold: *Crossroads Marseilles 1940*, New York 1980, S. XIIIf.; Eric Thomas Chester: *Covert Network. Progressives, the International Rescue Committee, and the CIA*, New York/London 1995, S. 15.

32 www.yadvashem.org/righteous/stories/fry.

33 Volker Skierka: *Lion Feuchtwanger*, Berlin 1984, S. 194ff.

34 Skierka, *Lion Feuchtwanger*, S. 210.

35 Skierka, *Lion Feuchtwanger*, S. 210.

36 Interview mit Bill Bingham in *The Canadian Jewish News*, 11. Februar 2014.

37 Schreiben Albert Einsteins an Eleanor Roosevelt, 26. Juli 1941, www.fdr-library.tumblr.com/post/141047307759/i-have-noted-with-great-satis-faction-that-you.

38 Joachim Fest: »Spiel mit hohem Einsatz: Über Adam von Trott«, in *Vierteljahrshefte für Zeitgeschichte* 46 (1998), S. 1–18.

39 Peter Hoffmann: *Widerstand, Staatsstreich, Attentat. Der Kampf der Opposition gegen Hitler*, München 1985, S. 148ff.

40 Zitiert nach Jörg Später: *Vansittart. Britische Debatten über Deutsche und Nazis 1902–1945*, Göttingen 2003, S. 193.

41 Paul Kennedy: *Die Casablanca-Strategie. Wie die Alliierten den Zweiten Weltkrieg gewannen. Januar 1943 bis Juni 1944*, München 2012, S. 252f.

42 Percy E. Schramm (Hg.): *Kriegstagebuch des OKW 1940–1941*, Teilband 2, Augsburg 2002, S. 922.

43 Max Domarus: *Hitler – Reden und Proklamationen 1932–1945*, Band II, Würzburg 1963, S. 1932ff.

44 *Die Tagebücher von Joseph Goebbels*, Teil 2: *Diktate 1941–1945*, Band 6: *Oktober–Dezember 1942*, hg. von Elke Fröhlich, München 1996, S. 259f.

45 *Die Tagebücher von Joseph Goebbels*, Teil 2, Band 6, S. 266.

46 *Die Tagebücher von Joseph Goebbels*, Teil 2, Band 6, S. 266.

47 Antony Beevor: *Der Zweite Weltkrieg*, München 2014, S. 442.

48 Zitiert nach Martin Seckendorf: »Heia Safari«, in *Junge Welt*, 13. Mai 2013.

49 Seckendorf, »Heia Safari«.
50 David L. Roll: *The Hopkins Touch. Hopkins and the Forging of the Alliance to Defeat Hitler*, Oxford 2012, S. 242.
51 Kennedy, *Casablanca-Strategie*, S. 254.
52 *Eleanor Roosevelt, Autobiography*, New York 1961, S. 190.

WASHINGTON GOES TO HOLLYWOOD

1 Andreas Missler-Morell: *Ich seh' dir in die Augen, Kleines. Casablanca. Der Kultfilm*, München 1992, S. 37; Aljean Harmetz: *Verhaften Sie die üblichen Verdächtigen. Wie Casablanca gemacht wurde*, Berlin 2001, S. 69.
2 Patrik von zur Mühlen: *Fluchtweg Spanien-Portugal. Die deutsche Emigration und der Exodus aus Europa 1933–1945*, Bonn 1992, S. 198.
3 Harlan Lebo: *Casablanca. Behind the Scenes*, Palmer, Alaska, 1992, S. 26.
4 William Zinsser: *Easy to Remember. The Great American Songwriters and Their Songs*, Boston, Massachusetts, 2001, S. 165f.
5 Harmetz, *Verhaften Sie die üblichen Verdächtigen*, S. 68; Missler-Morell, *Ich seh' dir in die Augen*, S. 41ff.
6 Missler-Morell, *Ich seh' dir in die Augen*, S. 46f.
7 Frank Miller: *Casablanca. As Time Goes By: Mythos und Legende eines Kultfilms*, München 1992, S. 30.
8 Neil Gabler: *Ein eigenes Reich. Wie jüdische Emigranten »Hollywood« erfanden*, Berlin 2004, S. 15; Harmetz, *Verhaften Sie die üblichen Verdächtigen*, S. 29; Missler-Morell, *Ich seh' dir in die Augen*, S. 53.
9 Michael E. Birdwell: *Das andere Hollywood der dreißiger Jahre. Die Kampagne der Warner Bros. gegen die Nazis*, Hamburg/Wien 2000, S. 25.
10 Louis Pizzitola: *Hearst over Hollywood. Power, Passion, and Propaganda in the Movies*, New York 2002, S. 165.
11 Osborne, *Casablanca Companion*, S. 137.
12 Birdwell, *Das andere Hollywood*, S. 25f.
13 Gabler, *Ein eigenes Reich*, S. 442.
14 Birdwell, *Das andere Hollywood*, S. 29.
15 Harmetz, *Verhaften Sie die üblichen Verdächtigen*, S. 149, S. 280.
16 So die amerikanische Kommunikationswissenschaftlerin Nancy Snow, zitiert in Susan King: »FDR knew how to act the role of president«, in *Los Angeles Times*, 10. Dezember 2012.
17 Gelderman, *All the Presidents' Words*, S. 18.
18 Jon Meacham: *Franklin and Winston. An Intimate Portrait of an Epic Friendship*, New York 2003, S. 190.
19 Marcus Pindur: »Die Globalisierung der Interessen: Der Congress of Industrial Organizations (CIO) und die Außenpolitik der USA«, Diss. Berlin 2003, S. 36.

20 Sherwood, *Roosevelt und Hopkins*, S. 86.
21 Telegramm vom 20. Mai 1940, zitiert in Gabler, *Ein eigenes Reich*, S. 476.
22 Birdwell, *Das andere Hollywood*, S. 26f.
23 James Agee in *The Nation*, 22. Mai 1943, zitiert in Harmetz, *Verhaften Sie die üblichen Verdächtigen*, S. 287.
24 *Time*, 16. August 1943, zitiert in Harmetz, *Verhaften Sie die üblichen Verdächtigen*, S. 287.
25 Harmetz, *Verhaften Sie die üblichen Verdächtigen*, S. 37.
26 Osborne, *Casablanca Companion*, S. 184.
27 Birdwell, *Das andere Hollywood*, S. 45.
28 Birdwell, *Das andere Hollywood*, S. 8f.
29 Thomas Doherty: *Hollywood and Hitler, 1933–1939*, New York 2013, S. 98; Geoffrey Cocks: *The Wolf at the Door. Stanley Kubrick, History, and the Holocaust*, New York 2004, S. 41.
30 Zitiert in M. Todd Bennett: *One World, Big Screen. Hollywood, the Allies and World War II*, Chapel Hill, North Carolina, 2012, S. 38.
31 Birdwell, *Das andere Hollywood*, S. 69.
32 Sylvia Englert: *Cowboys, Gott und Coca-Cola. Die Geschichte der USA*, Frankfurt am Main 2005, S. 133.
33 Birdwell, *Das andere Hollywood*, S. 109.
34 Birdwell, *Das andere Hollywood*, S. 63.
35 Gabler, *Ein eigenes Reich*, S. 475.
36 Steven J. Ross: »Confessions of a Nazi Spy: Warner Bros., Anti-Fascism and the Politicization of Hollywood«, in Martin Kaplan und Johanna Blakley (Hg.): *Warners' War: Politics, Pop Culture & Propaganda in Wartime Hollywood*, Los Angeles 2004, S. 48ff.
37 Birdwell, *Das andere Hollywood*, S. 114.
38 Frank Nugent: »The Warners Make Faces at Hitler in ›Confessions of a Nazi Spy‹«, in *New York Times*, 29. April 1939.
39 Brief Fairbanks jr. an Roosevelt, 19. November 1940, zitiert in Gabler, *Ein eigenes Reich*, S. 477f.
40 Franklin D. Roosevelt: »Address to the Academy Awards Dinner«, 27. Februar 1941. Online by Gerhard Peters and John T. Woolley, The American Presidency Project. www.presidency.ucsb.edu/ws/?pid=16082.
41 Zitiert in Randy Roberts und James S. Olsen: *John Wayne American*, New York 1995, S. 200.
42 Birdwell, *Das andere Hollywood*, S. 174f.
43 Birdwell, *Das andere Hollywood*, S. 138.
44 Birdwell, *Das andere Hollywood*, S. 10.
45 Birdwell, *Das andere Hollywood*, S. 143.
46 Birdwell, *Das andere Hollywood*, S. 149, S. 153.

47 Zitiert nach Geoffrey Smith: »Isolationism, the Devil, and the Advent of the Second World War«, in *International History Review*, Februar 1982, S. 55ff.

48 Birdwell, *Das andere Hollywood*, S. 224.

49 Harry Warner vor dem Unterausschuss zur Untersuchung von Kriegspropaganda, 25. September 1941, zitiert in David Welky: *America Between the Wars 1919–1941: A Dokumentary Reader*, Hoboken, New Jersey, 2011, S. 243ff.

50 Missler-Morell, *Ich seh' dir in die Augen*, S. 49.

51 Harmetz, *Verhaften Sie die üblichen Verdächtigen*, S. 26.

52 Aljean Harmetz: »Nachruf auf Murray Burnett«, in *The New York Times*, 29. September 1997.

53 Lebo, *Casablanca*, S. 42f.; Miller, *Casablanca*, S. 49f.

54 Zitiert nach Hanspeter Born: »Wunderbarer Mumpitz«, in *Die Weltwoche*, Nr. 3/2003.

55 Charlotte Chandler: *Ingrid. Ingrid Bergman, a Personal Biography*, New York 2008, S. 58.

56 Osborne, *Casablanca Companion*, S. 174.

57 Missler-Morell, *Ich seh' dir in die Augen*, S. 86.

58 Zitiert nach Harmetz, *Verhaften Sie die üblichen Verdächtigen*, S. 114f.

59 Pat McGilligan: *Backstory. Interviews With Screenwriters of Hollywood's Golden Age*, Berkeley, California, 1988, S. 308.

60 Lebo, *Casablanca*, S. 193.

61 McGilligan, *Backstory*, S. 170ff.

62 McGilligan, *Backstory*, S. 185.

63 Howard Koch: *Casablanca. Script and Legend, New York* 1973, S. 19.

64 Harmetz, *Verhaften Sie die üblichen Verdächtigen*, S. 223.

65 Kay Weniger: *Es wird im Leben dir mehr genommen als gegeben. Lexikon der aus Deutschland und Österreich emigrierten Filmschaffenden 1933 bis 1945*, Hamburg 2011, S. 238.

66 Brief Einsteins an Bois, in Curt Bois: *Zu wahr, um schön zu sein*, Berlin 1980, S. 65.

67 Osborne, *Casablanca Companion*, S. 115.

68 Osborne, *Casablanca Companion*, S. 36; Miller, *Casablanca*, S. 92.

69 Jean-Michel Palmier: *Weimar in Exile. The Antifascist Emigration in Europe and America*, London/New York 2006, S. 550.

70 Madeleine LeBeau, die letzte Überlebende der »Casablanca«-Mitwirkenden, ist am 1. Mai 2016 mit 92 Jahren gestorben.

71 Osborne, *Casablanca Companion*, S. 103.

72 Harmetz, *Verhaften Sie die üblichen Verdächtigen*, S. 245.

73 Lebo, *Casablanca*, S. 125.

74 Harmetz, *Verhaften Sie die üblichen Verdächtigen*, S. 250.

75 Miller, *Casablanca*, S. 80.

76 Anthony Heilbut: *Kultur ohne Heimat: deutsche Emigranten in den USA nach 1930*, zitiert in Harmetz, *Verhaften Sie die üblichen Verdächtigen*, S. 263.
77 Hanspeter Born: »Wunderbarer Mumpitz«, in *Die Weltwoche*, Nr. 3/2003.
78 Frank Bajohr und Dieter Pohl: *Der Holocaust als offenes Geheimnis. Die Deutschen, die NS-Führung und die Alliierten*, München 2006, S. 86f.
79 Bajohr/Pohl, *Der Holocaust*, S. 88.
80 Osborne, *Casablanca Companion*, S. 101.
81 Osborne, *Casablanca Companion*, S. 120.
82 Osborne, *Casablanca Companion*, S. 56f.
83 Osborne, *Casablanca Companion*, S. 182f.
84 Osborne, *Casablanca Companion*, S. 192f.
85 Harry Carl Schaub: *Abwehr-General Erwin Lahousen*, Wien 2015, S. 171ff.; Michael Dobbs: *Saboteurs. The Nazi Raid on America*, New York 2004, S. 276f.
86 Harmetz, *Verhaften Sie die üblichen Verdächtigen*, S. 266f.
87 Gerhard Wagner: »Ich weiß, dass wir diesmal gewinnen«, in *Utopie kreativ*, Juli/August 2004, S. 587; Martin Wiegers: »Schampus im Sinn«, in *Die Zeit*, 3. April 1992.
88 Harmetz, *Verhaften Sie die üblichen Verdächtigen*, S. 330f.
89 Clayton R. Koppes und Gregory D. Black: *How Politics, Profits and Propaganda Shaped World War II Movies*, London/New York 1988, S. 64.
90 National Archives, Charles Einfeld an Lowell Mellett, 23. Februar 1942, Entry NC 148 264, Box 1433.
91 Glen Jeansonne und David Luhrssen: *War on the Silver Screen. Shaping America's Perception of History*, Dulles, Virginia, 2014, S. 35; M. Paul Holsinger: *War and American Popular Culture*, Westport, Connecticut, 1999, S. 248.
92 Kenneth Paul O'Brien und Lynn H. Parsons (Hg.): *The Home-Front War. World War II and American Society*, Westport, Connecticut, 1995, S. 26.
93 Harmetz, *Verhaften Sie die üblichen Verdächtigen*, S. 331.
94 Harmetz, *Verhaften Sie die üblichen Verdächtigen*, S. 344 und 356.
95 Harmetz, *Verhaften Sie die üblichen Verdächtigen*, S. 136f.
96 Harmetz, *Verhaften Sie die üblichen Verdächtigen*, S. 194f.
97 Bennett in Walter L. Hixson (Hg.): *The American Experience in World War II: The United States and the road to war in Europe*, London 2003, S. 267.
98 Harmetz, *Verhaften Sie die üblichen Verdächtigen*, S. 282f.
99 M. Todd Bennett in Hixson, *The American Experience*, S. 267.
100 Missler-Morell, *Ich seh' dir in die Augen*, S. 143ff.
101 Miller, *Casablanca*, S. 162.
102 James C. Robertson: *The Casablanca Man. The Cinema of Michael Curtiz*, London 1993, S. 79.

103 Missler-Morell, *Ich seh' dir in die Augen*, S. 147f.
104 Robert Riskin an Ulric Bell, 8. Januar 1943, zitiert nach Harmetz, *Verhaften Sie die üblichen Verdächtigen*, S. 329f.
105 Harmetz, *Verhaften Sie die üblichen Verdächtigen*, S. 333.
106 Miller, *Casablanca*, S. 162.
107 Harmetz, *Verhaften Sie die üblichen Verdächtigen*, S. 323.
108 Harmetz, *Verhaften Sie die üblichen Verdächtigen*, S. 21.
109 Lebo, *Casablanca*, S. 188.
110 Harmetz, *Verhaften Sie die üblichen Verdächtigen*, S. 329; Osborne, *Casablanca Companion*, S. 217.
111 Miller, *Casablanca*, S. 167; Osborne, *Casablanca Companion*, S. 217.
112 *The Hollywood Reporter*, 8. Dezember 1942, zitiert nach Miller, *Casablanca*, S. 167.
113 *Daily Variety*, 8. Dezember 1942, zitiert nach Miller, *Casablanca*, S. 170.
114 *New York Times*, 27. November 1942, zitiert nach Miller, *Casablanca*, S. 170.
115 *The New Yorker*, 28. November 1942, zitiert nach Miller, *Casablanca*, S. 170.
116 *Aufbau*, 4. Dezember 1942.
117 *Aufbau*, 4. Dezember 1942.
118 Missler-Morell, *Ich seh' dir in die Augen*, S. 150.

ROOSEVELT

1 Sherwood, *Roosevelt und Hopkins*, S. 544; www.fdrlibrary.marist.edu/daybyday/daylog/january-9th-1943.
2 Roll, *The Hopkins Touch*, S. 245.
3 www.nps.gov/cato/learn/historyculture/retreat.htm.
4 *Eleanor Roosevelt, Autobiography*, S. 248.
5 Sherwood, *Roosevelt und Hopkins*, S. 544.
6 Winston Churchill: *Memoiren. Der Zweite Weltkrieg*, 4. Band: *Schicksalswende*, 2. Buch: *Die Befreiung Afrikas*, Berlin 1951, S. 293f.
7 Sherwood, *Roosevelt und Hopkins*, S. 537.
8 Churchill an Roosevelt, 26. November 1942, in Churchill, *Memoiren*, 4. Band, 2. Buch, S. 287f.
9 Sherwood, *Roosevelt und Hopkins*, S. 540.
10 Roosevelt an Churchill, 3. Dezember 1942, 2, in Churchill, *Memoiren*, 4. Band, 2. Buch, S. 288.
11 Sherwood, *Roosevelt und Hopkins*, S. 545.
12 Churchill, *Memoiren*, 4. Band, 2. Buch, S. 290 und 294.
13 Churchill, *Memoiren*, 4. Band, 2. Buch, S. 296.
14 www.mideasti.blogspot.de, 31.12.2012.
15 Sherwood, *Roosevelt und Hopkins*, S. 545.
16 Hentschel, *Hitler und seine Bezwinger*, S. 737.

17 Hentschel, *Hitler und seine Bezwinger*, S. 737.

18 www.nytimes.com/2007/09/07/travel/escapes/07daisy.html.

19 Tatsächlich erhielten die Philippinen erst im Juli 1946 ihre Unabhängigkeit.

20 Meacham, *Franklin and Winston*, S. 202.

21 Meacham, *Franklin and Winston*, S. 197.

22 Elliott Roosevelt: *Wie er es sah*, Zürich 1947, S. 17ff.

23 Elliott Roosevelt, *Wie er es sah*, S. 73.

24 Elliott Roosevelt, *Wie er es sah*, S. 74f.

25 Elliott Roosevelt, *Wie er es sah*, S. 78ff.

26 *Eleanor Roosevelt, Autobiography*, S. 247.

27 Zitiert nach Meacham, *Franklin and Winston*, S. 204.

28 Beevor, *Der Zweite Weltkrieg*, S. 500.

29 Hentschel, *Hitler und seine Bezwinger*, S. 791.

30 Beevor, *Der Zweite Weltkrieg*, S. 501.

31 www.ubootarchiv.de/ubootwiki/index.php/enigma.

32 Antonia Kleikamp: »Roosevelts Wahnsinnsreise aus Angst vor Deutschen«, in *Die Welt*, 9. Januar 2013.

33 Sherwood, *Roosevelt und Hopkins*, S. 547.

34 Elliott Roosevelt, *Wie er es sah*, S. 99f.

35 Raymond W. Copson: »President Franklin D. Roosevelt Flew to Meet British Prime Minister Winston Churchill for a Summit in Casablanca«, in www.historynet.com.

36 www.fdrlibrary.marist.edu/daybyday/event/january-1943-2/.

37 Sherwood, *Roosevelt und Hopkins*, S. 547f.

38 www.fdrlibrary.marist.edu/daybyday/daylog/january-14th-1943.

39 www.fichier-pdf.fr.

40 Steven Mintz und Randy W. Roberts: *Hollywood's America: Twentieth-Century America Through Film*, Hoboken, New Jersey, 2010, S. 136.

41 Elliott Roosevelt, *Wie er es sah*, S. 88; Andrew Roberts: *Masters and Commanders. How Roosevelt, Churchill, Marshall and Alanbrooke Won the War in the West*, London 2008, S. 316.

42 Sherwood, *Roosevelt und Hopkins*, S. 548.

43 Osborne, *Casablanca Companion*, S. 219; *Life*, 15. März 1943.

44 Elliott Roosevelt, *Wie er es sah*, S. 84f.

45 Herbert Weil: »Franklin Roosevelt und die Deutschen«, in *Die Zeit*, 12. Februar 1982.

46 Meacham, *Franklin and Winston*, S. 190; *Der Spiegel*, 24. April 1995.

47 Ronald D. Gerste: *Roosevelt und Hitler. Todfeindschaft und totaler Krieg*, Paderborn 2011, S. 12.

48 Gerste, *Roosevelt und Hitler*, S. 18; *Stephen Hess: »America's Political Dynasties: From Adams to Clinton«*, Washington, D.C., 2015, S. 177.

49 Sherwood, *Roosevelt und Hopkins*, S. 1f.
50 *Time*, 19. Februar 1934 und 18. Juli 1938.
51 Sherwood, *Roosevelt und Hopkins*, S. 161.
52 www.spektrum.de/news/litt-praesident-roosevelt-nicht-unter-kinderlaehmung/691276.
53 So der Historiker Burton W. Peretti, zitiert nach Susan King: »FDR knew how to act the role of president«, in *Los Angeles Times*, 10. Dezember 2012.
54 Meacham, *Franklin and Winston*, S. 37.
55 Sherwood, *Roosevelt und Hopkins*, S. 158.
56 Sherwood, *Roosevelt und Hopkins*, S. 1.
57 Sherwood, *Roosevelt und Hopkins*, S. 3.
58 Sherwood, *Roosevelt und Hopkins*, S. 9.
59 Beevor, *Der Zweite Weltkrieg*, S. 65f.; Gerste, *Roosevelt und Hitler*, S. 137.
60 www.usmm.org/fdr.html.
61 Nigel Hamilton: *The Mantle of Command. FDR at War 1941–1942*, Boston, Massachusetts, 2014, S. 327.
62 Gerste, *Roosevelt und Hitler*, S. 30f.
63 Meacham, *Franklin and Winston*, S. 4f.
64 *New York Times*, 11. Juli 1984, über Warren F. Kimball, (Hg.): *Churchill & Roosevelt. The Complete Correspondence*, Princeton, New Jersey, 1984.
65 Ian Kershaw: *Wendepunkte. Schlüsselentscheidungen im Zweiten Weltkrieg*, München 2008, S. 235.
66 Sherwood, *Roosevelt und Hopkins*, S. 165.
67 Churchill, *Memoiren*, 2. Band: *Allein*, 2. Buch: *September bis Dezember 1940*, Bern 1949, S. 297.
68 Churchill, *Memoiren*, zitiert nach Kershaw, *Wendepunkte*, S. 286.
69 Zitiert nach Kershaw, *Wendepunkte*, S. 286.
70 Ian Kershaw, *Höllensturz. Europa 1914 bis 1949*, München 2016, S. 480.
71 Sherwood, *Roosevelt und Hopkins*, S. 202f.
72 Tilmann Lahme: *Die Manns. Geschichte einer Familie*, Frankfurt am Main, 2015, S. 226f.
73 Sherwood, *Roosevelt und Hopkins*, S. 169f.; Christian Manfred Rust: »Deutschland und die Nachkriegsordnung«, Diss. Berlin 2001, S. 541.
74 Sherwood, *Roosevelt und Hopkins*, S. 170.
75 Adam Tooze: *Sintflut: Die Neuordnung der Welt 1916–1931*, München 2015, S. 413ff.
76 Sherwood, *Roosevelt und Hopkins*, S. 170.
77 Sherwood, *Roosevelt und Hopkins*, S. 151.
78 Hastings, *Winston's War*, S. 155f.
79 2005 dreht George Clooney einen Spielfilm über Murrows Arbeit gegen McCarthy unter dem Titel »Good Night, and Good Luck!«.

80 Hentschel, *Hitler und seine Bezwinger*, S. 637; Rundfunkrede am 27. Mai 1941.
81 Zitiert nach Kershaw, *Wendepunkte*, S. 380f.
82 Franz Halder: *Kriegstagebuch des Oberkommandos der Wehrmacht*, Band 2, S. 49, Eintrag vom 31. Juli 1940.
83 Hentschel, *Hitler und seine Bezwinger*, S. 639.
84 Kershaw, *Wendepunkte*, S. 383f.
85 Nathan Miller: *F.D.R. An Intimate History*, New York 1983, S. 463.
86 Sherwood, *Roosevelt und Hopkins*, S. 250.
87 Sherwood, *Roosevelt und Hopkins*, S. 255ff.
88 Sherwood, *Roosevelt und Hopkins*, S. 4.
89 Kershaw, *Wendepunkte*, S. 383f.
90 Sherwood, *Roosevelt und Hopkins*, S. 273f.
91 Joseph E. Persico: *Roosevelt's Centurions*, New York 2013, S. 61.
92 Elliott Roosevelt, *Wie er es sah*, S. 32ff.
93 Meacham, *Franklin and Winston*, S. 5.
94 Elliott Roosevelt, *Wie er es sah*, S. 42f.
95 Elliott Roosevelt, *Wie er es sah*, S. 54f.
96 Elliott Roosevelt, *Wie er es sah*, S. 55f.
97 Elliott Roosevelt, *Wie er es sah*, S. 57.
98 Elliott Roosevelt, *Wie er es sah*, S. 58f.
99 Elliott Roosevelt, *Wie er es sah*, S. 60.
100 Elliott Roosevelt, *Wie er es sah*, S. 61.
101 Sherwood, *Roosevelt und Hopkins*, S. 275.
102 Sherwood, *Roosevelt und Hopkins*, S. 286f.
103 Bericht Churchills über Bemerkungen Roosevelts, 19. August 1941, zitiert nach Kershaw, *Wendepunkte*, S. 375.
104 Englert, *Cowboys, Gott und Coca-Cola*, S. 133.
105 Sherwood, *Roosevelt und Hopkins*, S. 351.
106 Zitiert nach Ronald D. Gerste: »Krieg gegen Amerika«, in *Die Zeit*, 8. Dezember 2011.
107 Osborne, *Casablanca Companion*, S. 48.
108 Sherwood, *Roosevelt und Hopkins*, S. 355; Peter Alter: *Winston Churchill*, Stuttgart 2006, S. 170.
109 John Keegan: *Der Zweite Weltkrieg*, Berlin 2004, S. 455f.
110 Sherwood, *Roosevelt und Hopkins*, S. 362.
111 Gerste, *Roosevelt und Hitler*, S. 150.
112 Harmetz, *Verhaften Sie die üblichen Verdächtigen*, S. 14.
113 Sherwood, *Roosevelt und Hopkins*, S. 544.
114 Sherwood, *Roosevelt und Hopkins*, S. 543.

CHURCHILL

1 www.britannica.com/technology/B-24.

2 www.airspacemag.com/history-of-flight/travels-with-churchill-136166507/?all.

3 Churchill, *Memoiren*, 4. Band, 2. Buch, S. 299f.; Alter, *Winston Churchill*, S. 164.

4 Churchill, *Memoiren*, 4. Band, 2. Buch, S. 300.

5 Hentschel, *Hitler und seine Bezwinger*, S. 749.

6 Beevor, *Der Zweite Weltkrieg*, S. 463f.

7 Hastings, *Winston's War*, S. 285.

8 Churchill, *Memoiren*, 4. Band, 2. Buch, S. 300.

9 Meacham, *Franklin and Winston*, S. 204ff.

10 Meacham, *Franklin and Winston*, S. 206f.

11 Churchill, *Memoiren*, 4. Band, 2. Buch, S. 301.

12 Field Marshal Lord Alanbrooke: *War Diaries 1939–1945*, London 1957, S. 359.

13 Alter, *Winston Churchill*, S. 19.

14 Zitiert nach Sebastian Haffner, *Churchill*, Berlin 2001, S. 41.

15 Alter, *Winston Churchill*, S. 76f.

16 Haffner, *Churchill*, S. 41.

17 Ronald Hyam: *Elgin and Churchill at the Colonial Office, 1905–1908*, London 1968, S. 357.

18 Alter, *Winston Churchill*, S. 71ff.; Haffner, *Churchill*, S. 69ff.

19 Alter, *Winston Churchill*, S. 84.

20 Hugh R. Trevor-Roper: »Leben und Werk Winston S. Churchills«, in Nobelpreis für Literatur 1953, Winston S. Churchill: *Meinen frühen Jahre*, Zürich o. J., S. 32f.

21 Iwan Maiski: *Memoiren eines sowjetischen Botschafters*, Berlin 1967, S. 235f.

22 Haffner, *Churchill*, S. 90 und 102ff.

23 Alter, *Winston Churchill*, S. 117f.

24 Alter, *Winston Churchill*, S. 15, S. 288, Anm. 24, zitiert nach Andrew Roberts: *Hitler and Churchill*, London 2003, S. 10.

25 Meacham, *Franklin and Winston*, S. 37.

26 Meacham, *Franklin and Winston*, S. 40f.

27 Meacham, *Franklin and Winston*, S. 45.

28 Meacham, *Franklin and Winston*, S. 46; Francis M. Carroll: *Athenia Torpedoed: The U-boat Attack that Ignited the Battle of the Atlantic*, Annapolis, Maryland, 2012, S. 133ff.

29 Zitiert nach Trevor-Roper, »Leben und Werk Winston S. Churchills«, S. 34.

30 Sherwood, *Roosevelt und Hopkins*, S. 101.

31 Kershaw, *Höllensturz*, S. 477f.

32 Haffner, *Churchill*, S. 126.
33 Rede im Unterhaus am 4. Juni 1940, zitiert nach Alter, *Winston Churchill*, S. 148.
34 John Colville: *Downing Street Tagebücher 1939–1945*, Berlin 1988, S. 106.
35 Arthur Schlesinger Jr.: »The Supreme Partnership«, in *The Atlantic*, Oktober 1984.
36 Beevor, *Der Zweite Weltkrieg*, S. 255.
37 Zitiert nach Meacham, *Franklin and Winston*, S. XV.
38 Schlesinger, »The Supreme Partnership«.
39 Schlesinger, »The Supreme Partnership«.
40 Alter, *Winston Churchill*, S. 167.
41 Meacham, *Franklin and Winston*, S. 76.
42 David Reynolds: *From World War to Cold War*, Oxford 2006, S. 172; Mark Grimsley in www.historynet.com/what-if-franklin-d-roosevelt-had-disliked-churchill.htm.
43 Colville, *Downing Street Tagebücher*, S. 234.
44 Haffner, *Churchill*, S. 145.
45 Haffner, *Churchill*, S. 145f.; Colville, *Downing Street Tagebücher*, S. 109.
46 Haffner, *Churchill*, S. 148.
47 Celia Sandys: *Chasing Churchill. The Travels of Winston Churchill*, London 2003, S. XXIII.
48 Alter, *Winston Churchill*, S. 174.
49 Beevor, *Der Zweite Weltkrieg*, S. 256.
50 Alter, *Winston Churchill*, S. 174.
51 Hastings, *Winston's War*, S. 163.
52 Kershaw, *Wendepunkte*, S. 396.
53 Hamilton, *The Mantle of Command*, S. 39f.
54 Joseph P. Lash: *Roosevelt and Churchill 1939–1941. The Partnership That Saved the West*, New York 1976, S. 9.
55 Sherwood, *Roosevelt und Hopkins*, S. 288.
56 Stalin an Maiski, 30. August 1941, in *Die UdSSR und die deutsche Frage*, Band 1, Berlin 2004, S. 6f.
57 Stalin an Churchill, 3. September 1941, in *Briefwechsel Stalins mit Churchill, Attlee, Roosevelt und Truman 1941–1945*, Berlin (DDR) 1961, S. 26.
58 Alter, *Winston Churchill*, S. 182f.
59 Alter, *Winston Churchill*, S. 165f.
60 Sherwood, *Roosevelt und Hopkins*, S. 352.
61 Hamilton, *The Mantle of Command*, S. 128.
62 Alter, *Winston Churchill*, S. 219.
63 John Charmley: *Churchill's Grand Alliance*, Boston, Massachusetts, 1995, S. 3; Sherwood, *Roosevelt und Hopkins*, S. 353.

64 Beevor, *Der Zweite Weltkrieg*, S. 509.
65 Alter, *Winston Churchill*, S. 185.
66 Churchill, *Memoiren*, 4. Band, 2. Buch, S. 79ff.
67 Churchill, *Memoiren*, 4. Band, 2. Buch, S. 82ff.
68 Haffner, *Churchill*, S. 155f.
69 Hentschel, *Hitler und seine Bezwinger*, S. 738.
70 Rede Stalins am 6. November 1942: www.stalingrad.com.ru/vaterlandkrieg/vk-007.html.
71 Haffner, *Churchill*, S. 156.
72 Keegan, *Der Zweite Weltkrieg*, S. 485.
73 Churchill, *Memoiren*, 4. Band, 2. Buch, S. 29.
74 Haffner, *Churchill*, S. 153.
75 Joseph Goebbels: *Das Eherne Herz – Reden und Aufsätze aus den Jahren 1941/42*, München 1943, S. 446.
76 Alter, *Winston Churchill*, S. 211; Haffner, *Churchill*, S. 153.
77 Churchill, *Memoiren*, 4. Band, 2. Buch, S. 170f.
78 Haffner, *Churchill*, S. 153f.
79 Clarita von Trott zu Solz: *Adam von Trott zu Solz. Eine Lebensbeschreibung*, Berlin 1994, S. 271.
80 Osborne, *Casablanca Companion*, S. 218f.
81 *Independent*, 1. Januar 2006; William Manchester und Paul Reid: *The Last Lion: Winston Spencer Churchill, Defender of the Realm 1940–1965*, Boston, Massachusetts, 2012, S. 527.

DE GAULLE

1 In der amerikanischen Originalversion ist irrigerweise von einer »7,7« die Rede, die es nicht gab.
2 Osborne, *Casablanca Companion*, S. 83.
3 Beevor, *Der Zweite Weltkrieg*, S. 140; Volker Hentschel: *Charles de Gaulle. Eine kurze Geschichte seines Lebens (1890–1970)*, Hildesheim 2016, S. 49.
4 Hentschel, *Hitler und seine Bezwinger*, S. 69.
5 Colville, *Downing Street Tagebücher*, S. 118, Eintrag vom 12. Juni 1940.
6 www.charles-de-gaulle.de/de-gaulle-und-roosevelt.html (Webseite der Stiftung Charles de Gaulle).
7 Beevor, *Der Zweite Weltkrieg*, S. 140.
8 Léon Werth: »33 Tage. Ein Bericht«, Rezension in *Frankfurter Allgemeine Zeitung*, 5. Juli 2016.
9 Hentschel, *Charles de Gaulle*, S. 72ff.
10 Hentschel, *Hitler und seine Bezwinger*, S. 78.
11 www.charles-de-gaulle.de/der-aufruf-vom-18-juni.html.

12 Zitiert nach Gilbert Ziebura: *Die V. Republik. Frankreichs neues Regierungssystem*, Köln/Opladen 1960, S. 27.

13 Karl-Volker Neugebauer: »Die Errichtung der deutschen Militärkontrolle im unbesetzten Frankreich und in Französisch-Nordafrika«, Diss. Köln 1977, S. 18.

14 Hentschel, *Hitler und seine Bezwinger*, S. 81.

15 Hentschel, *Hitler und seine Bezwinger*, S. 84.

16 Hentschel, *Hitler und seine Bezwinger*, S. 82.

17 Hentschel, *Hitler und seine Bezwinger*, S. 83.

18 Hentschel, *Hitler und seine Bezwinger*, S. 87.

19 Ansprache am 30. Oktober 1940, zitiert nach http://www.europa.clio-online.de/quelle/id/artikel-3845?title=ansprache-zur-kollaboration-30-oktober-1940.

20 Hentschel, *Hitler und seine Bezwinger*, S. 110.

21 Elmar Krautkrämer: »General Giraud und Admiral Darlan in der Vorgeschichte der alliierten Landung in Nordafrika«, in *Vierteljahrshefte für Zeitgeschichte* 2 (1982), S. 209.

22 Barnett Singer: *Maxime Weygand. A Biography of the French General in two World Wars*, Jefferson, North Carolina, u.a. 2008, S. 161.

23 Neugebauer, »Die Errichtung der deutschen Militärkontrolle«, S. 228.

24 Bodo-Michael Baumunk: »Ricks deutscher Gegner«, in *Die Tageszeitung*, 24. Oktober 1990.

25 Bundesarchiv-Militärarchiv Freiburg (BA-MA) RW 34/115.

26 Osborne, *Casablanca Companion*, S. 38f.

27 Singer, *Maxime Weygand*, S. 157f.

28 Krautkrämer, »General Giraud und Admiral Darlan«, S. 211.

29 Baumunk: »Ricks deutscher Gegner«.

30 BA-MA RW 34/117.

31 Harmetz, *Verhaften Sie die üblichen Verdächtigen*, S. 60.

32 BA-MA RW 34/117.

33 BA-MA RW 34/117.

34 Osborne, *Casablanca Companion*, S. 51.

35 Michaela Krützen: *Klassik, Moderne, Nachmoderne. Eine Filmgeschichte*, Frankfurt am Main 2015, S. 638f.

36 Hentschel, *Hitler und seine Bezwinger*, S. 706.

37 Hentschel, *Hitler und seine Bezwinger*, S. 111.

38 Hentschel, *Charles de Gaulle*, S. 109.

39 Lash, *Roosevelt and Churchill*, S. 16.

40 Hans-Georg Merz: »Die wildeste Flucht des Jahrhunderts. Wie General Giraud von Sachsen in die Schweiz und nach Frankreich gelangte«, Quellenbeilage Nr. 30 zu *Archiv-Nachrichten* Nr. 31, Dezember 2005.

41 Sherwood, *Roosevelt und Hopkins*, S. 524f.
42 Krautkrämer, »General Giraud und Admiral Darlan«, S. 252ff.
43 Beevor, *Der Zweite Weltkrieg*, S. 440.
44 *Die Tagebücher von Joseph Goebbels*, Teil 2: *Diktate 1941–1945*, Band 7: *Januar–März 1943*, hg. von Elke Fröhlich, München 1993, S. 77f.
45 Krautkrämer, »General Giraud und Admiral Darlan«, S. 255.
46 Elmar Krautkrämer: »Admiral Darlan, de Gaulle und das royalistische Komplott in Algier«, in *Vierteljahrshefte für Zeitgeschichte* 4(1984), S. 530f.
47 Anthony Clayton: *General Maxime Weygand 1867–1965. Fortune and Misfortune*, Bloomington, Indiana, 2015, S. X; www.the-saleroom.com/de-de/auction-catalogues/hermann-historica-ohg/catalogue-id-srher10006/lot-c440e3a2-1995-4dce-9223-a46f009e9525.
48 Eberhard Jäckel: *Frankreich in Hitlers Europa. Die deutsche Frankreichpolitik im 2. Weltkrieg* (= Quellen und Darstellungen zur Zeitgeschichte 14), Stuttgart 1966, S. 260f.
49 Neugebauer, »Die Errichtung der deutschen Militärkontrolle«, S. 247.
50 Krautkrämer, »General Giraud und Admiral Darlan«, S. 247.
51 Schramm (Hg.), *Kriegstagebuch des OKW 1940–1941*, S. 976.
52 Robert O. Paxton: *Parades and Politics at Vichy*, Princeton, New Jersey, 1966, S. 356.
53 Sherwood, *Roosevelt und Hopkins*, S. 532ff.
54 Richard Raskin: »›Casablanca‹ and the United States Foreign Policy«, in *Film History*, 2 (1990), S. 153ff.
55 Hastings, *Winston's War*, S. 281.
56 Hastings, *Winston's War*, S. 281f.
57 Beevor, *Der Zweite Weltkrieg*, S. 451f.
58 Hentschel, *Hitler und seine Bezwinger*, S. 126.
59 www.charles-de-gaulle.de/de-gaulle-und-roosevelt.html (Webseite der Stiftung Charles de Gaulle).
60 Arthur L. Funk: »The OSS in Algiers«, in George C. Chalou (Hg.): *The Secrets War: The Office of Strategic Services in World War II*, Washington, D. C., 1992, S. 168.
61 Raskin, »›Casablanca‹ and the United States Foreign Policy«, S. 155.
62 *New York Times*, 31. Januar 1943; Harmetz, *Verhaften Sie die üblichen Verdächtigen*, S. 340.
63 Louis Daniel Brodsky und Robert W. Hamblin: *William Faulkner. Life Glimpses*, Jackson, Mississippi, 1984, S. 99f.
64 Zitiert nach Gene D. Phillips: *Fiction, Film, and Faulkner: The Art of Adaptation*, Chicago 1986, S. 36.
65 Philips, *Fiction, Film, and Faulkner*, S. 35ff.
66 Joachim Fritz-Vonnahme: »Kein Held«, in *Die Zeit*, 3. November 1989.

67 Harmetz, *Verhaften Sie die üblichen Verdächtigen*, S. 356.
68 Miller, *Casablanca*, S. 199.
69 Brian Edwards: *Morocco bound: disorienting America's Maghreb, from Casablanca to the Marrakech Express*, Durham, North Carolina, 2005, S. 44.

DIE KONFERENZ

1 Elliott Roosevelt, *Wie er es sah*, S. 83; Lawrence G. Reid: *Tales of a Tin-Can Sailor: A World War II Adventure*, Bloomington, Indiana, 2005, S. 105; Vincent O'Hara: *Torch: North Africa and the Allied Path to Victory*, Annapolis, Maryland, 2015, S. 223; www.forum-marinearchiv.de/smf/index.php?topic=3538.0.
2 Roberts, *Masters and Commanders*, S. 321.
3 Elliott Roosevelt, *Wie er es sah*, S. 83.
4 Roberts, *Masters and Commanders*, S. 316.
5 Lord Alanbrooke, *War Diaries 1939–1945*, S. 358.
6 www.fdrlibrary.marist.edu/daybyday/daylog/january-14th-1943; Lord Alanbrooke, *War Diaries 1939–1945*, S. 359; Elliott Roosevelt, *Wie er es sah*, S. 88f.
7 Elliott Roosevelt, *Wie er es sah*, S. 89; Roberts, *Masters and Commanders*, S. 316f.; Rick Atkinson: *An Army at Dawn: The War in North Africa, 1942–1943*, London 2003, S. 267.
8 www.fdrlibrary.marist.edu/daybyday/daylog/january-14th-1943; Lord Alanbrooke, *War Diaries 1939–1945*, S. 359; Ed Cray: *General of the Army: George C. Marshall, Soldier and Statesman*, New York 2000, S. 358; Atkinson, *An Army at Dawn*, S. 267.
9 Sherwood, *Roosevelt und Hopkins*, S. 548.
10 Roberts, *Masters and Commanders*, S. 323.
11 Kennedy, *Casablanca-Strategie*, S. 18.
12 Kennedy, *Casablanca-Strategie*, S. 41.
13 Sherwood, *Roosevelt und Hopkins*, S. 397.
14 Kennedy, *Casablanca-Strategie*, S. 25.
15 www.ubootarchiv.de/ubootwiki/index.php/Enigma.
16 Hentschel, *Hitler und seine Bezwinger*, S. 791f.
17 Harmetz, *Verhaften Sie die üblichen Verdächtigen*, S. 344f.
18 Harmetz, *Verhaften Sie die üblichen Verdächtigen*, S. 346.
19 Zitiert nach Hastings, *Winston's War*, S. 286.
20 Hastings, *Winston's War*, S. 286.
21 Alter, *Winston Churchill*, S. 156.
22 Lord Alanbrooke, *War Diaries 1939–1945*, S. 273, Eintrag vom 26. Juni 1942.
23 Lord Alanbrooke, *War Diaries 1939–1945*, S. 590, Eintrag vom 10. September 1944.

24 Lord Alanbrooke, *War Diaries 1939–1945*, S. 409f., Eintrag vom 24. Mai 1943.

25 Roberts, *Masters and Commanders*, S. 475; David Fraser: *Alanbrooke*, New York 1982, S. 295.

26 Roberts, *Masters and Commanders*, S. 320.

27 Lord Alanbrooke, *War Diaries 1939–1945*, S. 359.

28 Hastings, *Winston's War*, S. 287f.

29 Hastings, *Winston's War*, S. 289.

30 Lord Alanbrooke, *War Diaries 1939–1945*, S. 362; Hastings, *Winston's War*, S. 289.

31 Keegan, *Der Zweite Weltkrieg*, S. 459f.

32 Roberts, *Masters and Commanders*, S. 321.

33 Keegan, *Der Zweite Weltkrieg*, S. 460.

34 *American Military History*, Band II: *The United States Army in a Global Era, 1917–2008*, Washington, D. C., 2010, S. 107.

35 *American Military History*, Band II, S. 107.

36 Elliott Roosevelt, *Wie er es sah*, S. 106.

37 Keegan, *Der Zweite Weltkrieg*, S. 459.

38 Roberts, *Masters and Commanders*, S. 337f.; Atkinson, *An Army at Dawn*, S. 269.

39 Roberts, *Masters and Commanders*, S. 319.

40 Churchill, *Memoiren*, 4. Band, 2. Buch, S. 303f.

41 Andrew Buchanan: *American Grand Strategy in the Mediterranean During World War II*, Cambridge 2014, S. 5.

42 Laurenz Demps: *Luftangriffe auf Berlin. Die Berichte der Hauptluftschutzstelle 1940–1945*, Berlin 2012, S. 37 und 43.

43 *Die Tagebücher von Joseph Goebbels*, Teil 2, Band 7, S. 132.

44 Richard Overy: *Der Bombenkrieg: Europa 1939 bis 1945*, Berlin 2014, S. 296.

45 Rolf-Dieter Müller: *Der Bombenkrieg 1939–1945*, Berlin 2004, S. 145f.

46 Sherwood, *Roosevelt und Hopkins*, S. 549.

47 Robert Dallek: »*Franklin D. Roosevelt and American Foreign Policy*, 1932–1945 Oxford 1995, S. 377.

48 Sherwood, *Roosevelt und Hopkins*, S. 554.

49 Peter Mangold: *The Almost Impossible Ally: Harold Macmillan and Charles de Gaulle*, London/New York 2014, S. 40.

50 Elliott Roosevelt, *Wie er es sah*, S. 105.

51 Elliott Roosevelt, *Wie er es sah*, S. 97.

52 Zitiert nach *Der Spiegel*, 11. Juni 1958.

53 Hentschel, *Hitler und seine Bezwinger*, S. 743.

54 Elliott Roosevelt, *Wie er es sah*, S. 118.

55 Elliott Roosevelt, *Wie er es sah*, S. 119.

56 Elliott Roosevelt, *Wie er es sah*, S. 121.
57 Sherwood, *Roosevelt und Hopkins*, S. 558.
58 Sherwood, *Roosevelt und Hopkins*, S. 554, Anm. 1.
59 Hentschel, *Hitler und seine Bezwinger*, S. 12; Sherwood, *Roosevelt und Hopkins*, S. 554.
60 Hentschel, *Hitler und seine Bezwinger*, S. 12.
61 Churchill, *Memoiren*, 4. Band, 2. Buch, S. 307.
62 Hentschel, *Hitler und seine Bezwinger*, S. 129.
63 Hentschel, *Hitler und seine Bezwinger*, S. 130.
64 Churchill, *Memoiren*, 4. Band, 2. Buch, S. 308.
65 Churchill, *Memoiren*, 4. Band, 2. Buch, S. 308f.
66 Mohammed Kenbib: *Juifs et Musulmans au Maroc. Des origines à nos jours*, Paris 2016, S. 12 und 148.
67 UN News Center, 28. Januar 2010 (www.un.org/news/).
68 Foreign Relations of the United States: »The Conferences at Washington 1941/42 and Casablanca 1943«, Document 349, Washington, D.C., 1968, S. 608ff.; Günter Schubert: *Der Fleck auf Uncle Sams weißer Weste – Amerika und die jüdischen Flüchtlinge 1938–1945«*, Frankfurt am Main 2003, S. 227.
69 Elliott Roosevelt, *Wie er es sah*, S. 142.
70 Sherwood, *Roosevelt und Hopkins*, S. 563.
71 Elliott Roosevelt, *Wie er es sah*, S. 142f.
72 Sherwood, *Roosevelt und Hopkins*, S. 563.
73 Sherwood, *Roosevelt und Hopkins*, S. 559f.
74 Zitiert nach Claude Fohlen: »De Gaulle und Franklin D. Roosevelt«, in Cornelius A. van Minnen und John F. Sears (Hg.): *FDR and His Contemporaries*, New York 1992, S. 36.
75 Elliott Roosevelt, *Wie er es sah*, S. 142.
76 Hentschel, *Hitler und seine Bezwinger*, S. 132f.
77 Elliott Roosevelt, *Wie er es sah*, S. 155f.; *New York Times*, 25. Januar 1943.
78 www.history.army.mil/books/wwii/sp1943-44/chapter1.htm.
79 Sherwood, *Roosevelt und Hopkins*, S. 569f.
80 Sherwood, *Roosevelt und Hopkins*, S. 570.
81 Churchill, *Memoiren*, 4. Band, 2. Buch, S. 314f.
82 Klaus Dietmar Henke: *Die amerikanische Besetzung Deutschlands* (= Quellen und Darstellungen zur Zeitgeschichte, Band 27), Berlin 1996, S. 59f.; Reinhard R. Doerris: »Deutsch-amerikanische Beziehungen nach dem Zweiten Weltkrieg«, in Carlos Collado Seidel (Hg.): *Geheimdienste, Diplomatie und Krieg. Das Räderwerk der Internationalen Beziehungen*. Festschrift zum 65. Geburtstag von Wolfgang Krieger (= Studies in Intelligence History, Bd. 3), Berlin u. a. 2013, S. 257.

83 Rust: »Deutschland und die Nachkriegsordnung«, S. 571f.
84 Churchill, *Memoiren*, 4. Band, 2. Buch, S. 311.
85 Churchill, *Memoiren*, 4. Band, 2. Buch, S. 313.
86 Churchill, *Memoiren*, 4. Band, 2. Buch, S. 313.
87 Sherwood, *Roosevelt und Hopkins*, S. 570.
88 Churchill, *Memoiren*, 4. Band, 2. Buch, S. 322.
89 Haffner, *Churchill*, S. 74.
90 www.fdrlibrary.marist.edu/daybyday/daylog/january-24th-1943.
91 Nicholas Fox Weber: »Villa Taylor«, in *Architectural Digest*, August 1993.
92 Hastings, *Winston's War*, S. 292.
93 Roll, *The Hopkins Touch*, S. 259f.
94 Meacham, *Franklin and Winston*, S. 211f.
95 Meacham, *Franklin and Winston*, S. 212.
96 Kenneth Pendar: *Adventure in Diplomacy: Our French Dilemma*, Whitefish, Montana, 2012, S. 151f.
97 Sandys, *Chasing Churchill*, S. 107f.; Alter, *Winston Churchill*, S. 111.

DER FILM

1 Emily Yellin: *Our Mothers' War. American Women at Home and at the Front During World War II*, New York 2004, S. 100.
2 National Archives, Charles Einfeld an Lowell Mellett, 18. Januar 1943, Entry NC 148 264, Box 1433.
3 Eigene Nachforschungen des Autors in den Archiven der Warner Bros., der Roosevelt Library und den National Archives blieben ergebnislos.
4 *Variety*, 2. Dezember 1942.
5 *The Nation*, 20. Februar 1943.
6 Zitiert nach Harmetz, *Verhaften Sie die üblichen Verdächtigen*, S. 307.
7 Hannes Stein: »Casablanca war ›die gefährlichste Stadt der Welt‹«, in *Die Welt*, 4. Januar 2013.
8 Harmetz, *Verhaften Sie die üblichen Verdächtigen*, S. 308.
9 Osborne, *Casablanca Companion*, S. 220.
10 Osborne, *Casablanca Companion*, S. 221.
11 Osborne, *Casablanca Companion*, S. 221.
12 Osborne, *Casablanca Companion*, S. 224.
13 Michael Palmer: »Natural Right in ›Casablanca‹«, in James F. Pontuso (Hg.): »*Political Philosophy Comes to Rick's. Casablanca and American Civic Culture*, Lanham, Maryland, 2005, S. 46.
14 Osborne, *Casablanca Companion*, S. 224f.
15 www.lateinamerika-studien.at/content/geschichtepolitik/brasilien/brasilien-70.html.

16 Zitiert nach Sherwood, *Roosevelt und Hopkins*, S. 572.
17 Churchill, *Memoiren*, 4. Band, 2. Buch, S. 335.
18 Churchill, *Memoiren*, 4. Band, 2. Buch, S. 356.
19 www.airspacemag.com/history-of-flight/travels-with-churchill-136166507/?page=2.
20 Roberts, *Masters and Commanders*, S. 348; Sandys, *Chasing Churchill*, S. 160.
21 Roberts, *Masters and Commanders*, S. 348; Sandys, *Chasing Churchill*, S. 160.

EPILOG

1 *Die Tagebücher von Joseph Goebbels*, Teil 2, Band 7, S. 150.
2 *Die Tagebücher von Joseph Goebbels*, Teil 2, Band 7, S. 197.
3 *Die Tagebücher von Joseph Goebbels*, Teil 2, Band 7, S. 208.
4 *Die Tagebücher von Joseph Goebbels*, Teil 2, Band 7, S. 209.
5 Ralf Georg Reuth: *Goebbels*, München 1990, S. 515.
6 Reuth, *Goebbels*, S. 514f.
7 Uwe Backes: *Politische Extreme. Eine Wort- und Begriffsgeschichte von der Antike bis in die Gegenwart*, Göttingen 2006, S. 174.
8 *Die Tagebücher von Joseph Goebbels*, Teil 2, Band 7, S. 161.
9 *Die Tagebücher von Joseph Goebbels*, Teil 2, Band 7, S. 177.
10 *Die Tagebücher von Joseph Goebbels*, Teil 2, Band 7, S. 40.
11 Günter Moltmann: »Goebbels' Rede zum totalen Krieg am 18. Februar 1943«, in *Vierteljahrshefte für Zeitgeschichte* 1 (1964), S. 32f.
12 Richard Harris Smith: *OSS. The Secret History of America's First Central Intelligence Agency*, Guilford, Connecticut, 2005, S. 195.
13 Allen Dulles: *The Secret Surrender: The Classic Insider's Account of the Secret Plot to Surrender Northern Italy During WWII*, Guilford, Connecticut, 2006, S. 30.
14 Frédérique Dantonel: »Der Kreisauer Kreis«, in www.zukunft-braucht-erinnerung.de.
15 Jürgen Heideking: *USA und deutscher Widerstand. Analysen und Operationen des amerikanischen Geheimdienstes im Zweiten Weltkrieg*, Tübingen 1993, S. 21.
16 Joachim Fest: *Staatsstreich*, Berlin 2004, S. 213f.
17 Beevor, *Der Zweite Weltkrieg*, S. 502f.
18 Kennedy, *Casablanca-Strategie*, S. 130.
19 Kennedy, *Casablanca-Strategie*, S. 161f.
20 Jürgen Heideking und Christof Mauch: *Geschichte der USA*, 6. Aufl. Tübingen/Basel 2008, S. 277.
21 Haffner, *Churchill*, S. 158.
22 Kennedy, *Casablanca-Strategie*, S. 10.
23 Arnulf Scriba: »Die Landung in der Normandie«, www.dhm.de/lemo/

kapitel/der-zweite-weltkrieg/kriegsverlauf/landung-in-der-normandie-1944.html.

24 Alter, *Winston Churchill*, S. 208ff.

25 Haffner, *Churchill*, S. 172ff.

26 Osborne, *Casablanca Companion*, S. 234.

27 Harmetz, *Verhaften Sie die üblichen Verdächtigen*, S. 327.

28 *New York Times*, 29. September 1997; *Independent*, 15. Oktober 1997.

29 Gero Gandert: »Casablanca auf Deutsch«, Nachwort in Harmetz, *Verhaften Sie die üblichen Verdächtigen*, S. 407ff.

30 Gandert, »Casablanca auf Deutsch«.

31 Philipp von Hugo: »Beobachten, bürgen und zensieren – Filmpolitik mit dem Zweiten Weltkrieg in der Bundesrepublik der fünfziger Jahre«, in Moshe Zimmermann (Hg.): *Medien – Politik – Geschichte*, Reihe: *Tel Aviver Jahrbuch für deutsche Geschichte* 2003, S. 86.

32 Bundesarchiv Berlin B 106/903, Vermerk vom 7. Oktober 1953.

LITERATUR

Es handelt sich lediglich um eine Auswahl. Weitere Literaturangaben finden sich in den Anmerkungen.

Alanbrooke, Field Marshal Lord: *War Diaries 1939–1945*. London 1957.
Alter, Peter: *Winston Churchill*, Stuttgart 2006.
Bajohr, Frank, und Dieter Pohl: *Der Holocaust als offenes Geheimnis. Die Deutschen, die NS-Führung und die Alliierten*, München 2006.
Beevor, Antony: *Der Zweite Weltkrieg*, München 2014 (Original London 2012).
Bennett, M. Todd: *One World, Big Screen. Hollywood, the Allies, and World War II*, Chapel Hill, North Carolina, 2012.
Birdwell, Michael E.: *Das andere Hollywood der dreißiger Jahre. Die Kampagne der Warner Bros. gegen die Nazis*, Hamburg/Wien 2000 (Original New York 1999).
Churchill, Winston S.: *Der Zweite Weltkrieg*, 4. Band: *Schicksalswende*, 2. Buch: *Die Befreiung Afrikas*,Stuttgart/Hamburg 1952 (ursprünglich Bern 1951).
Colville, John: *Downing Street Tagebücher 1939–1945*, Berlin 1988 (Original London 1985)
Feuchtwanger, Lion: *Der Teufel in Frankreich. Tagebuch 1940, Briefe*, Berlin/Weimar 1992.
Gabler, Neil: *Ein eigenes Reich. Wie jüdische Emigranten »Hollywood« erfanden*, Berlin 2004 (Original New York 1988).
Gelderman, Carol: *All the Presidents' Words. The Bully Pulpit and the Creation of the Virtual Presidency*, New York 1997.
Gerste, Ronald D.: *Roosevelt und Hitler. Todfeindschaft und totaler Krieg*, Paderborn 2011.
Gold, Mary Jayne: *Crossroads Marseilles 1940*, New York 1980.
Haffner, Sebastian: *Churchill*, Berlin 2001 (ursprünglich Hamburg 1967).
Hamilton, Nigel: *The Mantle of Command. FDR at War 1941–1942*, Boston, Massachusetts, 2014.
Hamilton, Nigel: *Commander in Chief. FDR's Battle with Churchill, 1943*. Boston, Massachusetts, 2016.
Harmetz, Aljean: *Verhaften Sie die üblichen Verdächtigen. Wie Casablanca gemacht wurde*, Berlin 2001 (Original New York 1992).
Hastings, Max: *Winston's War. Churchill 1940–1945*, New York 2010.

Hentschel, Volker: *Hitler und seine Bezwinger. Churchill, Roosevelt, Stalin, de Gaulle*, Münster 2013.
Hentschel, Volker: *Charles de Gaulle. Eine kurze Geschichte seines Lebens (1890–1970)*, Hildesheim 2016.
Kennedy, Paul: *Die Casablanca-Strategie. Wie die Alliierten den Zweiten Weltkrieg gewannen*, München 2012 (Original London 2013).
Kershaw, Ian: *Wendepunkte. Schlüsselentscheidungen im Zweiten Weltkrieg*, München 2008 (Original London 2007).
Kershaw, Ian: *Höllensturz. Europa 1914 bis 1949*, München 2016 (Original London 2015).
Kimball, Warren F. (Hg.): *Churchill & Roosevelt. The Complete Correspondence*,. Princeton, New Jersey, 1984.
Lash, Joseph P.: *Roosevelt and Churchill 1939–1941.The Partnership That Saved the West*, New York 1976.
Lebo, Harlan: *Casablanca. Behind the Scenes*, Palmer, Alaska, 1992.
McGilligan, Pat: *Backstory. Interviews With Screenwriters of Hollywood's Golden Age*, Berkeley, California, 1988 (Reprint).
Meacham, Jon: *Franklin and Winston. An Intimate Portrait of an Epic Friendship*, New York 2003.
Miller, Frank: *Casablanca. As Time Goes By: Mythos und Legende eines Kultfilms*, München 1992 (Original Atlanta 1992).
Missler-Morell, Andreas: *Ich seh' dir in die Augen, Kleines. Casablanca. Der Kultfilm*, München 1992.
McMoran Wilson, Lord Charles: *Churchill. The Struggle for Survival 1940–1965*. Boston 1966.
Neugebauer, Karl-Volker: *Die Errichtung der deutschen Militärkontrolle im unbesetzten Frankreich und in Französisch-Nordafrika*, Diss. Köln 1977.
Osborne, Richard E.: *The Casablanca Companion. The Movie Classic and Its Place in History*, Indianapolis 1997.
Reuth, Ralf Georg: *Goebbels*, München 1990.
Roberts, Andrew: *Masters and Commanders. How Roosevelt, Churchill, Marshall and Alanbrooke Won the War in the West*, London 2008.
Roll, David L.: *The Hopkins Touch. Harry Hopkins and the Forging of the Alliance to Defeat Hitler*, New York 2013.
Roosevelt, Elliott: *Wie er es sah*, Zürich 1947 (Original New York 1946).
Sandys, Celia: *Chasing Churchill. The Travels of Winston Churchill*, London 2003.
Schramm, Percy E. (Hg.): *Kriegstagebuch des OKW 1942*, Band 2, Teilband 2, Augsburg 2005.
Sherwood, Robert E.: *Roosevelt und Hopkins*, Hamburg 1950 (Original New York 1948).
Skierka, Volker: *Lion Feuchtwanger*, Berlin 1984.

PERSONENREGISTER

BILDNACHWEIS

9 Franklin D. Roosevelt Presidential Library and Museum

17 Filmstill aus »Casablanca«, USA, 1942, Regie: Michael Curtiz. Produktion: Hal B. Wallis, Jack L. Warner. Warner Bros. Film. © Alamy/Ronald Grant Archive/Warner Bros.

19 © Getty Images/Corbis/VCG/Library of Congress

23 © Varian Fry Institute/Dr. Hans Cahnmann

51 © Licensed By: Warner Bros. Entertainment Inc. All Rights Reserved.

57 Filmstill aus »Casablanca«, USA, 1942, Regie: Michael Curtiz. Produktion: Hal B. Wallis, Jack L. Warner. Warner Bros. Film. © Licensed By: Warner Bros. Entertainment Inc. All Rights Reserved.

59 links © ullstein bild/Roger-Viollet/Léopold Mercier
rechts Filmstill aus »Paris after dark«, USA, 1943, Regie: Léonide Moguy. Produktion: André Daven. 20th Century Fox Film Corporation, TM & Copyright. © action press/Everett Collection

61 Filmstill aus »Casablanca«, USA, 1942, Regie: Michael Curtiz. Produktion: Hal B. Wallis, Jack L. Warner. Warner Bros. Film. © Licensed By: Warner Bros. Entertainment Inc. All Rights Reserved.

72 © Licensed By: Warner Bros. Entertainment Inc. All Rights Reserved.

89 Franklin D. Roosevelt Presidential Library and Museum

98 Franklin D. Roosevelt Presidential Library and Museum

99 Filmstill aus »Casablanca«, USA, 1942, Regie: Michael Curtiz. Produktion: Hal B. Wallis, Jack L. Warner. Warner Bros. Film. © Getty Images/Michael Ochs Archives

110 © picture alliance/NTB scanpix

111 Filmstill aus »Casablanca«, USA, 1942, Regie: Michael Curtiz. Produktion: Hal B. Wallis, Jack L. Warner. Warner Bros. Film. © Alamy/Pictorial Press Ltd.

117 © Getty Images/Hulton Archive

118 © Getty Images/The LIFE Picture Collection/Eliot Elisofon

119 Filmstill aus »Casablanca«, USA, 1942, Regie: Michael Curtiz. Produktion: Hal B. Wallis, Jack L. Warner. Warner Bros. Film. © Getty Images/Corbis/John Springer Collection

129 © Getty Images/Hulton Archive/Daily Express/Michael McKeown

145 Filmstill aus »Casablanca«, USA, 1942, Regie: Michael Curtiz. Produk-

tion: Hal B. Wallis, Jack L. Warner. Warner Bros. Film. © Alamy/Moviestore collection Ltd.

147 © akg-images

154 Filmstill aus »Casablanca«, USA, 1942, Regie: Michael Curtiz. Produktion: Hal B. Wallis, Jack L. Warner. Warner Bros. Film. © InterTOPICS/mptv

155 Privatarchiv

169 Filmstill aus »Casablanca«, USA, 1942, Regie: Michael Curtiz. Produktion: Hal B. Wallis, Jack L. Warner. Warner Bros. Film. © Licensed By: Warner Bros. Entertainment Inc. All Rights Reserved.

188 © Getty Images/Hulton Archive/Fox Photos

191 © Getty Images/Bettmann

193 © picture alliance/United Archiv/TopFoto

198 © M.S. Rau Antiques, New Orleans

203 Filmstill aus »Casablanca«, USA, 1942, Regie: Michael Curtiz. Produktion: Hal B. Wallis, Jack L. Warner. Warner Bros. Film. © Alamy/Ronald Grant Archive/Warner Bros.